山东中医药大学"马克思主义与中医药软实力研究"

科研创新基金资助

A STUDY OF STUART HALL'S
CULTURAL THEORIES

Stuart Hall

斯图亚特·霍尔的
文化理论研究

甄红菊 / 著

人 民 出 版 社

目　录

序

呈现在读者面前的《斯图亚特·霍尔的文化理论研究》一书是我的学生甄红菊的第一部学术著作，这部著作是在她博士论文的基础上经过两年精心修改后完成的。

斯图亚特·霍尔是英国著名思想家，被国外学者称为文化研究大师，他同时还是一位马克思主义理论家，他的思想里充满对资本主义的深刻批判和对社会主义的孜孜追求。霍尔的文化理论也引起了我国学界的重视，因而我把这一研究课题交给了甄红菊，希望她能够对霍尔的马克思主义文化理论进行系统探索，形成有价值的研究成果。经过四年艰苦的钻研，甄红菊终于完成了这一艰巨的任务。

这部著作的特色表现在以历史唯物主义为视角，以斯图亚特·霍尔的文化理论为研究对象，将霍尔的文化理论置于战后英国资本主义的当代语境中，努力廓清霍尔文化理论主题的演变轨迹，在探寻霍尔对马克思主义文化理论的创新之处的基础上，挖掘霍尔文化理论的当代价值。这既是从思想史角度不断充实、完善马克思主义理论体系的需要，又是创新马克思主义文化理论、深化历史唯物主义方法论研究的需要；同时为我国理论界回应文化发展重大问题、从全球视野审视文化发展规律、增强我国当前主流意识形态话语权提供一定的理论启示。

这本书建构了霍尔文化理论的分析框架，多层次和多角度地剖析了霍尔文化理论的核心观点、本质特征、主要内容、理论贡献和当代价值。

首先，霍尔的文化理论是对战后资本主义当代新变化的理论回应。第一代西方马克思主义根据西方资本主义变化整体实现了文化转向，霍尔是这一文化转向的实践者。相比同时代的西方马克思主义理论家，霍尔的超越在于，他是把文化作为"透视镜"去分析资本主义"新变化"的实质，并预测它的发展趋势。霍尔将对文化的分析巧妙地融合进对资本主义的经济政治的分析中，从而揭示出资本主义文化与经济政治的内在联系。霍尔的文化理论是对当代马克思主义意识形态理论的丰富和发展。霍尔以历史唯物主义的社会存在与社会意识、经济基础与上层建筑的辩证决定关系为理论起点，借鉴阿尔都塞的意识形态理论、葛兰西的文化权力理论与拉克劳、墨菲的话语理论资源，拓展了马克思主义的分析视角，强化了文化的马克思主义政治学定义，指出文化不仅是基于个体经验的生活方式，更是个体意识形态的阐释方式，文化已经成为思想斗争的场域和主导意识形态建构权力的空间。霍尔重视"有机知识分子"的历史使命，强调文化研究要走出书斋、走向日常生活实践的现实指向。霍尔把大众文化确认为文化研究的核心内容。霍尔将工人阶级文化、青年亚文化、媒介文化、族群文化和全球后现代文化作为大众文化的具体形式展开研究，从而发现了大众文化的"异化"真相，并预测"大众"的抵抗就会在这一场域进行，这是西方资本主义新社会运动和微观政治的思想支撑。在大众文化研究中，他指出资本主义语境下大众文化可以被共享、但不可以被支配的本质；在青年亚文化的研究中，他违背"社会共识"，站在被边缘化、妖魔化的群体立场上，把亚文化看作他们对资本主义主导意识形态的抗争和逆向意识的表达；在对媒介文化的研究中，他发现了媒介的意识形态的建构功能，揭示出表面上中立的媒介机构作为"编码者"其实是资本主义主导意识形态的重要生产机构，但是大众作为"解码者"有可能采取对抗式解读方式颠覆或者消解资本主义主导意识形态的霸权效果，这里是一个抵抗的场域。霍尔对于族群文化和全球后现代文化的研究更是体现了他马克思主义理论家的身份和全球化的视野，他对全球化进程中的这一少数群体不仅给予了生存境遇的关注，同时又探讨他们的身份认同等问题的文化之惑；他对于全球化视野下的后现代文化进行了马克思主义的界定和分析，把"后现代文化"从后现代主义的后学思潮中解放出来。

其次，霍尔运用历史唯物主义建构文化研究的方法论。霍尔从社会结构总体中考察文化的能动性，从社会历史过程总体考察文化的情境性，体现了历史唯物主义历时分析和共时分析相结合的方法论，同时，注重文化现象的历史场域分析、文化问题的个案剖析以及从抽象上升为具体的归纳演绎法。可以说，历史唯物主义担当起文化研究总体的方法论，又结合文化的独特性创设出适合文化研究的具体方法。这一点，也使霍尔超越了同时代的西方马克思主义文化研究者。

霍尔对马克思主义文化理论的创新路径进行了探索。马克思主义文化理论在当代面临创新的问题。研究视角要突破传统教条主义的限制，根据时代条件的变化，建构能够分析微观场域的具体性视角。霍尔在对马克思主义进行辩证思考的基础上，概括出马克思主义的生产、权力、意识形态和阶级等立体化视角，丰富和发展了马克思主义的文化分析维度。抵制文化研究的"反映论"范式，在历史唯物主义的方法论总框架下探讨文化具体场域下的日常生活问题，在微观场域具体揭示了社会历史丰富内涵，形成微观视阈和宏观视阈相结合、社会诸领域内在融合的社会历史分析风格。不仅如此，霍尔的文化理论还同时回应了西方理论界对马克思主义文化理论的种种误读和歪曲，他面对"马克思主义过时论""意识形态终结论"等思潮，致力于文化研究中马克思主义的"祛魅"。一方面，通过揭示教条主义对马克思主义思想要点的错误理解，还原一个"正确的马克思"；另一方面，通过推进马克思主义和文化研究的结合，激活马克思主义的阐释力。霍尔的文化理论对我国文化强国战略有重要启示。我国的文化强国战略是在文化全球化这一语境下提出的，文化研究应当厘清文化全球化的发展逻辑，为我国这一战略实施提供理论思考。在众多思潮争锋的今天，如何增强马克思主义文化理论的阐释力和指导力？霍尔对于资本主义文化现代化发展路径的反思至少为我们提供了"他者"的视角，使我们在全球化中吸取有益思想资源的同时，避免走入文化资本主义的现代化陷阱。同时，霍尔对于文化本质、功能的分析也能为我们文化强国之本土化路径提供可贵的启示。

最后，本书不仅为大家理解、思考霍尔的文化理论提供了一个理论框架，同时在研究中也体现了内容和方法的探索性创新。在内容上看，突出了霍尔文化理论的马克思主义取向。以往对霍尔文化理论的研究中，基本都是从西方文论的视角对其文化理论进行追溯，考察他的文化学者、传播学者、语言学者、社会学者等"身份"；本书则结合英国马克思主义思想史的发展进程，对他的"新左派"经历进行了回顾，剖析其文化理论的马克思主义发生学基础，总结其文化理论的马克思主义取向，评判他对马克思主义文化理论的探索性发展，突出了他在文化研究领域坚持和发展马克思主义的理论贡献。本书也阐释了霍尔文化理论的历史唯物主义意蕴，霍尔的文化理论重在揭示文化的能动性、自主性和建构性，从而发现文化的物质力以及转化路径，这是马克思主义文化政治理论的延展，是对历史唯物主义合力论的补充性研究，也是对经济主义或文化主义的纠偏。他的文化研究方法，围绕一条主线，即以历史唯物主义总体辩证的方法论为原则，建构历史唯物主义在文化研究中的具体化实现路径。霍尔对历史场域的分析法突出了历史唯物主义的情境特征，对政治经济学视角的采纳架起了文化研究和政治经济学的桥梁，对问题意识的强调和案例研究体现了历史唯物主义的实证精神。霍尔文化研究的视角，也围绕一条主线，即坚持历史唯物主义宏观叙事和微观叙事相结合，建构文化研究的话语叙事方式。本书具体分析了霍尔文化理论的当代价值，以往对霍尔文化理论的研究，基本停留在理论研究层面，然而他的文化理论有没有当代性？有无可资借鉴的价值？就目前的研究来看，对这一问题是鲜有回应的。本书以全球化文化发展的现实为观照点，论证了霍尔文化理论的当代性，霍尔对资本主义文化生产规律的分析、对文化现代性的资本主义悖论的揭示有助于我们深化对社会主义文化生产规律的认识，并避免走入资本主义文化现代化陷阱；霍尔对文化内涵、功能的马克思主义阐释使我们更增强了对社会主义文化强国战略的理论自觉和方法自觉。在研究方法上，既注重理论的历时性分析，关注理论形成的历史语境，概括理论演化的规律，又注重理论的共时性分析，揭示理论的各个组成部分的内在关联和逻辑主线。突出了文化研究的整体性分析法，以霍尔的文化理论为研究对象，梳理了其半个世纪以来文化研究的成果，并对它的总体文化成就做出概括，建构了霍尔文化研究的相对完整的景观。突出了比较分析法，论文虽然以霍尔的文化理论研究为主体，但也关涉马克思、威廉斯、阿尔都塞、葛兰西、拉克劳等思想家的文化理论，因而，研究通过将他们的文化理论进行的归纳和比较，概括总结了霍尔对于这些思想资源的坚守、借鉴、移植和改造，有利于拓展理论研究的深度。

当然，这部著作也存在不足之处，霍尔的文化理论跨越半个世纪，提出的理论观点和研究内容相当丰富。这部著作受主客观条件的限制，文献支持还有些薄弱，文本研究还不够厚重，理论观点的概括还不够凝练。这些不足还需在今后的学术探索中进一步完善。

学术研究无捷径可走，一分耕耘一分收获。学术探索是为了学术的繁荣和社会的进步，研究国外著名学者的思想，既是为了阐释其当代价值，也是为了发现对解决当代中国问题的启示，这也是青年学者必须承担的学术责任。作为甄红菊的导师，为她的第一部学术著作能够在人民出版社出版感到高兴，也衷心祝愿她今后在学术之路上继续砥砺前行，茁壮成长。

是为序。

付文忠

2018 年 6 月 6 日于威海

导　论

斯图亚特·霍尔（1932—2014），战后英国新左派马克思主义理论家，英国文化研究的领军人物，伯明翰学派当代文化研究中心主任，被称为"文化研究之父"，2014年2月10日，霍尔因病去世，英国BBC电视节目专门录制并播放了霍尔的专题纪录片，表达对这位老人的缅怀与纪念。霍尔在英国文化研究学界享有极高的声誉，他一生致力于文化研究，他的学术研究持续半个世纪，文化研究的论题涉及青年亚文化、媒介文化、族群文化、全球后现代文化等诸多领域，拓展了文化研究的疆域，推动了文化研究的跨学科研究，重建了马克思主义在文化领域的当代影响力。

一、国内外研究现状述评

1. 国内研究现状

自20世纪90年代以来，随着我国社会主义市场经济所催生的大众文化时代的到来，大众文化研究逐渐成为文艺学、传播学、语言学、历史学等诸多学科的研究重点。在逐渐增多的对外经济文化交流中，学者们找寻到伯明翰学派文化研究这一理论资源，并从此开始了辛苦的译介工作。霍尔作为英国文化研究的标志性人物，他的名字是与伯明翰学派连接在一起的。作为研究中心的主任，他的成果引起我国学术界的关注。霍尔的作品陆续被译介到我国来,主要有:2000 年罗钢、刘象愚主编的《文化研究》收录了霍尔的文章《编码解码理论》(王广州节译)、《文化研究的两种范式》(孟登迎译)、《文化身份与族裔散居》(陈永国译),这些译作的出版推动了霍尔的文化研究热。2001 年,陆扬、王毅选编的《大众文化研究》收录了《解构"大众"笔记》(戴从容译);2003 年周宪、许钧主编的《文化和传播译丛》译介了霍尔编著的《表征——文化表象与意指实践》和由他合著的《做文化研究——索尼随身听的故事》。2010 年,霍尔的三篇文章和一部编著又被陆续翻译,分别是:《大众文化与国家》《种族、文化和传播——文化研究的回顾与前瞻》《理查德·霍加特、识字的用途及文化转向》和《文化身份问题研究》。前两篇收录于陶东风教授主编的《文化研究精粹读本》中,《理查德·霍加特、识字的用途及文化转向》收录于张亮教授主编的《英国新左派思想家》中,《文化身份问题研究》由庞璃翻译,河南大学出版社出版。在这些译介作品的影响下,霍尔的文化理论逐渐成为国内文艺理论和语言学研究的热点,李庆本、黄卓越、金元浦、金惠敏、陶东风、王宁、王斌、徐德林、王晓明、汪晖、吕新雨等来自文艺学、语言学、传播学的著名学者对于霍尔不仅有过面对面访谈,更是对他的理论观点、理论贡献做出了最初的综合研究。邹威华、章辉、邹赞、武桂杰、胡疆锋等年轻学者近几年也成为霍尔文化研究的主力军。霍尔的文化理论也逐渐成为这些学科硕士博士论文的题材,2009 年,中央编译出版社推出了北京语言大学武桂杰在博士论文基础上完成的专著——《霍尔与文化研究》,这是国内首部介绍霍尔文化研究思想的专著,其以详尽的资料、独到的观点为我们提供了一张认知霍尔文化理论的地图。2014 年霍尔离世,我国学术界为了纪念这位不凡的思想家,又组织翻译了关于霍尔思想的部分研究成果，如：布伦南·伍德（Brennon Wood）的《斯图亚特·霍尔的文化研究和霸权问题》、戴维·斯科特（David Scott）的《斯图亚特·霍尔的伦理学》（李媛媛译）、理查德.L.W.克拉克（Richard L.W.Clarke）的《从辩证法到延异：反思霍尔文化晚期作品中的混杂化》（宗益祥译），克莱尔·亚历山大（Claire Alexander）的《斯图亚特·霍尔和"种族"》（李媛媛译）、塔尼亚·刘易斯的《斯图亚特·霍尔与英国文化研究的形成：流散叙事》（冯行、李媛媛译）。与此同时，我国学术界也相继发表纪念霍尔的作品，如：徐德林的《霍尔：不作保证的马克思主义者》（《文学与文化》2014 年第 2 期），章辉的《文化马克思主义视阈中的斯图亚特·霍尔》（《江海学刊》2014 年第 5 期），邹威华的《斯图亚特·霍尔的文化理论研究》（中国社会科学出版社 2014 年版）等，这些作品的发表使 2014 年真正成为文化领域的霍尔研究年。2014 年至今，霍尔的文化理论研究热度依然不减。霍尔文化理论成为更多硕士、博士论文的选题方向，选题涉及文化社会学、文化政治学、文化人类学、文化传播学等新兴交叉学科，并且突出了中国语境下的思考。

值得一提的是最近几年，霍尔的文化理论也已进入马克思主义研究者的视野并获得较高评价。他们在对英国马克思主义发展史进行充分分析的基础上，对于霍尔文化理论的学术贡献和理论地位做出了独到的总结。专门从事英美马克思主义研究的欧阳谦、张亮、张秀琴、乔瑞金、陈胜云等学者认为，霍尔的重要学术贡献在于推动了英国文化研究范式从文化马克思主义向结构主义马克思主义的转向，他的文化研究走的是一条大众主义的路线，"文化"在这里成为重建历史唯物主义的核心范畴，在这一意义上开掘了历史唯物主义的文化维度。同时，这种理论的阐释"溶解在具体问题的解决过程之中，暗含于具体的学术研究之中，如果不经过必要的提取，它往往难以被人系统地察觉和把握"（张亮：《英国马克思主义主要的历史、理论成就和学术道路》）。霍尔的文化研究理论时间跨度长，涉足领域多，理论资源丰富，这增加了研究者的难度，在以国外马克思主义理论为专业的硕士博士论文中极少见到研究霍尔文化理论的题材。

综观国内学者近年来的研究成果，研究的问题域以及取得的理论成就主要体现在以下几个方面：

（1）霍尔对文化研究的理论贡献

学者们认为，霍尔继承了英国第一代文化马克思主义思想家雷蒙·威廉斯、理查德·霍加特等人的马克思主义文化研究立场，他反对文化问题的经济决定论、阶级决定论等模式化的思路，主张将文化看作社会整体进程中具有自主性、能动性的范畴，同时，指出文化研究的任务就是恢复被压抑的文化能动性。学者们还认为，霍尔的文化研究范式也值得学术界去归纳、总结和反思。霍尔引领了文化研究从文化主义向结构主义的转向，又引领结构主义向权力主义的转向，为文化研究的今后发展提供了思考框架。霍尔的文化研究提出并发展了一些新概念，诸如积极受众、撒切尔主义、接合、表征、他者、族性、差异、文化身份，这些新概念构成霍尔文化理论的创新点，也推动了文化的跨学科研究。学者们还关注到霍尔理论遗产的学理性和方法论启示。

（2）霍尔的传播学研究范式

霍尔的编码、解码理论直到现在一直是传播学研究的热点，学术界总结了霍尔对传播学的理论贡献，具体为：其一，开创了马克思主义政治经济学与媒介研究相结合的分析范式；其二，在媒介研究中发现了被压制的权力，提出了受众的三种解读方式以及"抵抗"理论，开拓了媒介政治学的研究方向。

（3）霍尔文化研究的特征

陶东风教授将该特征总结为政治性取向、跨学科的方法、边缘性立场和批判性介入四个方面，邹威华博士将其总结为："不作保证"的马克思主义文化观、介入主义的策略、个人即政治的宣言以及文化政治的目标。金惠敏教授将其总结为结构文化观、权力文化观，全球文化观。

（4）霍尔文化理论对马克思主义理论创新的影响

近几年，霍尔的文化理论在马克思主义哲学研究领域取得突出成果。乔瑞金教授分析霍尔大众文化变革的技术理性批判思想，张亮教授总结霍尔的马克思主义理论创新道路，陈慧平教授、党圣元教授结合文化马克思主义评析霍尔文化理论的方法论启示，陈美玲总结了霍尔文化政治思想对马克思主义教条主义的突破，孔智健译介了霍尔的《马克思论方法：读 1857 年导言》，这些观点成为马克思主义哲学领域对霍尔文化理论研究的代表性观点。

国内学者的研究呈现如下特征：其一，研究的多学科参与。在文艺学、传播学、语言学、历史学、社会学等领域，霍尔的文化理论始终是学术研究的前沿，尤其是近几年以国外马克思主义的研究视角审视霍尔的文化理论，更是开拓了文化研究的疆界，并提升了文化理论的哲学思考及方法论意义。其二，研究逐渐呈现整体性。原来各学科的研究各自为战、各取所需，研究成果碎片化趋势明显；现在呈现出研究成果的相互借鉴、相互融合，共同发展的整体化趋向。其三，研究成果涉猎领域广泛，既有立足理论本身的整体性研究，又有对某些特定命题的研究，有总有分，形成了霍尔文化研究的景观。

学术界对于霍尔的认知、了解主要基于译介文献，文献数量的不足、内容的重合度高等问题，制约了学术界对霍尔文化理论的研究视野和水平，研究必然呈现不足，表现在以下方面：其一，文化研究只是刚刚进入马克思主义哲学的研究视阈，相对于其他学科的"抢滩"，马克思主义的"文化研究"显得滞后了，这阻碍了霍尔文化理论的进一步凝练和概括，也不利于我们准确定位霍尔文化理论在马克思主义发展史中的地位和贡献；其二，鉴于霍尔的思想观点散见于诸多论文集中，时间跨度较长，资料难以收集，因而针对霍尔文化理论的大部分研究也是限于几部代表性作品的浅层解读，对于传媒文化、撒切尔主义（权威民粹主义）、"接合""文化政治观"等的研究一直构成研究主流，研究者单一的理论旨趣加剧了研究的重复性和同质化，难以形成有较强影响力、富于创新的研究成果。其三，文化研究至今停留在"为理论而理论"的状态，最初我们引进英国文化研究成果的初衷是为了观照中国当前的文化现实，为中国特色社会主义的文化发展提供可资借鉴的思想资源。然而，时至今日，我们的理论研究并未找寻到这种文化理论与中国现实的内在契合点，对于解决我国文化发展中的重大问题缺少必要的回应，这种单纯的"理论旅行"多少带给我们一些精神的失落。

2. 国外研究现状

到目前为止，国外学术界对于霍尔文化理论的研究主要是论文集，里面收录了霍尔本人的论文以及他的同事、学生对于霍尔文化理论的多视角评析。这些论文多以霍尔成长轨迹为出发点，梳理霍尔文化理论的形成路线及思想面向；或者将霍尔文化理论的研究放置于文化马克思主义的理论传统之中论证其学术贡献，或者以叙述英国马克思主义发展史为线索，阐释霍尔在每个关键阶段的思想特征。

对霍尔研究最重要也最有影响力的文集是霍尔的学生戴维·莫利与

我国台湾清华大学学者陈光兴合作编写的论文集《文化研究的批判性对话》，书中收录了霍尔本人的作品 7 篇，分别是：《意识形态问题：没有保证的马克思主义》《新时代的涵义》《文化研究及其理论遗产》《致艾伦·怀特：转型的隐喻》《葛兰西的种族、宗教文化研究的相关性》《新族性》《流行文化中"黑"的含义》；同时，书中还记录了柯林·斯巴克斯《霍尔、文化研究与马克思主义》、劳伦斯·格罗斯伯格《历史、政治与后现代主义：霍尔与文化研究》等研究霍尔文化思想的论文和访谈。书中重点阐述马克思主义与文化研究的关系、后现代主义与文化研究的关系、后殖民主义与文化研究的关系，并阐述了理解霍尔文化思想的关键概念，诸如：意识形态、"不作保证"、接合理论、文化权力等，这些概念的阐释有助于我们从深层次上理解文化理论的独特表征，堪称一部有深度思想的文集。

对霍尔文化理论研究比较有影响力的著作是由诺丁汉——特伦特大学教授克里斯·罗杰克于 2003 年写作出版的《斯图亚特·霍尔》，正是在这部著作中，霍尔被评价为"文化研究之父"。全书分为四个部分，重点在于分析霍尔对经典马克思主义的反思以及各种西方马克思主义思想资源（重点是葛兰西、阿尔都塞）以及拉克劳、墨菲等后马克思主义话语理论对于他的影响，作者认为，霍尔借助表征与意识形态两个重点概念，搭建了他的文化研究大厦。

对霍尔文化理论的研究还有其他代表性成果，如：美国学者丹尼斯·德沃金所著的《文化马克思主义在战后英国》《斯图亚特·霍尔与英国马克思主义》以及道格拉斯·凯尔纳所著的《文化马克思主义和现代文化研究》，两位美国学者高度评价霍尔在促进文化研究的"后现代主义"转向中的理论贡献，他们认为，霍尔的文化理论对于我们解决今天所面临的问题（最主要的是全球化条件下的多元文化、多民族、多宗教之间的矛盾）有所启发，丹尼斯·德沃金在《斯图亚特·霍尔与文化马克思主义》一文中指出，尽管马克思主义各种思想资源都对霍尔产生影响，但最重要的仍然是文化马克思主义的理论传统。英国学者迈克尔·肯尼所著的《英国第一代新左派》中对于霍尔在 20 世纪 50 年代的著作做了重点介绍，专门分析了《无阶级感》一文的写作背景，指出，霍尔的文化研究以在英国建构一种有凝聚力的社会主义为政治追求。美国的保罗·鲍曼教授在《后马克思主义与文化研究》一书中，重点解析后马克思主义的话语分析范式如何影响了霍尔，以及霍尔对于它又实现了怎样的改造，他认为，被后马克思主义远离的"介入"在霍尔的文化研究中得到了恢复，那就是，使文化研究从沉默的书斋中走出，走向日常生活，走向政治舞台。这是文化研究的历史使命。英国学者保罗·鲍曼在其著作《后马克思主义与文化研究》中，专门论述了霍尔区别于后马克思主义思想家拉克劳、墨菲的文化研究，指出霍尔的文化研究是后"马克思主义的"，却不代表他属于"后马克思主义"的思想体系，他的观点与拉克劳、墨菲有着较大差异。值得一提的是霍尔的得意门生安吉拉·麦克罗比（她的著作是霍尔非常欣赏的），在介绍老师的文化成就时，她将其概括为三个方面：媒介文化中的抵抗、撒切尔主义与全球文化主义。随着文化研究在全球范围内形成热门议题，霍尔的文化理论受到来自更多国家的学者的关注。"霍尔研究热"从英国本土扩展到加拿大、美国、澳大利亚、日本等国家。霍尔的伦理学思想、公共教育思想、多元文化理论、都市生活思想等都受到关注。

综合国外文化研究学者们对霍尔的评价，有这样一些共同点：其一，关于霍尔文化研究的立场，他们都认为霍尔的文化理论是对马克思主义理论的丰富和发展，尽管他们用词有差异，有时用"解构"、有时用"不作保证"，但都指涉霍尔脱离、抵制教条主义马克思主义的基本立场。其二，关于文化研究的特征，他们都坚持认为开放性、政治性是霍尔文化理论的最显著特征，表现在他对马克思主义各种思想资源的反思、借鉴和批判，以及他对"文化介入现实"的应用。其三，关于霍尔文化研究的贡献，他们认为有以下几点：推动文化研究的跨学科生长，着眼于对第二次世界大战后资本主义变化的描述、阐释和批判，促使文化研究的议题不断变化，也铸成了文化研究在当代的生命力。

与国内研究霍尔文化理论的匮乏相比，国外尤其是英美学者对于霍尔文化理论的研究可谓是资料丰富，这一方面说明，霍尔的文化理论已经超越了国度和学科的界限，产生了世界性影响；另一方面，也表明，文化已经成为当代全球化社会的重要存在样态，文化研究也随之占据众多社会科学领域的地盘，"文化热""文化研究热"也带动了研究霍尔文化理论的热潮。国外学者在霍尔的文化理论研究方面取得的理论成就，可以概括为：其一，研究为我们认知、理解霍尔本人及其理论成果作了最基础的普及、宣传工作。研究者们大多是文学评论家，他们的写作文风朴实，叙事生动、形象，通俗易懂，资料翔实、丰富，有助于我们带着极大的兴趣去接近、理解、思考这些著作的深刻内涵。其二，研究大多细致、深入，他们借助于几个重点概念去阐释霍尔的思想：例如，以"没有保证"的马克思主义来定位文化研究与马克思主义的关系；以"撒切尔主义"来定位霍尔对于权威民粹主义的思考；以"抵抗"来定位大众文化的意识形态功能。这样的理论阐释方式简明、扼要，值得我们研究者去借鉴。

当然，研究也呈现出一些不足之处，表现在：其一，研究者的论述过于重视"经历"的描述，思想性、理论性、系统性、逻辑性明显不足；缺乏整体化的视野和哲学的方法论去透视霍尔文化理论的研究主题；对于霍尔文化理论的评价赞美有余，缺少批判的精神。其二，研究者对霍尔的马克思主义理论立场缺乏全面、客观的分析，表现在：一方面，将霍尔对教条主义马克思主义的批判视为对马克思主义的背离；另一方面，将霍尔的文化马克思主义理论取向视为后马克思主义理论立场。同时，研究者忽视他对于文化使命与社会主义的实现策略的研究，将其文化政治理论称为文化乌托邦，并在此问题上争论不休，这种不客观、不全面的分析使得霍尔的理论地位难以定位。其三，研究者的理论背景大多出身文学界，单一的理论视野使得他们过于关注挖掘理论本身所显现的具体内容，忽视研究历史语境对理论形成的作用，这使得他们的理论研究多处于"描述"状态，对某些问题的认识缺乏一种客观、公正的研究态度，难以提升研究的深度。

同时，国外学者对霍尔的研究也有一些值得商榷之处，一是论证的客观性如何，还有待考究。例如，有些论著以斯图亚特·霍尔的名字命名，也有很高的市场占有率，但过后却被霍尔斥为"一派胡言、垃圾之作"，得不到霍尔本人的认同。二是学术界围绕霍尔的争议不断，而且观点之间有时对立严重，例如，有学者认为霍尔没有自己的理论，只是"东抓一把、西抓一把"，缺少独创性观点；有学者则坚持论证霍尔文化理论的创新价值，认为他是文化研究当之无愧的开创者。以上成果尽管引起诸多争议，但不能否认，这些来自历史学界、社会学界、传播学界的学者为我们提供了解读霍尔文化理论的多重视角，他们和霍尔的学生们一起，建构了研究霍尔文化理论的整体景观，为我们考证、分析霍尔的文化理论提供了可贵的思考。

二、理论意义和实际价值

1.理论意义

（1）霍尔的文化理论研究是进一步完善马克思主义理论体系的需要

本书以霍尔文化理论的梳理为主线，以历史唯物主义为分析视角，从马克思主义发展史的整体发展进程审视、总结并评析他的理论形成逻辑及研究成果。如果说西方第一代马克思主义学者卢卡奇、柯尔施、葛兰西在马克思主义的宏大叙事遭遇挫折后开启了文化领域的理论建构这一方向，那么，始自第二次世界大战后的英国马克思主义理论家则是这一文化转向的重要实践者。他们喊出马克思主义从宏大叙事走向日常生活的口号，深入研究文化领域马克思主义的重构，开创了英国文化马克思主义这一理论传统。作为英国文化研究集大成者的霍尔，他的马克思主义理论家的身份和马克思主义文化理论的研究成果没有得到国内研究者的充分重视。因而，从马克思主义发展史的整体发展进程定位霍尔的文化思想并评价他的理论贡献，既是从思想史角度不断充实、完善马克思主义理论体系的需要，也是重新评价霍尔的学术成就、理论贡献，使其得到应有的尊重、认同的需要。

（2）霍尔的文化理论研究是创新马克思主义文化理论的需要

文化作为当代社会重要的存在样态，已经成为国内外社会科学诸学科的理论前沿问题。他们立足于解决文化领域的重大理论与实践问题，形成百家争鸣式的研究景观。面对社会发展的新变化，马克思主义文化理论需要回应时代诉求，需要实现它在不断更新的、多学科参与的文化研究中的引领力，需要对于当代文化领域的新变化做出阐释。本书的写作意图之一，即在于揭示霍尔对于马克思主义文化理论的创新、发展的思路、进程，无论是他把文化从机械的经济决定论的束缚中解放出来，以阐发文化的相对自治性存在的理论起点的确立，还是他从经济、政治、意识形态、权力、受众等多视角对于文化本质的立体考察，都对于马克思主义文化理论的创新提供了有价值的思想资源。

（3）霍尔的文化理论研究是深化历史唯物主义方法论研究的需要

马克思主义的方法论体系一直是国内马克思主义理论界研究的重点，如何处理马克思主义的总体方法论与各门具体科学的方法论之间的关系，如何体现马克思主义方法论原则对于具体科学研究的指导作用，成为深化马克思主义方法论研究迫切需要解决的重大理论问题。本书将霍尔文化理论的研究方法从众多内容中提炼出来，对于他如何遵循唯物辩证法的基本原则，对文化领域研究方法进行的独到探索做出了归纳和提升，丰富了马克思主义的方法论体系，也在一定意义上发掘了历史唯物主义的文化维度。同时，对于马克思主义方法论如何实现对于微观领域的宏观引领提供了有益的启示。

2. 实际价值

（1）霍尔的文化理论研究为如何增强我国当前主流意识形态话语权提供了重要启示

我国自 1992 年确立社会主义市场经济体制至今已有 20 余年，市场经济成为社会发展、转型最重要的推动力，单一、同质的社会形态逐渐被多样、异质的社会形态代替。多元化时代主流意识形态引领力的重要性日益凸显，这已经成为社会健康发展的重要思想保障。本论题的研究恰能为主流意识形态建设提供一些重要启示，因为，意识形态是霍尔建构文化研究大厦的理论基石，他对于大众文化时代表征及本质的解释，对于主导意识形态的受众解读视角以及对于主导意识形态与政治社会的结合等思想为我们研究当前我国主流意识形态的建设、探讨话语权的实现路径提供了可资借鉴的思想资源。

（2）霍尔的文化理论研究为理论界如何回应文化发展的重大理论与实践问题提供了重要思路

党的十九大报告中，习近平总书记再一次强调指出，文化自信问题就是当代中国特色社会主义文化建设的重大问题。文化自信是我国传统文化、革命文化以及中国特色社会主义先进文化的自信。如何实现传统文化的现代化转化？如何体现中国特色社会主义文化的先进性和引领力？有学者对于当代文化发展重大问题作了这样的概括，从时间坐标看，是如何实现从传统文化向现代文化转型问题；从空间坐标看，是如何实现民族文化与全球文化的和谐共存问题。这样的说法得到了相当多的学者赞同。在这一问题上，霍尔促使文化研究和马克思主义相结合的探索，为我们解决文化实践中的重大问题提供了可贵的思考。20世纪90年代后，文化全球化带着人们对于它的争议成为文化研究的热门话题。霍尔20世纪90年代之后的作品主要围绕多元文化、族群文化、差异政治等开展，尤其是他对于多元文化与差异政治、文化的现代性与族群性的辩证理解，以及他对资本主义统治下"少数人文化""边缘文化""叛逆文化"的研究，开启了一种全新的研究范式，为我们思考、回应我国文化发展中的重大问题提供了崭新的思路。

三、本书结构和研究方法

1. 本书结构

本书将写作内容分为三大块，第一部分为导论，重点介绍霍尔文化理论研究的学术现状、选题的理论依据和实践意义，以及主要研究方法、基本观点与创新之处；第二部分是主体，介绍霍尔文化理论的出场语境、理论来源、理论突破、方法创新、理论贡献、历史局限以及当代启示；第三部分为结语，重点介绍本书的核心观点、基本结论以及本书需要进一步深入研究的问题。

第一章重点介绍霍尔文化理论的出场语境。第二次世界大战后马克思主义理论的发展在英国处于低潮期，一方面是由于社会主义革命运动没有能够蓬勃发展起来，另一方面，资本主义国家采用了新的统治方法，明显缓和了劳资矛盾，工人阶级以一种新的身份——"消费者"的身份被同化进资本主义的统治秩序中。这时，英国50年代的马克思主义左翼知识分子同英国共产党一道，承担起传播马克思主义的艰巨任务。作为英国战后"新左派"重要成员的霍尔，参与了英国马克思主义的论证、传播过程。马克思主义文化理论在西方世界遭遇的挫折、面临的困境赋予了马克思主义理论家新的使命，他们要结合新的语境重新阐释、论证马克思主义，激活马克思主义的生命力，重建马克思主义影响力。他们立足于诊断和分析战后英国消费资本主义时代的新变化，开始了反思西方马克思主义文化批判理论的当代困境以及构想未来社会主义革命新策略的理论进程。在这一历史时期，霍尔以文化为视角，对于重构马克思主义理论的阐释体系、重建马克思主义的影响力进行了大胆的思考与尝试，这构成了他建构文化理论的历史语境。

第二章重点介绍霍尔文化研究的主要理论来源。早在霍尔之前，英国文化研究学界就活跃着几位著名的马克思主义理论家，他们分别是雷蒙·威廉斯、E.P.汤普森、理查德·霍加特，因为共同的理论立场和对于文化研究的贡献被赞誉为"文化马克思主义者"，他们的马克思主义立场、观点和方法对于霍尔研究文化起到了最早的启蒙作用；20 世纪 70 年代当文化研究陷入文化主义的范式困境，霍尔又积极借鉴以阿尔都塞和葛兰西、拉克劳、墨菲为代表的欧陆马克思主义理论，从而为文化研究建构起新范式，引领了文化研究的两次转向，突出了文化研究的政治旨趣。因而，马克思主义构成霍尔文化研究的最重要理论资源。

第三章重点介绍霍尔文化理论探索的主要内容。霍尔作品数量多，内容庞杂，难以形成一个完整的体系（霍尔本人也反对这样做），但是在文化问题上，霍尔以马克思主义为指导，取得了一些理论突破，主要有：对于文化内涵与使命的再定义；对于大众文化本质与功能的再认识；对于青年亚文化、族群文化、媒介文化和全球多元文化等文化具体领域的阐释和解读，显示出霍尔文化研究的开放性、政治性、实践性和批判性。

第四章重点介绍霍尔文化理论的主要研究方法。历史唯物主义作为总体的方法论原则，被霍尔运用到文化研究中，形成了总体性辩证思维、历史场域分析法、政治经济学分析视角，突出了文化研究的问题意识，针对文化个案的具体剖析凸显了文化研究的实证精神。可以说，历史唯物主义担当起霍尔文化研究总的方法论基础。

第五章重点介绍霍尔文化理论探索的总体评价。霍尔的文化理论对马克思主义思想发展的贡献主要体现为：首先，他从生产、权力、意识形态、阶级与阶层等多个角度分析文化理论的发展，拓展了历史唯物主义的研究视角；其次，他呼吁文化研究学者重视范式构建，并重构了马克思主义文化理论的新范式；最后，他在批判西方理论界对马克思主义文化误读的基础上，重建了马克思主义在文化领域的影响力。霍尔文化理论的局限性在于：他对马克思主义的认识受到当时现实条件的限制，是不全面的，有时甚至是偏激的，这在一定程度上影响和制约了他对马克思主义文化理论的深入探索，因而，他对文化理论的建构尽管要走出书斋，但最终还是停留于文本，没有达到他所要实现的目标。

第六章重点介绍霍尔文化理论的当代启示。全球化时代每一个民族国家都不可能游离其外。全球化成为民族国家发展的共同时代背景。相同的时代境遇为我们评判外来思想的可借鉴性提供了基本的依据。文化多样化背景下增强文化实力、建设文化强国的时代使命，需要在全球视野下广泛借鉴有价值的国外思想资源。霍尔的文化理论具有强烈的问题意识和使命感，他对于当代文化问题的思考是有一定见地的，对于我国文化强国战略的实施以及意识形态话语权的建设具有重要启示。

2. 研究方法

本书以马克思主义的方法论为指导，以理论研究（规范研究或定性研究）为主，与少量的实证研究相结合。主要有：

（1）文本阐释与分析的历史的、全面的、联系的方法：论文以理论建构为主体，以文本分析与阐释为基础。研究坚持历时性分析与共时性分析相结合，既注重考察文本形成历程，又注重研究理论的思想支援背景，以及揭示文化理论各部分、观点的有机联系，从静态和动态双重视角解读文本，阐释理论。

（2）抽象上升为具体的方法：论文研究遵循唯物辩证法的基本原则，在现象分析的基础上，归纳、概括出本质性、规律性认识，再把这种提升了的认识用于具体的研究实践之中，以此保证理论研究的深度和科学性。

（3）比较分析方法：论文虽然以霍尔的文化理论研究为主体，但也关涉马克思、阿尔都塞、葛兰西、威廉斯等思想家的文化理论，因而，研究通过比较他们文化理论的异同，概括总结霍尔对于这些思想资源的借鉴、移植和改造，提升理论研究的深度。

四、本书的基本观点与创新之处

1.基本观点

战后马克思主义在西方世界遭遇理论和现实困境，在理论上，马克思主义的科学性、真理性被误读、被质疑；在现实中，西方世界社会主义革命普遍处于低潮时期。作为马克思主义理论家的霍尔以历史唯物主义方法论为指导，对于文化进行了新的解读和阐释，重建了马克思主义在文化领域的当代影响力。这些新的解读和阐释主要有以下几个方面：

（1）将对文化的阐释置于战后资本主义的新调整、新变化的历史语境之下，在此基础之上指出，文化已经成为显现当代资本主义变化的主要场域。文化研究者必须破除教条主义马克思主义经济决定论和阶级还原论的束缚，正视资本主义的新变化，将文化理解为一种特殊形态的社会存在，理解为社会整体进程中极具能动性的组成部分，理解为当代资本主义统治的"调和器"。马克思主义理论家必须从这种现实出发，以马克思主义基本原则为指导，以文化为突破口，重构马克思主义的理论大厦，发挥文化的启蒙和解放潜能，重建社会主义价值观，对抗资本主义对人的异化统治。

（2）坚持文化研究的马克思主义理论基础，同时，积极借鉴欧陆马克思主义思想资源，以对权力、意识形态、阶级、生产等马克思主义概念的新理解为视角，将文化定位为一种生活方式、一种斗争方式、一种话语的建构方式。文化研究应当介入现实，改变现实，应从大众文化入手，以大众文化为场域，建构社会主义价值观，实现文化与政治的结合。

（3）以大众文化为研究重点，揭示大众文化的内在本质，并推动文化研究走向微观化、个体化、时代化，探究青年亚文化、媒介文化、族群文化和全球多元文化的政治旨趣，得出文化已经成为权力中心的结论，而权力的源泉在于抵抗。

（4）霍尔的文化研究跨越近半个世纪，理论主题不断变更，但始终都有一条不变的主线，那就是对历史唯物主义立场、观点、方法的总体坚持。历史唯物主义不仅担当起文化研究方法论的总体性原则，更是在文化研究中走向了具体化。无论是他对文化分析不能脱离历史语境的坚守，还是文化研究的个案剖析、实证调查以及问题导向的运用，都表明了他在文化研究领域的方法论创新。

（5）霍尔的文化研究不仅是对文化现象的研究，更重要的是，他为我们提供了新的时代境遇下马克思主义文化研究的方向、视野和立场方面的思考，这有助于我们走出文化的狭隘定义，将文化研究从形而上转向形而下，突出文化研究的实践品格。尤其是在西方世界，霍尔重建马克思主义文化理论的努力使马克思主义保持了对文化研究的话语引导力，即使到今天，霍尔建构的马克思主义文化研究的新视角、新范式依旧有影响力，尤其是他对西方理论界歪曲、误读马克思主义的理论澄清，更加增强了马克思主义在文化研究的话语权。

（6）霍尔的文化理论折射的是西方发达资本主义国家文化现代性的发展之路，作为一种反思和批判的理论，值得作为发展中大国的我国去分析和研究。尤其是他对资本主义文化现代性的批判向我们昭示出"文化现代化的陷阱"，我们必须在有所借鉴又有所超越的基础上，从本国时代语境出发，建构一条具有中国特色的社会主义文化强国之路。

2. 创新之处

（1）研究视阈的创新

霍尔在学术界被重视的是文化研究学者的身份，2000 年后，随着英国文化研究传入中国，围绕他的文化理论的阐释形成了研究热潮，在文艺学、传播学、语言学、历史学、社会学这些学科"霍尔与文化研究"成为学术热点，也取得了相当多的理论成果。遗憾的是，霍尔的另外一个身份：马克思主义理论家的身份受到的关注极少。无论对于传统马克思主义文化观的反思，还是从文化入手对于社会主义实现策略的思考，无不让人感受到霍尔对于社会主义价值追求的理论立场。本书的选题意义在于，通过回顾霍尔对马克思主义文化观的反思与重构的思想历程及理论贡献，凸显他的文化理论的马克思主义思想特征。本书以马克思主义的立场、观点、方法分析他的文化理论形成路程，概括他的理论成就，在马克思主义发展史的整体进程中审视他的理论地位。我认为，这不仅仅是"还原"霍尔文化马克思主义理论家身份的需要，更体现了学术界对于霍尔本人研究应当呈现的客观、公正的立场。

（2）研究内容的创新

霍尔的文化理论有两大特征：一是时间跨度长，作品数量多，涉及领域广，可以用"多元、复杂"概括他的理论空间；二是理论的开放性、流动性。从经典马克思主义到西方马克思主义、后马克思主义、后现代主义，每一种"主义"的出场都对霍尔的研究带来立场、方法上的一些改变，他的研究内容经常"变动不居"，难以把握一些共性的东西。研究者大多趋向于研究霍尔文化理论的某一部分，例如，他的媒体文化理论、青年亚文化理论、族群文化理论、大众文化理论等，对于其研究成果的整体梳理较少，对于各部分内容之间的内在关联更是少有问津。本书则立足在原有研究成果的基础上，以文化研究与马克思主义的关系为逻辑主线，对于霍尔理论出场语境、理论资源、学术空间做出一次全面、整体的梳理，建构霍尔文化理论研究的相对完整的景观。

（3）研究方法的创新

以往研究者对于霍尔文化理论基本采纳"以述为主"的定性研究方法，尤其是文学背景出身的研究者，更加注重理论描述的可读性。本书的研究采用"述""评"结合的方法，既注重理论的历时性分析，关注理论形成的历史语境，概括理论演化的规律，又注重理论的共时性分析，揭示理论的各个组成部分的内在关联和逻辑主线，避免写作的流水账风格，做到述中有评，夹叙夹议。

（4）研究指向的创新

霍尔的文化理论产生于 20 世纪 50 年代的英国资本主义上升阶段，作为对于"消费资本主义"和"传统马克思主义"的双重反思，无论对于马克思主义的理论创新还是对于我国文化发展中的重大实践问题的解决，都具有重要的借鉴价值。以往针对霍尔文化理论的研究在这一部分是缺失的，有人用"理论的旅行"来映照这种研究状况。我们难道仅仅是一名"观光者"吗？本书带着对这一问题的思考，以全球化时代的文化现实为理论起点，重点探讨霍尔文化理论的当代意义，他对于全球化时代多元文化与差异政治的辩证理解以及大众文化时代主导意识形态话语权的建构路径的思考，都为我们提供了可贵的启示。本书的研究力图揭示、论证这些可贵的思考，寻找理论与现实的内在契合点，为学术界在这一领域的研究增加一点新鲜的空气。

第一章 霍尔文化理论的出场语境

斯图亚特·霍尔的文化理论形成于第二次世界大战后英国资本主义转型的时期。面对战后资本主义的自我调整之后出现的新变化，霍尔承继了英国文化马克思主义的理论传统，以文化研究为突破口，开始了重建马克思主义文化理论的探索历程。这是马克思主义革命理论在西方国家遭遇挫折之后西方马克思主义理论家开辟新的理论道路的尝试，这一尝试建立在对资本主义新变化分析的基础上，也是西方马克思主义文化批判理论在新境遇之下的创新探索。

第一节 马克思主义文化理论在当代
面临的问题和挑战

马克思主义文化理论有广义、狭义之分，广义上的马克思主义文化理论包括科学社会主义理论创始人——马克思恩格斯的文化理论以及社会主义理论继承者、发展者的理论体系，而狭义的马克思主义文化理论则专指科学社会主义创始人的理论。人类社会发展进入 21 世纪，文化作为社会历史发展的重要景观日益凸显出其多样性的特色，每个国家在制定经济社会发展规划时都将"文化"作为与经济、政治并列的领域去提及和规划，文化不仅显现出对于经济社会发展的重大提升、推动作用，还同时显现出它的反向制约作用。全球化语境下文化差异所带来的认同问题、抵抗问题、身份问题、维权问题等，成为引发社会冲突、颠覆社会秩序、危及社会稳定、影响社会和平的重要因素，总之，文化成为各个国家不得不重视的重大战略问题。

面对经济社会发展凸显出的这一特征，迫切需要理论界发挥智库作用，用与时俱进的马克思主义文化理论去阐释这一变化，去面对这一问题，去寻求解决之策。我们需要深入挖掘马克思主义文化理论的精神资源，结合新的时代命题去丰富、发展这一理论，架构理论与现实的桥梁，实现两者的对接。

一、马克思主义文化理论在当代发展面临的问题

1. 对马克思主义有无文化理论的争议

学术界有两种盛行的观点，一种观点认为，马克思主义创始人没有确立有明确理论内涵的文化概念，更没有对文化的功能和作用做出进一步的阐释。马克思生活的时代处于资本主义上升时期，他看到经济生活发生的巨大变化，这与生产力对社会发展的推动作用是分不开的，因而他把着力点放在研究生产力和社会的经济基础方面，对于文化的重要性没有过多关注，因而，当代文化理论界的主要任务是重建马克思主义文化理论。

另一种观点认为，马克思主义创始人虽然没有提出明确的文化定义，但是蕴含非常丰富的文化理论，诸如马克思关于人的自由全面发展的问题、资本主义异化本质问题、意识形态批判问题以及文化人类学问题等，尽管没有单独提炼出来，但都蕴含于他对资本主义经济政治的分析中。马克思

建构了政治学视角下的文化观，需要后人结合时代变化进行拓展性解读。

2. 对马克思主义的文化理解范式的质疑

一些学者从三个方面质疑马克思主义的文化阐释模式：首先，马克思为文化问题提供了社会存在决定社会意识、经济基础决定上层建筑的基本分析框架，虽然它构成了我们分析文化的理论前提，但是，由于他过多强调"决定"的方面而形成一种"经济决定论"的思维范式，他强调要优先分析经济对政治、文化的决定性，于是文化在社会结构中就成了一个从属的二级概念，由此造成一种结果：文化的重要性没有引起马克思主义经典作家的重视。其次，在马克思主义经典著作中，过丁强调文化与阶级的"一一对应"，强调文化的阶级划分，把阶级视为一个勾勒文化理论的主要视角，无论是教育水平、选举行为、休闲爱好、社会迁移等当代话题都要从阶级概念中读取灵感，似乎这一切都是阶级地位的呈现。这种阶级简约论是与当代西方国家社会结构的变化不相符合的，无法说明文化呈现的多样性与其他因素所致的差异；最后，"历史必然性"的理解范式，过于强调历史发展的必然趋势，而忽视由文化的先导性、主体性所致的偶然性变化。这样的理解范式只强调从社会历史的发展角度去看文化，而没有重视从文化的角度去看社会历史的发展，因而，学者们提出，马克思主义文化理论的丰富和发展首要的是突破这一范式的束缚，以范式的重建为重点去建构历史唯物主义文化理解新范式。

二、马克思主义文化理论在当代面临的挑战和使命

以上的争议和质疑恰恰反映了马克思主义文化理论发展中需要解决的问题。问题代表了特定时代的思想困惑，马克思主义文化理论自身只

有成为具有阐释力的理论，才可能从文化视角去澄清人类之惑，对特定时代问题进行回应，并指明解决的路径与方法。

1. 马克思主义文化理论需要澄清对马克思主义文化理论的不科学认识

从以上观点的争锋中可以看出，马克思主义文化理论在当代的发展首先需要澄清学术界对马克思主义文化理论的误读问题，才能在创新马克思主义文化理论的路径选择上有深刻的认识。马克思主义到底有没有文化理论？它为什么会被误读为"经济决定论"和"阶级还原论"？马克思把文化描述为"社会历史现象"是否就是忽略了文化的"主体性"和"能动性"？马克思主义文化理论的创新点应当聚集在哪些问题上？这都是马克思主义理论工作者应当重点回应的问题。建构当代马克思主义的话语权，必须要面对质疑，从理论层面回应质疑，论证马克思主义的科学性，丰富、完善马克思主义文化理论。

2. 文化多元化语境下重建马克思主义文化理论的当代性

马克思主义的当代性遭遇的最大挑战是西方新自由主义思潮。作为西方发达国家的意识形态的核心，新自由主义举着"自由、民主、多元"的大旗，以文化全球化为推动载体，向发展中国家输出"普世价值"，通过经济、政治、文化一体化的传播方式强化它的影响力。第二次世界大战之后，时任英国首相丘吉尔就发表引起巨大轰动的"铁幕演说"，宣称要向共产主义开战，并助推了两大阵营的对立和冷战。在西方世界，马克思主义被宣称"过时"，走向了"终结"。理论界也紧随政府立场，将马克思主义置于资产阶级意识形态的对立面，对马克思主义进行歪曲研究并将马克思主义驱赶至边缘的位置。

但是，在西方理论界，也有一个捍卫马克思主义的知识群体，他们提出，新自由主义的一枝独大，正是资本主义文化危机的体现。在现有的资本主义统治结构下，资本主义文化只是凸显出它的工具性价值，它作为对资本主义经济、政治生活的反思愈来愈失去应当具有的批判能力，其反思当代资本主义发展困境的能力在逐渐削弱。以自由主义为价值观核心的资本主义文化日益遭遇质疑，在资本主义世界，涌起反思和批判新自由主义思潮的各种"反自由主义思潮"，市场社会主义、生态社会主义、女性主义社会主义、文化马克思主义、民族主义、后殖民主义等诸多思潮在 20 世纪四五十年代之后陆续登场，虽然没有成为资本主义的主导文化景观，但是也各自呈现出存在的合理性。① 而以新自由主义为核心的资本主义文化为了证明自身的生命力，借助全球化进程向全世界推广内核为自由主义的"普世价值论"，力图维系并重新建构新自由主义为主导的全球文化秩序，消解和颠覆世界各民族的文化自主性。但是，"民族主义终结的时代并没有如期到来，情况反而是，人们的民族主义情结更重了，民族国家视民族性为它们的根本属性。"② 民族主义代表了国际社会的主体——民族国家的基础与传统，是维系国家或民族的自主性的文化支撑。全球化过程中始终充满民族国家维系文化个性与"中心"国家意图建构文化统治权的斗争。面对意识形态领域"没有硝烟"的阵地争夺战，各国纷纷捍卫本国主导意识形态的安全与标识独立自主立场的话语权。增强文化软实力、捍卫文化自主权、构筑意识形态安全网成为全球化时代人类发展的重大文化命题。

---

① 甄红菊：《马克思主义话语权的理论内涵与实现路径——基于意识形态视角》，《中国特色社会主义研究》2015 年第 2 期。

② ［美］本尼迪克特·安德森：《想象的共同体》，吴睿人译，上海人民出版社 2003 年版，第 2 页。

因而，多元化文化语境下马克思主义的发展应当有全球视野和开放品格，要立足于民族国家的文化命题，与世界各国多样态的马克思主义思潮进行交流和对话，以马克思主义的观点评析各种政治、经济、文化思潮，吸取、借鉴它们反映人类共同文明追求的价值，面向民族国家的发展，思考全球化时代民族国家的文化发展路径，提升马克思主义对于社会发展的影响力和指导力。

综上所述，马克思主义文化理论在当代面临的问题和挑战需要澄清学术界的各种理论误读，阐释马克思主义理论对于文化问题的基本立场、观点和方法；同时，丰富和发展马克思主义文化理解范式，摒弃经济基础和上层建筑的固化决定模式，注重在二者的交互作用中对文化进行社会历史定位，并以文化视角阐释、解读人类社会发展道路的多样性及其合理性。马克思主义文化理论的发展更应具有实践品格，走出书斋，去回应人类发展的重大关切，对于国家如何提升文化软实力、如何捍卫本国意识形态的主导权话语权提供具有重要指导价值的理论思路。

第二节　战后英国"消费资本主义"的时代转型

战后英国在"福特主义"与"后福特主义"① 经济实践的推动下，

---

① 霍尔在"New Times"一文中，对"后福特主义"做了文化视角的分析。正如葛兰西从广泛的意义上解读了"福特主义"一样，霍尔也是将"后福特主义"作为一个文化和意识形态术语来看待的。"后福特主义"不仅是一个经济术语，它同时更具文化含义。它表征着社会的碎片化和多元化，集体合作意识的削弱、新身份的出现以及个人消费实现的个人选择自由。"后福特主义"成为晚期资本主义的主导意识形态。参见 S.Hall, *New Times, Critical dialogues in culture studies: David Morley and Kuan-Hsing Chen*, Routledge, 1996：224-226。

完成了资本主义的社会转型，建构起"消费资本主义"新的社会形式。这一转型带来了社会生活新的变化，不仅形成日趋"中产阶级化"的阶级阶层结构，激发了人们对社会流动的热情，而且福利国家的梦想与实践正在试图重塑资本主义国家在人们心目中的形象。这是资本主义统治方法调整之后的结果，这一时代特征也成为西方思想家进行理论分析的经济前提。

一、战后英国"消费资本主义"时代形成

1."福特主义"与"有闲"阶级

第二次世界大战之后的英国，"已经被作为经济实践的'福特主义'和作为民族国家经济政策的凯恩斯主义所左右，这些实践构成了整个社会形态的组织原则和文化关系"。[①] 在经济领域，消费取代生产成为资本主义向前发展的核心推动力。在资本主义发展的初期，生产是资本主义发展的主要驱动力，如何生产、怎样生产、生产多少直接决定了资本主义的整个生产流程，正是基于对传统的生产过程的分析，马克思指出，资本主义生产是利润再生产和阶级关系再生产的统一，也正是这一生产过程蕴含了工人阶级解放使命的内在诉求。而在第二次世界大战后，英国作为"头号资本主义强国"在经济社会领域率先做出极大调整，它通过对于核心工人实施高工资制度维持其对于生活消费品的消费能力，从而带动标准化商品的大规模生产。同时，政府实施充分就业战略，不仅

---

① 克里斯·巴克：《文化研究的理论和实践》，孔敏译，北京大学出版社 2013 年版，第 131 页。

维持了社会底层人们的最低购买力，而且大大缓解了劳资矛盾。围绕着消费主题的确立，传统的制造业地位下降，而以直接促进消费、实现消费为特征的服务业开始崛起，并在五六十年代达到了占经济总量1/3的规模。工人开始大批流向服务业，不仅薪酬有了大幅度提高，有时甚至超过中产阶层，同时也被激发起强烈的消费欲望。经济领域的变化使传统的阶级政治呈现出新的形式，工人阶级被资本主义政府打造为消费领域的"主体"，力图消解工人阶级原有的阶级性。思想家索斯泰因·凡勃伦(Thorstein Vcblen)曾提出一个新概念——"有闲阶级"，他认为"福特主义"造就了"有闲阶级"的"体制性身份"，它掠夺工人的钱财与精力（消费资料）到如此地步，以至于"使工人们失去了学习并形成新的思维习惯的能力"。[1]

2."后福特主义"与文化商品的流通

"福特主义"在20世纪60年代达到顶峰，之后开始出现经济的停滞、经济危机，无产者也并没有得到资产阶级政府所承诺的一切，失业问题依旧突出，社会面临矛盾激化的危险。福特主义的大生产订单模式迫切需要调整，这种情境下，资本主义国家开始了大幅度的调整，由大规模、大订单生产转向培育新兴产业部门，并通过技术革新减少生产领域的从业工人数量，引导这些生产工人流向新型服务部门，大大带动了就业的增长。而文化和传播产业就此成为新型产业的核心形式。文化产业开始得到发展，大批的文化商品流向市场。工人们消费的已经不仅仅是生活必需品，而转为消费文化商品。文化商品的流通成为保证资本正常运转的重要条件。资产阶级政府骄傲地宣称：工人已经不再满足于对

---

[1]　托比·米勒：《文化研究指南》，王晓璐译，南京大学出版社2009年版，第103页。

生活必需品的需求，转而从消费文化商品中得到满足，而从物品的消费转向文化的消费代表工人生活质量的上升。

二、"福利国家"及其影响

1."福利社会"的形成

战后资产阶级政府实施了公共财政支付的社会福利政策。1948年，英国实施国民保健服务体系，全民公费医疗成为现实。同期实施的还有全民保险制度、国家补贴的廉租住房制度、养老金制度以及义务教育制度等，这些政策的实施为当时的工人阶级提供了最基本的安全保障，得到工人阶级的支持。1945年之后，工人阶级的生活水准比以往大大提高。尽管当时的英国资产阶级政府处于财政支付的困难时期，但不可否认，工人阶级的生活水平得到了改善。相比1938年，工人阶级的工资水平上升了30%，就业得到保证，环境和教育设施也有了明显的改善。

2.福利社会的影响

福利社会使社会阶层结构发生了很大的变化。从工人阶级中分离出一个"中产阶层"，他们大多脱离了一线生产劳动，从事管理、服务等居于资本与劳动之间的中间角色。随着中产阶层的庞大，社会阶层结构也由资产阶级——无产阶级的二元结构转变为社会阶级阶层化的新的多元化结构。

福利社会减弱了工人阶级的革命意识。工人阶级作为消费者被纳入资本主义的统治结构中，对于现状的满足使他们的阶级意识消退，通过社会流动成为中产阶层进而成为有产者成为他们工作的动力。被体制化的身份促使他们转变革命者的思维方式，成为普通民众的一员。

福利社会还打造了资本主义政府的"新形象",阶级矛盾得以缓和。资本主义国家政府顺势打出"人民资本主义"的旗号,他们将自己打造为人民利益的代言人,宣称传统的劳资矛盾已经从根本上得以解决,政府也不再是阶级统治的工具,而是想方设法如何满足消费者日益增长的需求。

总之,资产阶级政府由于对生产方式进行了"福特主义"式的调整,使得战后的英国呈现出一片"繁荣"景象。工人阶级被建构起新的社会角色—消费者,消费成为工人阶级的日常生活方式。同时,福利政策的实施保障了工人阶级的就业,提高了生活水平,缓和了原本尖锐的阶级矛盾。

第三节　西方马克思主义文化批判理论的现实困境

消费资本主义时代的新变化促使西方思想家关注这一时代表征。一批有着坚定社会主义信仰的马克思主义理论家以文化和意识形态为突破口,对于当代资本主义变化进行了深刻反思,他们将马克思的批判精神贯彻到文化和意识形态领域,在这一领域论证和揭示当代资本主义新变化的本质及其影响,并指出资本主义统治结构下人们文化焦虑和文化危机问题。他们的独到见解和问题意识为我们理解文化问题提供了"他者"视野,为我们在新的语境下反思、重构马克思主义文化理论提供了深刻的思考。

一、消费资本主义时代"大众文化"的出场

1.通俗文化的出现是战后资本主义的新变化

消费资本主义时代催生出大众文化(或称通俗文化)的出场。为了

解决工人"闲余时间如何打发"的问题，增强他们对"消费资本主义"的政治认同，各种各样体现"工人口味"的杂志、报刊被大量印刷出来，"成群的人们买它们、读它们，享受它们"，以帮助工人更好地享受消费的快感。这一现象的出现是资本主义进行经济政治文化等方面的自我调整的结果。因为他们逐渐意识到文化与传播应当成为这一阶段经济活动的中心，通过增加新的生产部门、提供新的文化商品，不仅满足了工人阶级对闲余时间如何打发的需求，更重要的是，这成为新经济活动的利润增长点。资产阶级将文化与传播置于社会活动中心的做法带动了新一轮资本主义国家的经济增长。因而，文化与信息产业成为工业资本投资的重点。面对大众化的人群，他们生产出大批符合大众口味的文化商品，并通过传播媒介为他们的商品竭力进行营销。通俗文化的出场以及对通俗文化的消费成为战后资本主义的新变化的主要特征，也使工人阶级的身份日益向"大众"靠拢。

2. 美国的文化输出策略使通俗文化走向同质化

战后的美国发挥了全球领导者的角色，它通过主导全球化运动力图建构起以自由市场、开放贸易为主要特征的全球经济体系。文化生产同样在美国自由资本主义体系中取得了重要地位。1946 年之后的十年，美国的文化商品输出开始走向世界。它建构起文化生产在民族国家的分工体系，推动了美国大众文化从合法渠道进入民族国家的市场。好莱坞电影、李维斯牛仔裤、可口可乐和麦当劳成为美国大众文化的代名词，迅速占据了全球文化市场。原本体现民族国家文化差异的通俗文化又出现了被同质化的趋势，大众文化成为美国通俗文化的代名词，而且，透支消费、享乐主义、更高程度的自由日益成为消费文化主导下大众的生活方式。

二、法兰克福学派对资本主义大众文化的批判

1. 法兰克福学派[①] 的精英主义文化反思

面对 20 世纪四五十年代与消费资本主义相伴而生的大众文化的出现，西方马克思主义的一支重要学派——法兰克福学派承袭了马克思的批判精神，实现了西方马克思主义由文化革命向文化批判的转型。第一代西方马克思主义思想家以卢卡奇、柯尔施、葛兰西为代表，他们认为，无产阶级革命的高潮期已经过去，资本主义社会已经建成以稳固的市民社会为基础的强大国家机器，必须通过激发工人阶级的阶级意识、夺取市民社会意识形态领导权的文化革命，才能够从根本上瓦解资本主义暴力国家机器的合法性基础。因而，他们呼吁马克思主义的研究必须转向文化领域，为未来文化革命高潮的到来进行理论规划。第二次世界大战之后资本主义国家出现的新变化使得西方马克思主义文化理论再次转型。面对人们普遍陷于资本主义文化统治而又"乐在其中"的状况，第二代马克思主义思想家决定发起一场以大众文化批判为主题的思想启蒙，意在警示处于异化状态又不自知的"一群人"，呼吁他们重视自身的生存境遇。他们认为当代资本主义社会工具理性遮蔽了人的批判能力，享受流行文化成为人们的生活方式，高雅文化对于人的审美促进完

---

① 德国具有创立批判理论的传统，它的思想起源来自于黑格尔和马克思的批判理论。《法兰克福学派史》的作者 Mardin Jay 在《法兰克福学派史》中将第二代批判理论称为法兰克福学派，它是在德国作为资本主义的先导进入一个新阶段、经济垄断和政府干预不断增长中从事研究的。20 世纪 30 年代法兰克福研究所迁往美国，无产阶级被整合进社会的迹象日益明显，因而，这时的批判理论总体具有悲观主义的倾向，但他们并没有放弃批判，而是逐渐从制度批判转向哲学意义上的批判。参见黄小寒：《西方马克思主义经典著作导读》，北京大学出版社 2012 年版，第 31 页。

全不被人重视了，通俗文化带给人的片刻愉悦使文化也被麦当劳化，成为快餐文化。

法兰克福学派站在文化精英主义立场，对资本主义大众文化的工具性本质以及危险性进行了揭示。他们认为，大众文化已成为文化工业制造出来控制人、操纵人、同化人的意识形态工具，文化工业成批量地生产出大量通俗文化作品，通过迎合、满足人们的低俗文化口味满足人们对消费的需求，艺术作为自由体现的本质被歪曲了，承载着精神理想的"精英文化"被冷落到一边，人们的生活方式日益走向浅表化、去理想化，就像无根的浮萍，失去了归属感。人们的文化个性不复存在，也丧失了对自身及社会发展的反思和批判能力，成为被压抑、被控制的普遍"大众"。

由此可见，法兰克福学派文化批判理论的对象是资本主义大众文化，批判的目的在于通过揭示这一文化的内在形成机制，唤起"异化统治"下人们对自由自觉发展的渴望和追求。法兰克福学派以人的需要作为研究的出发点，以马克思主义人道主义精神和政治经济学批判方法为理论基础，成为西方马克思主义最为深刻的文化批判理论。

2. 法兰克福学派文化批判的现实困境

法兰克福学派的文化批判理论成为"二战"后西方马克思主义理论发展的制高点，几乎之后的任何文化研究理论都将其列为经典理论资源，从中获取灵感。法兰克福学派的文化批判理论在五六十年代产生了极大的影响力，但之后逐渐走向衰落，而当年激进的文化批判思想家们也沉默下来。西方马克思主义文化批判理论陷入现实困境，原因在于：

（1）文化批判理论家承袭了马克思的批判精神，却抛弃了马克思批判的方法。马克思从分析资本主义内在运行矛盾入手，以商品的剖析为起点，对资本主义生产方式进行了深刻的批判，并在批判旧世界中发现了新世界以及建构新世界的路径。而法兰克福学派以文化为视角去批判资本主义生产方式，他们也将异化的根源归因于资本主义制度本身，但是，他们没有勇气提出变革社会的方案，只是提出恢复精英文化的主导地位、唤起人的审美理性、交往理性去拯救人类的文化策略，不去触及文化问题背后本质性、根源性的东西，这就注定了文化批判理论不能结果只能成为昙花一现的文化景观。

（2）文化批判理论意图实现的思想启蒙功能由于缺乏受众基础没能得以实现，而思想家们对大众文化表现出的"完全排斥"立场也使得理论成为"书斋里的学问"，它显现出的人文关怀却不被人接受，更是缺少了实践性品格和走向现实的桥梁。文化批判理论的这一困境来自于思想家们过于激进的"批判"立场，虽然有学者称，面对当代资本主义统治下人们被异化却茫然不知还自得其乐的状态，需要有一批激进的思想家站出来，用他们的智慧唤起人们的理性，即便矫枉过正，也是十分珍贵的。但是，也应客观地看到，正是由于文化批判理论对于大众文化的这一"诊断"，使得大众文化的无数"享有者"和"消费者"远离甚至抵制了这一理论。大众文化作为文化现象、文化模式的出现固然在于文化工业的推动，但是更有处于社会边缘群体的人群对于文化的需求，他们期望创建适合自身消费的文化样态，大众文化的出现迎合了他们的需求。文化批判理论只研究文化工业，却忽视对于这一受众需求的研究，这一局限性使得他们忽略大众文化的能动性，忽略了文化自身发展的规律性和创造性。

西方马克思主义的文化转向及其现实困境暴露出理论本身的局限性，也击碎了人们对文化革命可能性抱有的幻想。在现有的资本主义统治框架下，文化批判还没有能力去触动资本主义统治的根基，没有物质力量和社会力量的支持，文化批判充其量只是书斋中的"呐喊"，它的启蒙性是否能够为人们所认同，还需一定的时日和条件。文化批判理论的现实困境对"文化决定论"做了一个有说服力的注解。

第四节　英国社会主义革命策略新反思的理论需要

围绕社会主义革命策略问题，无产阶级革命家进行了深入思考。面对西方国家低迷的革命形势，社会主义革命有无发生的可能性？未来的社会主义革命需要什么样的条件，什么样的革命策略？如何总结20世纪50年代以来西方国家社会主义运动的经验与教训？马克思主义理论必须要根据资本主义社会历史现实的变化，对于社会主义革命策略问题开展研究，这是马克思主义理论创新绕不过去的问题。

一、第一代西方马克思主义思想家对无产阶级革命策略的思考

1.无产阶级革命策略的重要性

1917年发生于俄国的十月社会主义革命引发了各国无产阶级革命家的思考，因为马克思所预言的无产阶级革命没有发生在有着无产阶级社会基础的西欧发达资本主义国家，而是发生于东方一个落后的封建专制国家，是马克思的预言失败了吗？一批马克思主义理论家经过周密的分析认为，俄国十月革命的爆发充分体现了历史发展必然性和偶然性的有机统

一，历史唯物主义揭示了历史发展进程的规律性，同时也不能排除偶然性因素对于历史发展的重要影响，作为马克思主义理论研究者，更应当重视规律实现条件的分析，表现在无产阶级实践中就是革命策略的问题。

2.无产阶级革命策略实现的可能性

意大利无产阶级革命家、理论家葛兰西关于无产阶级革命策略的分析代表了这一时期理论家们研究的成果，他第一个提出以"堡垒战""阵地战"代替彻底摧毁资产阶级国家机器的暴力革命的策略转移理论。他在反思西欧发达国家无产阶级革命失败的原因时指出，资产阶级统治已有百年之多，已经形成稳固的统治基础，就像一个牢固的城堡，底下是已经驯服了的市民社会，其上耸立着强大的国家机器，而要推翻这座城堡，最根本的是夺取市民社会的领导权，通过挖掉城堡的根基来动摇它，无产阶级革命策略必须得以改变，才有可能取得最后的胜利。

二、英国社会主义革命新策略的失败及反思

1.英国新左派运动的发动及失败

葛兰西关于无产阶级革命策略的思想在西欧诸国共产党人队伍中得到了广泛传播，并产生极大的影响力。尤其是在英国，葛兰西的思想及多个概念"自 20 世纪 50 年代起，在英国马克思主义理论发展的不同阶段已经对其重构起到了至关重要的作用"，[1] 英国第一代新左派对葛兰西观念的传播起到重要的中介作用。[2] 第二次世界大战之后，西欧各国社

---

[1]　D.Forgacs. *Gramsci and Marxism in Brutain*, New Left Review, 1989: 176, 70–88.

[2]　迈克尔·肯尼:《英国第一代新左派》，李永新、陈剑译，江苏人民出版社 2010 年版，第 9 页。

会主义革命转入低潮，这一期间发生的两件大事对于英国共产党人触动很大，一是英法军入侵苏伊士运河事件，使英国共产党人对于资本主义统治霸权的本质再次有了深刻认识；二是苏联对于波匈事件的暴力干涉使这些共产党人不满苏联社会主义国家的极端做法，一些党员纷纷退出英国共产党，以示对苏联霸权主义行径的抗议。在这样的背景下，英国共产党组织的社会主义运动显然也进入低潮期。正如英国马克思主义理论家佩里·安德森所描述的，"与马克思主义理论在其他国家出现的令人兴奋的发展相比，英国社会主义的成就显然微不足道"。[①] 第一代新左派在此时的兴起是复兴社会主义运动的迫切需要，它成立于20世纪50年代初期，是由一批接受过高等教育的社会主义理论家、思想家组成的组织松散的联盟，葛兰西的理论对他们产生过重要影响。英国社会主义革命究竟有无可能性？如何让陷入低潮的社会主义运动走向复兴？有着坚定社会主义信仰的这些马克思主义理论家发起了以"新左派运动"为名的社会主义运动，他们自办杂志《理性者》和《新左派评论》，重新评价马克思主义理论的基本思想和精神，提出更具时代特色的社会主义发展规划，在社论中新左派表达出他们关于社会主义运动的新主张，"社会主义理论应该是思想史中说服力最强、成果最为丰硕的一个片段，是一种关于思想和行动的理论。它能够充分注意到当代世界的现实状况，并且灵敏地感受到与过去完全不同的平等与社会公正等理念"，[②] 社会主义运动应当以社会主义理论为指导，以一种生动、活泼的形式进入人们的内心世界，在日常生活中宣传社会主义价值观。新左派思想家通

---

① 迈克尔·肯尼：《英国第一代新左派》，李永新、陈剑译，江苏人民出版社2010年版，第9页。

② 《大学与左派评论》第一期社论 (Editorial, ULR.I1957.P.ii)。

过创办杂志吸收更多积极分子成为杂志的读者，而后又创建伦敦俱乐部，广泛动员各种身份的人参与，俱乐部为他们提供对刊物的理论争论和对社会主义思想进行集体讨论的空间。同时，俱乐部还成为对于工人阶级进行文化教育和文化启蒙的场所，他们大力提倡"反智主义"，在工人中组织一系列的社会与文化活动激发了很多人的共鸣。俱乐部还组织积极分子参加各种各样的政治行动（比如和平运动），鼓励大家为社会主义的目标"行动起来"。1959—1961 年是新左派运动的鼎盛时期，当时的 BBC"全景栏目"对于俱乐部进行了报道，国内媒体也"认识到，新左派是一种政治现象，而不是一个一晃而过的重要事件"。[①] 但是，新左派运动在 1962 年却由于严重的经济困难和团队分裂走向衰落。

学者们对于这场政治运动的失败给予了很多解释，缺少统一的革命目标、缺乏运动的社会基础以及没有团结的领导集团被认为是运动失败的三大主因。这场运动的特点是以文化——政治为革命策略，是葛兰西文化政治学理论在英国社会主义运动中的实践。新左派通过文化运动旨在提升工人阶级的文化素养、唤醒工人阶级的阶级意识，以对社会主义目标的认同为基础，动员了社会各阶层参与的积极性。这一"价值观"的革命旨在夺取葛兰西所说资产阶级"市民社会"的领导权，动摇资产阶级统治的社会基础，这场运动走向衰落使我们再次反思社会主义文化革命策略的可能性。

2. 新左派影响下的新社会运动及启示

50 年代的新左派运动为后世留下了宝贵的理论遗产。它对工人阶级建构积极生活方式的思想启蒙，对社会主义满足人的自由发展的价值

---

① 《大学与左派评论》第一期社论 (Editorial, ULR.I1957.P.ii)。

目标的强调以及对资本主义制度弊端的抨击在当时的英国社会发生了极大影响。也正是新左派运动的失败，使马克思主义理论家意识到，寄托于无产阶级的社会主义革命策略必须要根据社会结构的变化进行调整，因为战后工人阶级走向分层已经是个不争的事实，阶级阶层化已经使阶级整体利益实现的呼吁得不到回应，而体现小众的利益诉求却有一定的支持基础。尤其是发生于 20 世纪 60 年代的反对核扩散的和平运动、反对生态环境污染的绿色运动、争取教育平等和就业权利的大学生运动以及反对种族歧视、争取少数族群权利的黑人平等运动等，构成了一场声势浩大的社会运动。在马克思主义理论家看来，这场运动不是社会主义的政治运动，因为参加社会运动的成员不是来自生产领域的工人阶级，他们的目标也不含有砸碎机器、推翻资本主义制度的诉求；相比以往的运动，它的参加者主要由在资本主义社会处于边缘地位的人员组成，他们争取的目标与网络、保健、教育公平、感觉、自我实现、社会正义等非物质需求有关，表达的是一个基于共同利益诉求的群体变革诉求。新社会运动的议题也是多样化的，他们质疑资本主义"自由、民主、平等"的价值宣传，试图重建以公平、平等、正义为导向的新生活方式。

新社会运动构成 20 世纪 60—80 年代资本主义社会的独特景观，它的发展促使马克思主义理论家反思在西方国家社会主义革命的可能性路径。在无产阶级革命意识淡漠，阶级分层化、碎片化的时代变化下，新社会运动的兴起为处于反思和探索中的马克思主义思想家提供了一些可贵的启示。

（1）消费资本主义时代阶级抵抗的形式发生了变化，工人阶级物质需求的基本满足使大规模阶级冲突的爆发可能性极小，围绕非物质需求的文化冲突成为阶级冲突新的转向。教育、选举、休闲爱好、社会流动等议题比阶级政治更加受到大众的关注，大众对自主性价值的追求与资产阶级国家体制对其生活方式过分塑造的冲突成为这一时代凸显出的矛盾。

（2）新社会运动的抵抗反映了资本主义社会技术、知识阶层以及边缘阶层对后工业资本主义社会福利国家及经济增长消极后果的反思和批判，他们不像理论家做出哲学意义的批判，而是直接走上街头，与代表资产阶级统治秩序的警察发生冲突，以游行示威甚至暴力行动对抗既定社会秩序对他们的安排，以此申明、争取自身的利益和主张。新社会运动被定位为一场文化运动，他们质疑资本主义制度本身，将批判直接指向资本主义制度所体现的价值，以此种方式对抗资本主义主导意识形态的霸权统治。新社会运动的发生以及此后在不同国家、不同历史时段的延展，充分凸显出文化在资本主义政治变革中的特别意义。无产阶级革命策略必须适应资本主义的当代语境，表现出灵活性、多样性，而大众社会的意识形态领导权争夺战则成为重要的问题域。

综上所述，新的时代命题是英国"文化马克思主义"①的出场依据。在英国经济、政治、文化等方面所呈现出的历史语境下，英国马克思主义理论家开始了反思、重构马克思主义的思想历程。反对教条的马克思主义，重建符合时代特征的马克思主义，使其承担起指导英国社会主义

---

① 本书"文化马克思主义"特指英国文化研究学派威廉斯、汤普森、霍加特、霍尔等具有马克思主义理论取向的新左派思想家创立的马克思主义研究学派。他们的著作具有共同的马克思主义理论特质，以促进马克思主义和文化研究相结合为己任，推动了马克思主义文化理论在英国乃至世界的发展。英国文化研究学派的很多成员都传承了马克思主义的文化研究传统，由此形成英国文化马克思主义这一具有重要影响力的学派。参见斯道雷：《文化理论与通俗文化导论》，杨竹山等译，南京大学出版社 2001 年版，第 64—66 页。

运动的现实使命，成为英国马克思主义理论家思考的问题。马克思主义
的时代性如何体现？英国马克思主义理论家认为，应当重视对英国战后
消费主义时代做出剖析，问题也应当来自时代诉求，而问题的答案也在
于要对时代诉求做出回应。消费资本主义或福利资本主义的时代性带来
了不同于以往的时代命题，消费资本主义时代社会结构、阶级结构发生
了大的变化，传统的贫与富、无产阶级与资产阶级两极结构被打破，新
的中产阶层已经崛起，成为社会发展的中坚力量。第二次世界大战后工
人阶级作为传统的革命力量出现衰落迹象，社会主义革命进入低潮期。
如何才能够引领社会主义运动的复兴和社会主义信仰的重建？第一代西
方马克思主义理论家开启了阶级政治转向文化政治的方向，给英国马克
思主义理论家带来了重大启示，但是，以文化批判为文化政治学主题的
西方马克思主义理论探索对于当代资本主义变化只是从单一的维度做出
了一些虽然深刻但是有些偏执的分析，他们所提出"美学革命"也在实
践中成为了一个口号。英国马克思主义理论家看到文化批判理论脱离现
实这一缺陷，他们身体力行，开展形式各样的社会主义运动。他们号称
新左派，以俱乐部为阵地，组建领导机构，吸收有坚定社会主义信仰的
新左派加入，通过系列文化活动吸引工人阶级参与，同时吸收不同身
份、界别的社会阶层，在基层民众中培育社会主义信仰。他们将新社会
运动看作新社会阶层反抗资本主义的主要斗争形式，把培育工人阶级和
新社会阶层的社会主义信仰作为斗争的主要目标。这场斗争最终因为新
左派思想家的理论分野和政治策略不同没有形成统一的行动，再加之缺
少强有力的政党支持，缺乏组织性，尽管这场运动现实中归于衰落，但
是，在实践中也培养了马克思主义理论家走出书斋、关注现实的实践品
格。应当说,20世纪50年代的英国马克思主义思想家处于"理论的贫困"

时期，他们缺少强有力的理论资源去指导社会主义运动。这一时期涌现出的一大批文化研究学派的理论家雷蒙·威廉斯、约翰·汤普森、霍加特、斯图亚特·霍尔等人则担当起建构本土化马克思主义理论的重任。他们以文化为研究主题，在对理论反思和现实反思的基础上致力于在文化领域重建具有生命力和指导力的马克思主义，从而创建了"文化马克思主义"这一理论形态，这成为新左派运动留给我们的最重要的历史遗产之一。

第二章　霍尔文化理论的主要思想渊源

霍尔的文化理论探索始于对马克思早期著作的阅读。他以马克思的思想为依据，对教条主义的马克思主义进行纠偏，在文化研究早期他捍卫了经济基础—上层建筑的马克思主义文化分析框架，坚持阶级分析方法。马克思的思想成为霍尔文化理论探索的坚实基础。20世纪70年代之后霍尔的理论研究陆续接纳了阿尔都塞的意识形态分析范式、葛兰西的文化领导权理论以及后马克思主义话语理论，充实和丰富了霍尔文化理论的内容，为推进霍尔的文化研究提供了新鲜的理论资源。

第一节　马克思主义与霍尔文化研究的理论底色

在西方马克思主义思想家中，霍尔被称为"文化马克思主义理论家"，他的文化理论建构是以马克思主义为理论基础的。在20世纪50年代的英国思想界，出于对"教条主义"和"大国沙文主义"的抵制，许多学者都宣布放弃马克思主义，转而求助于其他主义来支持他们的研究。但是霍尔并没有成为他们中的一员，对社会主义的坚定信仰使他站在反思而不是抵制的立场上对马克思恩格斯的理论进行研究。

他在对马克思恩格斯的著作反复解读的基础上，提出马克思主义的再阐释命题，坚持将马克思主义作为文化研究的理论基础。主要表现在：

一、对教条主义马克思主义的纠偏构成霍尔文化研究的主线

马克思、恩格斯创立的马克思主义学说对英国学者产生较大影响是在 20 世纪二三十年代，由英国共产党的成员陆续介绍、翻译到英国理论界。英国思想界对于马克思、恩格斯的学说经历了一个由崇拜、信仰、怀疑、迷茫、反思进而到批判、重建的历史过程，这一切当然与国际共产主义运动的跌宕起伏直接相关。英国共产党人见证到马克思主义学说从理论变为现实，目睹世界上第一个社会主义国家的成立，因而马克思主义成为诸多想要改变资本主义统治秩序、打破资本主义一统天下的知识分子的信仰和追求，但是，他们的热情和梦想很快被后来苏联的大国沙文主义做法改变了，苏联作为社会主义大国对待兄弟国家的专断、粗暴使得英国共产党人陷入迷茫之中，原来被作为信仰支撑点的社会主义运动突然坍塌下来，他们需要什么样的信仰与追求，实现社会主义政治理想的"路"在何方？

第二次世界大战之后的霍尔正值青年时代。作为一位有着社会主义坚定信仰的年轻人，有着同时代人的思想困惑，但他并没有因为困惑放弃追求。马克思恩格斯创立的马克思主义学说对于霍尔的吸引是始终的，也正因为如此，霍尔带着对于社会主义的坚定信仰和追求迈入了文化研究领域。在研究中，霍尔极力呼吁澄清对马克思主义的各种误读，还原被各种假象遮蔽了的马克思主义的内在本质。虽然他的立场有些激

进，但在当时对于矫正教条主义的影响还是非常有益的。

1. 对"斯大林主义"进行了批判和揭露

霍尔在回忆 1956 年匈牙利事件时曾指出，苏联出兵是对匈牙利人民的独立愿望进行压制和军事干预的行为，这在英国共产党中造成一种看法：苏联的马克思主义已经完全变成了"斯大林主义"。斯大林的做法损害了社会主义共产党的形象，并引发了英国共产党的退党风潮。一批激进的英国共产党人宣布要以"退党"这一方式宣告他们与苏联共产党划清界限的立场，他们的社会主义信仰遭到了破坏，思想和行动上开始产生对"斯大林主义"的抵制。"匈牙利事件与苏伊士运河危机是'具有阈限作用的'、划定边界的经历。它们象征着政治冰河时代（Ice Age）的结束。"① 在霍尔看来，"斯大林主义"的危害在于，一是破坏了马克思主义作为意识形态信仰体系的基础，二是削弱了马克思主义在资本主义国家和社会主义国家的影响力。当时英国共产党发生大规模的"退党风潮"，一些社会主义国家也对斯大林的马克思主义感到质疑，声明不再追随苏联的社会主义模式，要走马克思主义与本国实际相结合的道路。在对"斯大林主义"的批判中，霍尔言辞激烈地明确了以下几点：首先，"斯大林主义"不是马克思主义，它背离了马克思主义的人道主义精神，违背了马克思主义的基本立场；其次，社会主义者必须彻底反思"斯大林主义"的错误，在被斯大林主义破坏了的方面重建马克思主义的影响力。

2. 对第二国际马克思主义进行了抵制

针对第二国际理论家将自己打造为正统马克思主义代言人的现象，

① 徐德林：《霍尔：不作保证的马克思主义者》，《文学与文化》2014 年第 2 期。

霍尔同样表达了鲜明的态度。20 世纪五六十年代，霍尔解读了马克思的许多著作，"写出《重新思考基础和上层建筑比喻》《马克思主义阶级理论中的政治和经济》《读马克思的 1857 年政治经济学批判导论》"①等论文，更加支持了他对第二国际马克思主义的判断，坚定了他抵制教条主义的态度。首先，他批评第二国际马克思主义对马克思学说重要概念的所谓"坚守"其实是僵化的表现。例如，阶级概念在马克思文本中确实是一个从经济视角去分析的概念，但是第二国际马克思主义却无视资本主义阶级结构的新变化，不对阶级概念进行发展，使阶级分析方法没有与时俱进，这在一定程度上阻断了它的生命力。其次，他指出第二国际理论家封闭了马克思主义理论的发展之路。马克思主义是开放的体系，它需要根据时代变化增添新的理论资源和话语元素，这样才会对现实保持阐释力和权威性。可是第二国际马克思主义以自己为正统，拒斥自身之外的思想资源，扼杀了马克思主义的活力。因而，霍尔呼吁文化研究应当"在马克思主义周围进行研究，研究马克思主义，反对马克思主义，用马克思主义进行研究，试图发展马克思主义的研究"。②

正是在这一意义上，霍尔才将自己的立场描述为"不作保证"的马克思主义，他说，通过这种立场的申明，是在向各种非马克思主义的立场告别。他反复重申，他是个马克思主义者，但不是一个教条主义的马克思主义者。霍尔认为，只有认真研读马克思恩格斯的经典文献，才能了解各种对马克思主义的歪曲、误读现象，同时要以文化为视角，结合

---

① 章辉：《文化马克思主义视域中的斯图亚特·霍尔》，《江海学刊》2014 年第 9 期。

② 章辉：《文化马克思主义视域中的斯图亚特·霍尔》，《江海学刊》2014 年第 9 期。

资本主义的新变化，对马克思主义进行新的阐释，建构文化研究的马克思主义理论基础。

二、马克思恩格斯的学说建构了霍尔文化理论的基础

马克思恩格斯的学说对霍尔的影响无疑是巨大的，这为后来他的文化研究事业所证实，可以说，马克思恩格斯的学说构成了霍尔文化研究最早、最深刻也最持久的理论渊源。表现在以下几个方面：

1. 马克思关于"经济基础—上层建筑"的二分法成为霍尔文化研究的理论前提

马克思在 1859 年《〈政治经济学批判〉导言》中表达出将社会划分为经济基础与上层建筑的观点，即"生产关系的总和形成社会的经济基础，竖立于其上的法律的和政治的国家机器以及意识形态被称为上层建筑"。① 社会的经济结构就如社会的"地基"，只有在这一基础之上，才能建构起庞大的国家机器；而上层建筑就是指建于其上并加固这一基础的政治法律制度和意识形态观念。经济基础决定并制约着上层建筑的"外观"与"效果"，而上层建筑的"外观和效果"也会影响和制约"基础"。因而，理解经济基础与上层建筑的辩证关系，应当到生产方式的矛盾运动中去寻找解密的钥匙。"社会的物质生产力发展到一定阶段，便同它们一直在其中运动的现存生产关系或财产关系（这只是生产关系的法律用语）发生矛盾。于是这些关系便由生产力的发展形式变成生产力的桎梏。那时社会革命的时代就到来了。随着经济基础的变更，全部庞大的

---

① 田心铭：《历史唯物主义原理的经典表述》，《思想理论教育导刊》2011 年第 2 期。

上层建筑也或慢或快地发生变革。"①恩格斯在他的晚年，针对当时理论界将唯物史观等同于"经济决定论"的误解，反复进行澄清。他强调指出，经济是决定性基础和限制性因素，但不要将其绝对化理解。社会变化如此复杂，也要看到上层建筑的多样性和制约性对于社会结构发挥的"反作用"。对马克思恩格斯的著作充分解读启发了霍尔，使他看到马克思恩格斯思想中本来就有、但却被解读者忽略的方面。马克思恩格斯关于经济基础与上层建筑的辩证关系及其矛盾运动成为霍尔理解文化现象的理论前提。无论是他对文化内涵的解读还是文化功能、文化使命的阐释，在这些文化发展基本命题的说明上，霍尔都坚持了马克思恩格斯的社会历史观，尤其是经济基础与上层建筑的关系更成为霍尔创新马克思主义文化理论的突破口。他驳斥了教条主义对经济基础—上层建筑二分法的"模式化"理解，认为他们的错误在于把文化的能动性本质抹杀掉了，从而使文化屈从于"经济主义"的束缚之下，使马克思主义文化理论由此变得僵化、失去对当代资本主义变化的阐释力。从这一理论前提出发，霍尔开始了重建马克思主义文化理论的尝试。因此，马克思的社会历史观规划了霍尔文化研究的马克思主义理论轨迹。

2.马克思对资本主义的批判与霍尔文化研究的"批判性"精神

马克思恩格斯学说被称作批判理论，是因为面对资本主义不合理的统治秩序，他们在经济、政治、文化等社会发展的各领域对资本主义进行了批判，为此，他们运用"异化""意识形态""压迫""剥削"等概念作为批判的理论武器，揭露资本主义的不合理性，以此推动资本主义

---

① 《马克思恩格斯选集》第 2 卷，人民出版社 1995 年版，第 32—33 页。

社会的思想启蒙运动，使无产阶级认识到自身地位是资本主义制度下的必然产物，必须行动起来，以革命实践打碎束缚在自己身上的锁链，从而走向新生。这一点对霍尔的影响是无比深刻的。

纵观霍尔一生的作品，能够感觉到马克思的批判学说对他的重要影响。霍尔借用马克思的"异化"概念揭示了资本主义大众文化的本质，他评论说，马克思所揭示的经济领域的剥削和压迫在现当代资本主义条件下都"隐蔽起来"了，似乎工人阶级已经成为具有"完全自主权"的一个群体，资本主义似乎已经成为人民利益的代言人。然而事实是这样吗？霍尔通过深入分析媒介文化、青年亚文化、种族文化等样态，揭示了"改头换面"之后资本主义剥削和压迫的新形式。霍尔在媒介研究领域被称为"意识形态批判学派"，而且他基本遵循了马克思从文化和意识形态到经济政治批判的文化批判路径，足见马克思的批判学说对霍尔的影响有多么深刻。

3. 马克思恩格斯学说的阶级性和霍尔文化研究的阶级视角

马克思恩格斯创立的马克思主义学说立足点是人民大众的利益实现，解放全人类成为马克思主义的历史使命。马克思认为，在资本主义这个阶级社会中，人民大众处于被统治地位，是经济上被剥削、政治上被压迫的阶级，他们和资产阶级的利益是不可调和的，在阶级地位上是相对抗的阶级，马克思主义的使命就是解放这些在资本主义统治秩序下处于社会边缘、地位低下、境遇可怜的被统治阶级。阶级性是马克思主义分析社会的重要视角和突出特点。马克思的学说是无产阶级解放的学说，是为无产阶级解放事业服务的理论武器。

"早期的文化研究继承了马克思主义对被压迫阶级的关注，从底层经验的视角来重新阐释社会、历史和文化现象，阶级成为他们关注的焦点"，① 霍尔对阶级观点的坚持首先表现在 20 世纪 50 年代末他参与的一场关于"阶级是否消亡"的争论中。霍尔谈到，消费资本主义时代的到来只是掩盖了、缓和了阶级矛盾，工人阶级作为一个整体并没有被消解掉，只要资本法则是经济生活和社会生活的支配原则，工人阶级的阶级地位就不可能改变。其次，霍尔在后来的文化研究中一直将阶级性作为文化研究的本质特征，尽管后来的文化研究也建构起马克思主义的其他视角，以整体化视角和方法揭示文化研究的主题，但是，霍尔一直没有放弃阶级视角，甚至一直到 20 世纪 90 年代揭示全球化与多元文化政治时，霍尔也坚持了文化的阶级立场。

4. 马克思主义的价值理想与霍尔文化研究的使命

霍尔对马克思主义的信仰充分体现在他对社会主义价值理想的认同上，在霍尔近半个世纪的文化研究生涯中，他引领的文化研究转向都是为了寻找文化介入政治的出路。文化如何与社会主义的政治目标相结合？文化应如何实现介入政治的策略？文化应当如何释放它的解放潜能，发挥思想启蒙的功能？社会主义革命的成功取决于哪些因素？带着对这些问题的思考，霍尔对他的文化理论进行了一次又一次的再造，以使马克思主义文化理论在当代资本主义条件下承担起服务于社会主义文化革命的时代使命。霍尔认为，当代资本主义的文化焦虑和矛盾，暴露出资本主义现代性的消极后果，而资本主义文化矛盾的解决必须仰赖于社会文明的制度动力更替，文化研究必须走出资本现代性的限定范围，坚持社会主义的理论视野和价值理想，才能有助于为人类文明发展指出

---

① 黄晓武：《马克思主义与早期的文化研究》，《马克思主义美学研究》2004 年第 7 辑，第 98—104 页。

正确的方向。

　　关于马克思主义对霍尔文化研究的重大影响问题，西方学者也做出了相应的评价。社会学者弗兰克·韦伯斯特（Frank Webster）认为，社会学的马克思主义主概念——阶级几乎成为 20 世纪六七十年代霍尔文化研究的关键词，他对文化现象的分析几乎都是从阶级概念中读取的，只不过他拒绝从政治读取阶级、拒绝把政治简约为阶级，[①] 但马克思主义的阶级分析给霍尔带来了很大的启发。马克思主义政治经济学派的理查德·马克斯韦尔（Richard Maxwell）也认为，霍尔和他的同事属于马克思主义理论"家族"，因为他们致力于对资本主义的政治经济进行批判——这一点是毋庸置疑的，是马克思主义的基本立场和方法。

　　尽管霍尔对马克思恩格斯思想的解读有同时代人的局限性，对"斯大林主义"的认识也有偏激之处，缺乏历史的、全面的评价，但是，从对马克思恩格斯思想的发展来看，霍尔确实将文化命题与马克思主义思想的发展联结起来，为文化研究打下坚实的理论基础。

第二节　英国马克思主义理论传统 与霍尔的文化理论主题

　　作为英国文化马克思主义学派的开创者和发展者，霍尔的文化研究受到同时代文化马克思主义理论家的影响很深。关于文化研究的基本命

---

　　① Stuart Hall (1988), "The told in the garden: Thatcherism among the Theorists", in Nelson and Grossberg (eds), *Marxism and the interpretation of Culture, Basingstoke*, Macmillan, pp.35-37.

题上，霍尔坚决捍卫了文化马克思主义的理论传统，他们确立了统一的理论主题和研究范式，并在文化研究中一直贯彻下去。尽管后来在对待外来思想资源问题上他与伯明翰学派其他成员产生分歧，但是其文化马克思主义的总体理论特征没有改变。

一、英国文化马克思主义学派的基本理论主张

1.英国文化马克思主义学派的形成

马克思主义在英国的重要发展始于 20 世纪 30 年代，但是真正产生重要影响却是在 50 年代。一批从事历史学研究和文学研究的前共产党知识分子和左翼知识分子充当了马克思主义传播者的角色，他们率先提出"马克思主义本土化"的任务，力图从英国当时的现实语境出发，去"修正"马克思主义，以适应英国社会主义运动的需要，他们以建构马克思主义文化理论为旗帜，集结起一批重要成员，其中雷蒙·威廉斯、E. P. 汤普森、理查德·霍加特等成为第一代马克思主义文化研究学派的代表人物，他们的文化研究主张被冠以"文化马克思主义"的称谓。

2.英国文化马克思主义学派的主要观点

这一学派在当时的英国承担起在文化领域重建马克思主义影响力的重任。虽然他们的关注点不同，但是就以下几个方面基本持共同立场。一是批判"斯大林主义"，认为"斯大林主义"是对马克思主义的扭曲，必须在破与立中恢复马克思主义的阐释力；二是继承法兰克福学派的批判传统，但又突破文化批判理论困境，把文化从精英主义立场的束缚下解放出来，赋予其大众的主体性和日常生活形式；

三是确立文化唯物主义的认识论范式，强调"自下而上"看历史，重视日常生活经验研究，坚持理论与实践相结合；四是将工人阶级价值观的培育、阶级意识的启蒙、革命能动性的激发作为文化研究的主要使命。

二、文化马克思主义学派与霍尔文化研究的议题

1964 年，霍加特创建伯明翰文化研究中心（CCCS）并任主任，1968 年卸任。之后由霍尔接任这一职务直至 1980 年。在霍尔的领导下，伯明翰文化研究中心成立工作小组，设定文化研究议题，创作出《监控危机》《青年亚文化》等系列有影响力的著作或者文集，并培养出大批文化研究学者。这一期间文化研究达到鼎盛时期，霍尔也被评价为"文化研究之父"。霍尔的文化研究起始于 20 世纪 50 年代，直到 20 世纪 90 年代还活跃在文化研究舞台，很多学者用"开放"和"变动不居"来概括霍尔文化研究的特征，认为他的理论从不停留于"某一时刻"，以至于很难找出其一贯的理论立场和原则。但纵观霍尔文化研究的轨迹，还是能够感觉到他作为第一代文化马克思主义学派重要成员对于马克思主义文化研究传统的坚持，这构成了他百变之中不变的主线。这一文化研究传统是由同时代的文化研究理论家共同开辟的，霍尔将其发扬光大了。"英国文化马克思主义的理论传统对伯明翰早期的文化研究产生了重要影响，后者应当属于文化主义的传统系列"；[1] 第二代新左

---

① 张亮：《英国马克思主义的文化唯物主义及其当代评价》，《河海大学学报》2012 年第 12 期。

派文化研究学者斯道雷也认为，霍尔在五六十年代的早期作品《Popular Arts》以及写于 70 年代末的《Encoding, Decoding》等都显示出他对文化马克思主义研究方法的坚持。① 可见，文化马克思主义学派对霍尔的影响是举足轻重的，主要体现在以下几个方面：

1. 对马克思主义文化内涵的思考促使霍尔确立新的文化观

文化到底是什么？威廉斯认为，马克思注意到文化在社会发展中的重要作用，在当时的时代条件下，没能够对于文化内涵进行深入阐释。因而，发展马克思主义首先需要对文化做出创新性解释。他指出，"文化不仅仅是智性和想象力的作品，从根本上说文化还是一种整体性的生活方式"，② 文化是形塑阶级意识的关键因素，如果说经济关系决定了资产阶级和无产阶级两大对立阶级的地位差别，而作为生活方式的文化则巩固和强化了这种来自阶级地位的分野，在人们对于"工人阶级消失论"持一片赞同声中，威廉斯坚持从被赋予新内涵的文化的视角分析这一社会现象，有力地驳斥了这一社会主义悲观论调，坚守了社会主义思想者的立场。汤普森在《英国工人阶级的形成》中也对于文化做了新的阐释，"他不同意威廉斯把文化看作整体生活方式，而宁愿把它看作不同生活方式之间的斗争"，③ 他认为，对于文化内涵的说明不能抛开阶级斗争的视角，否则就脱离了马克思主义的立场。

威廉斯对于文化的拓展性定义以及围绕文化内涵问题的争论影响了

---

① Storey J., *Culture theory and popular culture: an introduction*[M]. London: Pearson Longman, 2009(2)：5–58.

② ［英］雷蒙·威廉斯：《文化与社会》，高晓玲译，吉林出版集团有限公司 2011 年版，第 337 页。

③ 徐健：《现代西方语境中早期"文化研究"的理论阐述》，陕西师范大学 2004 年硕士学位论文。

同时代的文化研究学者，对于这一争论的意义和价值，霍尔进行了高度评价，认为"论辩使人们对文化的认识形成了一个新的视角——人类学视角，并且这一视角是动态的，体现了社会发展和历史的变迁——文化就在这一变化过程中被建构起来了全部意义"。①

霍尔认为，今后的文化研究应当大胆突破教条主义马克思主义的限制，以马克思主义的新的分析概念和视角去界定文化，把文化作为观察和理解当代英国资本主义变化的重点场域。对威廉斯和汤普森的充分肯定使霍尔在以后的文化研究中始终坚持马克思主义基本原则，坚守马克思主义价值理想，并始终以创新的、发展的马克思主义观去指导文化研究，并在一生的研究中保持了对马克思主义理论立场的坚定性。社会存在决定社会意识的基本原理、阶级分析法、斗争场域的变化等都被霍尔引入文化内涵的界定中，塑造了霍尔新的马克思主义文化观。

2.对马克思主义文化阐释方式的思考激励霍尔寻求理论资源的创新

威廉斯曾指出，"在从马克思到马克思主义的转换中，在主流马克思主义的发展中，决定性的基础和被决定的上层建筑的命题，到目前为止，已被普遍地看作马克思主义文化分析的关键。"② 第一代英国左派思想家普遍认为，马克思关于"经济基础与上层建筑"的比喻成为马克思主义者分析、研究文化现象最主要的"公式"。说它是"公式"，是因为文化被限定在上层建筑的范围内，使经济主义（或称经济简约论）或阶级主义（又称阶级还原论）成为文化分析的理论工具。他们虽然承认社

---

① Hall, eds., *Culture Media Language*, London, Hutchinson, 1981: pp.19.

② 威廉斯：《马克思主义文化理论中的基础和上层建筑》，胡谱忠译，《外国文学》1999 年第 5 期。

会存在决定社会意识的历史唯物主义基本原理，但认为，文化作为贯通社会存在与社会意识的桥梁，内含于社会存在中，它最重要的特征不应当用"被决定"去描述，而应概括为"自主性"。马克思主义文化理论要有所创新，必须首先突破这一文化分析模式，建构总体性分析范式。

威廉斯等第一代新左派思想家关于文化阐释方式的思考在霍尔这里得到了认同，他将自己评价为一个"不作保证的马克思主义者"，就是为了显示他同教条式马克思主义的决裂。如何创新马克思主义文化理论的阐释方式成为他重点思考的问题，为了促成目标的实现，霍尔认为应保持理论的开放性，借鉴各种有用的资源来丰富文化视角的研究，只有这样，才有可能促进马克思主义与当代社会现实的对话，增强马克思主义的阐释力。当20世纪70年代欧陆马克思主义思潮登陆英国理论界时，他以"拥抱"的姿态接近欧陆马克思主义并虚心学习，从中借鉴有价值的资源，霍尔本人也将这种丰富和发展看作马克思主义思想家的使命。可见，作为马克思主义思想家的第一代新左派的理论主张确实在霍尔这里得到了延续。

3.英国马克思主义文化政治观开启霍尔文化研究新议题

第一代英国文化马克思主义思想家将文化作为理论创新场域，围绕文化也提出了一系列崭新的观点：

（1）文化是政治目标得以实现的场域，应建构文化与政治贯通的桥梁，通过文化政治方式，建构体现独立、自由、民主和共享的集体主义价值观为支撑的社会主义文化，以此对抗资本主义主导文化对工人阶级的麻痹、欺骗和控制。

（2）文化政治不仅是一种社会主义革命策略的变化，更应当体现为社会主义的价值追求。知识分子的责任在于依托工人阶级，培育他们的

"共同体"文化，以此重塑社会主义的政治内涵。

（3）文化政治的实现力量在于被资本主义主导文化所同化而又逐渐觉醒的边缘文化群体，这一群体产生于意识形态的斗争中，资本主义主导意识形态力图通过电视、广告等消费主义策略培育一批"顺民"，但却同时引发了地位不平等的文化之间的冲突，造就了一支颠覆性力量。

在这些新观点的基础上，新左派思想家将自己的理论称为"文化政治学"，这也成为英国文化马克思主义学派的理论主旨和行动纲领。霍尔作为文化马克思主义学派的重要成员，在以后的文化研究生涯中践行了这一主题。依据这一主题，霍尔拓展了文化研究的范围，致力于探讨文化与政治如何实现有效的结合。他将文化议题进一步延伸，开辟出大众文化、青年亚文化、媒介文化、种族文化、他者文化和多元文化等多项议题，推动文化政治学深入发展。

4.马克思主义文化研究的实践品格贯彻于霍尔文化研究全过程

英国第一代文化马克思主义学派确立了文化唯物主义的研究范式，他们以历史唯物主义为指导，将基本原则贯彻到文化研究领域。尤其是他们极为重视作为实践主体的现实个人的活动对社会历史在一定意义上的"形塑"作用，认为文化研究就是要揭示这些主体实践活动所蕴含的"经验"的价值和意义，因为，经验是"社会存在与社会意识之间的一个必要的中间项，它包含全部历史进程的遗传因素"，[①]经验是理解历史的一把钥匙，它来自现实个人生活方式的体验，而这些生活方式的整体构成文化。威廉斯喊出"文化是日常的"（Culture is ordinary），指出

---

① 张一兵编：《当代国外马克思主义哲学思潮》，江苏人民出版社2012年版，第421页。

文化研究应去关注那些普通人的生活，因为他们才是文化创造的主体；汤普森则选取历史的视角，他用大量的事实说明英国工人阶级成长、壮大的历史，回击了"英国工人阶级消失论"，并揭示文化在工人阶级意识形成中的作用；霍加特采用民族志的研究方法，他以工人阶级生活方式为个案进行研究，一方面回顾了工人阶级独特的群体文化，充满了怀旧之情，另一方面抨击了美国大众文化对工人阶级文化传统的侵蚀和消解，充满了愤慨之情。

霍尔对于以上三位思想家曾经评议道，是他们的研究促成了英国马克思主义文化研究的转向，这种转向有着多种意义，使文化研究开始从书斋走向社会，从精英走向大众，从理论分析走向实证分析，这显示了文化研究从宏观视阈向微观视阈的总体变化。对于这种转向霍尔不仅给予了较高评价，更是将这种研究风格一直贯穿于他的文化研究整个过程。1964 年伯明翰文化研究中心成立，中心宣布了将文化形式、文化实践和文化机构及其社会和社会变迁作为研究宗旨，1968 年霍尔接任霍加特中心主任的职务，他将民族志的研究方法运用到文化研究的个案当中，用翔实可靠的数据为文化研究理论提供佐证；他关注大众文化并对大众进行阶级意义上的解读，他将工人阶级青年作为个案去研究，分析社会教育制度如何造就他们的反叛心理；他将文化研究的视阈进一步微观化，形成阶级、种族、性别三大独特视角。霍尔的文化研究确实走出了书斋，他也倡导同时代的学者去做"有机知识分子"，致力于通过文化研究推动文化实践并引起整个社会的改变。可见，对于"实践性"的坚守成为霍尔文化研究的一大特色，从中也看出第一代马克思主义文化理论家对于霍尔的重大影响。

第三节　阿尔都塞的"结构马克思主义"与
霍尔文化理论的意识形态性

20 世纪 60 年代末，欧陆马克思主义思想资源传入英国，其中对文化研究产生重大影响的两位马克思主义理论家分别是阿尔都塞和葛兰西。阿尔都塞的著作较之葛兰西更早一些进入文化研究者的视野，他对马克思主义的新阐释立即吸引了包括霍尔在内诸多文化研究学者的注意，并引发了英国文化研究的范式革命。柯林·斯巴克对此曾评价说，"阿尔都塞的介入使霍尔的文化研究完成了一次向马克思主义的转向"。[①]

一、阿尔都塞"结构马克思主义"的文化路向

路易·皮埃尔·阿尔都塞（1918—1990）出生于阿尔及利亚，并在那里度过童年时代。1932 年举家迁回法国，1948 年在巴黎高师从教，任哲学辅导教师，福柯、德里达、巴里巴尔、米勒、朗西埃和巴迪欧等人都曾是他的学生。1948 年加入法国共产党。60 年代后期到 70 年代初，阿尔都塞达到了其理论生涯的巅峰，发表的主要著作有《孟德斯鸠、卢梭、马克思：政治和历史》《保卫马克思》《阅读〈资本论〉（reading Capital)》《列宁与哲学》《自我批评》《意识形态国家机器》等，成为战后法国最具影响力的马克思主义思想家。阿尔都塞抨击当时盛行的人本

---

① 　Stuart Hall, culture and Marxism, Collin Sparks, David Morley and Kuan-Hsing Chen, Stuart Hall: *Critical Dialogues in Cultural Studies*, London: Routledge, 1996: 71-102.

主义马克思主义思潮，认为必须重释马克思，去捍卫马克思思想的科学性。阿尔都塞对文化研究产生重大影响的理论要点有以下方面：

1. 结构主义马克思主义的方法论转向

结构主义方法论原则的基本特征主要表现在对结构总体性与自主性以及共时态研究方法的强调，它确认了结构较之组成部分的优先性。[①]阿尔都塞的"结构"是指社会各组成部分的差异性关联，所以是"复杂的整体"。阿尔都塞认为，马克思主义不是经济决定论，也不是文化决定论，而是强调基于生产方式的社会结构对于社会各组成部分的内在制约。马克思主义的优势在于它的整体性研究范式，针对某一具体现象的出现，马克思主义总是能够联系到社会结构中去评判和预测。这也是马克思主义研究范式超越某一具体人文学科的地方。而人本主义思潮只是关注到马克思主义的伦理批判，而"部分的批判"代替不了"整体的批判"，单纯的伦理批判只会使马克思主义成为更加边缘化的学说，而将马克思主义归纳为人本主义学说也削弱了马克思主义的阐释力。

2. 意识形态国家机器理论

对文化理论产生重大影响的是意识形态国家机器理论。在阿尔都塞看来，"意识形态的国家机器是这样的一些现实，它们以一些各具特点的、专门化的形式呈现在临近的观察者面前。我们暂时还是可以把下列机构看成意识形态国家机器：宗教的 AIE（AIE 是意识形态国家机器的法文缩略形式）；家庭的 AIE；教育的 AIE；政治的 AIE；传播的 AIE；文化的 AIE。"[②] 阿尔都塞不仅提出了意识形态国家机器理论，丰富和细

---

① 张一兵编：《当代国外马克思主义哲学思潮》，江苏人民出版社2012年版，第62页。

② 阿尔都塞：《意识形态与意识形态国家机器》，孟登迎译，陈越校，载陈越编：《哲学与政治：阿尔都塞读本》，吉林人民出版社2003年版，第335页。

化了理论家对社会机构与国家政权的认识，同时，围绕意识形态的内涵、功能他都提出了新见解。首先，在当代资本主义社会，意识形态应当取其"中性化"含义，特指不同阶级、阶层的思想观念体系，是个人与其实在生存条件的想象式描述；其次，意识形态具有建构主体性的功能，意识形态是"中介"，个人被其"召唤"至"主体"位置。在本质上，意识形态国家机器不只是阶级斗争的形式，更是阶级斗争的场所。阿尔都塞对意识形态的新阐释是对资本主义国家阶级斗争新形式的理论回应，使意识形态成为当时学术界最具解释力的概念之一。

二、阿尔都塞学说与霍尔文化研究意识形态视角的确立

阿尔都塞的思想经第一代英国新左派的翻译和介绍进入英国知识分子的视野之内。此时正值伯明翰文化研究中心（CCCS）的理论丰盛期，文化研究学者以开放和拥抱的姿态接纳了阿尔都塞的思想，并由此出现文化研究离开教条式马克思主义之后第一次向"马克思主义"的靠拢。当时正值英国第一代新左派和第二代新左派的论战时期，50年代的第一代文化研究学派渐渐受到年轻学者的质疑，焦点问题在于文化马克思主义的阐释力问题。第二代新左派以佩里·安德森为代表，他认为，文化马克思主义的认识论已经不能解释资本主义的新变化，他们试图恢复、重建工人阶级文化、重建社会主义革命可能性的努力已经成为文化乌托邦。文化马克思主义必须借助新的理论资源实现革命性转变，才能够克服文化主义的内在局限性。霍尔当时担任伯明翰文化研究中心主任，他对阿尔都塞的"结构主义马克思主义"进行了系统的介绍和评论，并借鉴这一理论资源推动了"文化主义研究范式"的转变。阿尔都塞的

"结构马克思主义"对霍尔文化研究的影响主要表现在以下几个方面：

1.阿尔都塞的意识形态"无意识"论为霍尔确立文化研究的新视角提供了支撑性理论资源

阿尔都塞保留了马克思意识形态阐释的批判性，将意识形态表述为个人对于社会结构的想象性关系，认为它不是真实的，而是虚拟的，在资本主义社会它呈现为一种无意识的潜在的压迫力量。意识形态是再现体系，"它表现为现实生活中的人们用以理解表象的概念、原则或是一种结构，它渗透于人的内心，和人的意识已经不是等同的东西"。[①] 可以说统治阶级的意识形态无处不在，它渗透于市民社会的方方面面，教会、学校、宗教、大众传媒、工会等社会组织成为统治阶级意识形态渗透的重要场所，因而，意识形态在资本主义社会已经成为了"无意识"。

尽管后期的阿尔都塞对于意识形态的含义也做出了中性化解读，但是最具精华的还是对于马克思意识形态内涵的新阐释。霍尔对此给予了高度评价，认为这应当成为创新马克思主义的一个新的起点。霍尔从这里看到意识形态与文化研究的重要关联，认为采纳这一视角对文化研究一定具有革命性推动作用。因为，原来的文化研究基本上将关注点放在"整体生活方式"的研究上，文化长期处于"文化主义"范式的影响之下，对于文化的解读始终停留在文化与经济政治关系的争论中，致使文化研究不能取得突破。而意识形态视角的引入则打破了僵局，它不仅激活了被文化研究学者曾完全丢弃掉的批判性，而且，也提出文化内涵到底应当如何阐释的新命题。霍尔认为，文化不仅是整体生活方式的反映，更

---

① 参见阿尔都塞：《保卫马克思》，顾良译，商务印书馆 2006 年版，第 229 页。

是不同意识形态得以呈现的领域，正是意识形态的潜在影响才使文化也呈现为"无意识"。离开了意识形态去看文化就无法看清文化的本质。霍尔对于文化内涵、文化本质都进行了新的阐述，得益于阿尔都塞意识形态理论的启发。

2. 阿尔都塞的意识形态功能论为霍尔研究文化斗争策略提供了方法论指导

阿尔都塞强调，在现代社会必须重视对意识形态功能的研究。意识形态部门已经成为不同于国家暴力机器的社会公共领域，但是资产阶级意识形态正是由于在这些公共领域占据了统治地位，才使统治阶级的思想表现为社会占统治地位的思想，他说，"对于意识形态国家机器行使领导权已经成为资产阶级巩固其阶级统治所达成的共识，如果失去这块阵地就意味着失去了领导权"。① 而被统治阶级的意识形态也就这样被同化和整合为同质性意识形态了。在阿尔都塞意识形态理论的启发下，霍尔提出文化领域中意识形态斗争的策略问题，他认为，马克思主义文化研究的使命在于走出书斋，走进现实，去观照处于"被统治地位"的群体，坚持阶级分析和阶层分析相结合，对于他们的意识形态进行"分类、分层解读"。文化要成为"意识形态"的实践形式，成为启发无产阶级阶级觉悟、坚定社会主义信仰的场域。文化研究意识形态视角的确立使文化研究的实践具有阶级性和政治性，使文化研究成为改变世界的意识形态实践。

---

① ［法］阿尔都塞：《哲学与政治：阿尔都塞读本》，陈越编，吉林人民出版社2003年版，第338页。

　　3.阿尔都塞的意识形态认识方式促成了霍尔文化分析视角的创新

　　阿尔都塞反对教条主义的"经济决定论"，他引用恩格斯的话说，社会存在决定社会意识，这是历史唯物主义的一条根本原则。但是这不能被理解为"经济主义"，经济状况只是提供了意识形态的来源和素材，只是在"出发点"起作用，而在社会历史发展时刻起最终决定作用的是历史的合力，或者说是经济基础与上层建筑综合其作用的结果。意识形态分析必须摆脱"经济主义"的机械论，而应坚持综合作用与多元决定论。霍尔认同这一观点，并指出，阿尔都塞为意识形态分析提供了不同于"经济决定论"模式的独立阐释路径，他弥补了传统意识形态分析中上层建筑诸因素的缺场这一不足，使理论变得更具阐释力了。

　　霍尔应用阿尔都塞的马克思主义理论进行了文化研究的创新，首先，他归纳出一个结构主义马克思主义的分析范式，认为它对社会整体结构制约性的强调正好可以弥补文化主义研究范式的不足；其次，他在采纳历史唯物主义"历史合力论"的基础上，对意识形态的"多元决定"进行了多视角解读，使意识形态和文化研究开始了整体化的分析；最后，选择文化现象进行意识形态分析，使文化和意识形态逐渐走向融合。他不仅分析了媒介中的意识形态，而且对"撒切尔主义"也作为意识形态的个案进行研究，将分析重点放在了意识形态的"赞同"策略上，而没有重点分析经济策略或是经济改革。尽管这样做引起了众多马克思主义学者的质疑甚至批判，但是这种转向的意义和由此带来的启示确实是不容怀疑的。

第四节 葛兰西的文化权力观与霍尔的文化政治学

阿尔都塞的马克思主义思想资源引领了霍尔文化研究的范式革命，但也使文化研究陷入一种僵化的模式，问题有二：一是意识形态如何能够发挥其国家机器的作用？二是文化如何能够转化为物质力量？阿尔都塞没有能够深入阐释这两个问题，文化研究显然需要借鉴新的理论资源才能够走出理论的困境。而葛兰西文化霸权理论的译介给当时处于理论困惑的文化研究带来了灵感和启发。

一、葛兰西的马克思主义文化霸权理论

葛兰西[①] 的马克思主义文化理论被称为"文化霸权"理论，他从文化场域的角度分析资本主义统治形式的变化，以文化权力解释社会主义革命失败的原因。其理论的核心论点如下：

1. 晚期资本主义国家更加突出意识形态的教化职能

马克思主义的国家观认为，阶级社会的国家在本质上是一个阶级镇

---

① 安东尼奥·葛兰西（意大利语：Antonio Gramsci）是意大利马克思主义思想家、国际共产主义运动活动家，也是意大利共产党创始者和领导人之一。1926 年 10 月墨索里尼宣布取缔意共，将有国会议员身份的葛兰西于 1928 年逮捕。据说墨索里尼在决定监禁葛兰西时宣称"要使他的头脑停止运作二十年"。在狱中，他写下 32 本《狱中札记》，完成了文化霸权理论的建构，成为意大利现代思想史上的重要著作。他提出了霸权、历史一元论、有机知识分子、市民社会、阵地战等有创新意义的概念，在社会主义思想史上产生了重要影响。参见安东尼奥·葛兰西：《葛兰西文选》，李鹏程编，人民出版社 2008 年版，第 1—2 页。

压另一个阶级的暴力机关，这是主要职能，社会管理只是国家的次要职能。但晚期资本主义国家的暴力镇压功能退居其次，意识形态统治功能成为主要功能。之所以发生这种顺序的颠倒，是因为意识形态的控制更具有隐蔽性，表面上看，意识形态策略在于争得大众的"同意"尤其是"自愿同意"，其实质是资产阶级统治方法的改变而已。

2. 市民社会是抵御资产阶级意识形态控制的防御工事

Civil Society 是西方政治学的重要概念，马克思将其解释为"物质的生活关系的总和"，① 而葛兰西却根据资本主义的变化将其表述为公民的思想体系总和，本质是整个意识形态和文化关系。他认为，教会、学校、新闻机构、文艺团体等构成一个强大的市民社会，它是资产阶级与无产阶级斗争和谈判的场所，因而，这里既是资产阶级建立"文化霸权"的场域，同时又是无产阶级建立文化领导权的场域。市民社会是国家的社会基础机构的总称，是大众社会的文化和政治形式。它也是体现大众各种利益的联结体，正因为它与大众的密切联系，才使它变得如此重要，以至于谁夺得了市民社会的领导权，谁就事实上获得了政治社会的合法领导权。

3. "有机知识分子"承担起文化领导权的组织与传播使命

葛兰西认为，文化领导权的夺取离不开有机知识分子（organic intellectual），"有机"是指"理论与实践的结合"，"有机知识分子"是指能够总结群众智慧并上升为理论，再指导群众运动的知识群体，他们能够和群众融入在一起，和群众保持密切联系，能够担当领导文化革命的重任。葛兰西特别强调有机知识分子的作用，他说，在一定意义上，全

---

① 《马克思恩格斯选集》第 2 卷，人民出版社 1995 年版，第 32 页。

体共产党员都应当是有机知识分子，政党应当培养这样一个"有机知识界集团，使其成为熟练的政治知识分子以至于领导者，各种形式活动的组织者和整体社会职能的执行者"。①

二、葛兰西的文化霸权理论对霍尔马克思主义文化转向的"激活"

葛兰西的理论在 20 世纪 70 年代末开始对英国文化研究学派产生重要影响，当时的文化研究正陷入"文化主义"和"结构主义"的范式之争，新老左派也为此进行着针锋相对的斗争。霍尔对此回忆说，单纯的文化主义和结构主义都已经不可能激发文化研究的活力。而葛兰西思想的引入就结束了"范式"之争，带动了文化研究的葛兰西转向。

作为当时文化研究"掌门"的斯图亚特·霍尔高度评价了葛兰西，并在多篇文章中阐述葛兰西理论的要旨和精髓，为文化研究学派理解、接受并借鉴葛兰西理论资源做了极有价值的工作。霍尔将葛兰西理论对文化研究整体以及他本人思想的影响做了以下几个方面的概括：

1. 葛兰西对于社会结构文化视角的强调坚定了霍尔文化研究的主旨

在"文化主义"与"结构主义"的对立和僵持时期，霍尔认识到两种范式都不能为文化研究走出困惑、确立方向提供最有效的方案，而葛兰西理论资源的引进犹如一股清新的空气吹散了身边浓雾，让霍尔有了一种顿悟感。他认为，"葛兰西对于文化研究最重要的贡献在于提供了超越文化主义和结构主义的新思考范式，这种范式既强调经济的基础和

---

① 安东尼奥·葛兰西：《葛兰西文选》，李鹏程编，人民出版社 2008 年版，第 360 页。

支撑作用，同时又反对经济还原论。"[①] 社会发展的型构如此复杂，单纯从经济视角去看待社会，看到的是一个单调的结构，社会的复杂性是由经济基础和上层建筑的多样性结合方式决定的，因而，社会结构的解读需要在经济视角的前提下再增加上层建筑的视角，才有可能对无限丰富多彩的社会做出解释，而文化作为渗透于经济基础和上层建筑的关键要素，应该予以重视。霍尔认为，葛兰西的理论指明了文化研究的理论根据，论证了文化研究的合法性，文化应当成为观察和分析社会的重要视角，这一定位应当成为文化研究的主旨。霍尔成为这一主旨的践行者，他极力主张文化研究走出书斋，敦促大家完成身份转型，做一个"有机知识分子"，并指出文化研究的使命是"改变世界"。霍尔写于 90 年代的《新时代》(《New times》) 更是将葛兰西的思想发挥得淋漓尽致，他对于时代定位的三个名词一一进行了解读，并指出，无论是后工业主义、后现代主义还是后福特主义，理论家都是从经济的视角进行的解读，但是，如果不把它们看作一个文化术语，就不可能对新时代做出准确的解读，因为，经济变革所带来的不仅是生产方式的变革，更是新的思维方式的形成。同时，人们对政治的理解也从传统的阶级、革命等宏观话题转向身份、性别、环境保护等微观话题，如果这些得不到关注，就不可能建立起认同。霍尔对于文化视角的重视足以证明葛兰西对霍尔思想的重大影响。

2. 葛兰西的文化功能论为霍尔走出文化研究困境指明了方向

葛兰西对于上层建筑理论的重大发展之一是创设了"国家—市民社

---

① S. Hall, "Gramsci relevance for the study of race and ethinicity", David Morley and Kuan *Critical Dialoguesin Cultural Studies*, London: Routledge, 1996: 411–441.

会"二分法，在葛兰西看来，资本主义国家之所以统治稳固，重要原因在于它拥有一个成熟且稳定的市民社会系统。在马克思主义学说史上，国家作为政府的暴力机关，以强制性的方法推广代表官方意志的意识形态，以期建立维护资本主义统治的基本秩序。而市民社会由代表社会公众利益的公共部门构成，在很大程度上是社会公众的意见集中地。作为官方意志的资本主义意识形态只有获得强大的市民社会支持和认同，才能转变为社会主导意识形态，资本主义统治才具有合法性。正是基于对市民社会强大社会功能的分析，葛兰西才提出市民社会在当代社会发展中所凸显出的重要地位。而市民社会只是一个抽象的概念，它由学校、教会、工会组织等承担社会公共事务的机构组成。葛兰西进一步指出，社会主义革命的策略在新的时代条件应当有所调整，应当由推翻资本主义暴力机器转向夺取市民社会的文化领导权，这一方案更具可行性。正是在这一意义上，葛兰西才被称为文化政治学的开辟者。

葛兰西的文化政治学为处于混沌中的文化研究指出一条清晰的道路，霍尔对此评价道，葛兰西的文化政治学对于文化做了如下定位："文化已经不仅仅是意识形态斗争的场域，文化本身应当成为斗争的方式和力量。"① 而文化研究也只有从当前的争论中走出，沿着这个方向走下去，才会有前景和未来。霍尔本人身体力行，主张文化研究不再停留于"文化是什么"的争议，应当进行日常生活的研究，应当去关注社会大众，关注普通人。通过对日常生活的研究发掘文化的功能，在文化斗争中找寻、培育变革社会的力量。这一思路的变革自 20 世纪 80 年代一

---

① S. Hall, "Culture studies and its theoretical" legacies, David Morley and Kuan, *Critical Dialoguesin Cultural Studies*, London: Routledge, 1996: 237–260.

直主导着英国文化研究的进程，并影响了霍尔之后的新一代文化研究学者，形成伯明翰学派的特有风格。

3.葛兰西的霸权概念拓展了霍尔文化研究的视角

葛兰西创设了具有政治学意义的文化霸权（或曰文化领导权）概念，英国文化研究学派吸收了这一概念并将其拓展开来。葛兰西始终强调文化研究的历史性，他认为应当随着时代条件的变化不断变换文化研究主题，才能保持理论和现实的一致性。这一点对霍尔启发很大，霍尔创造性地解读了葛兰西的文化领导权概念，并认为，葛兰西发明这一概念是为了凸显意识形态斗争策略的重要性，因为葛兰西不是重点研究文化霸权如何实现的问题，而是重在发现和培育反对资本主义意识形态的社会力量。霍尔发展了葛兰西的这一思想，他关注到新的时代媒介作为新生事物成为影响普通人生活的重要工具。他也关注到媒介作为官方意识形态的传声筒日益受到资本主义政府的关注。然而，这一场域是否存在如葛兰西所说的意识形态的多样性呢？是否已经完全被资本主义政府同化和渗透了呢？霍尔的研究证实了葛兰西的预测，在媒介领域，始终存在官方意识形态与大众意识形态争夺主导权的斗争，始终有一种颠覆性的声音，在对官方意识形态进行着"颠覆式解读"，在《编码，解码》一文中霍尔对它进行了大笔墨的描述。在以后的研究中，霍尔发现了霸权与反霸权较量的更多场域，以至于性别、种族、青年亚文化等都成为文化研究的重点课题。沿着霸权—反霸权的这一文化研究主旨，霍尔开辟了文化研究一个又一个疆域，也丰富了霍尔文化研究的内容。正如托尼·贝内特评价的，葛兰西将差异和矛盾看作文化和意识形态的存在方式，这样就把文化研究的视野扩展到对资本主义社会中的工人阶级亚文化、跨国资本主义时代中的"第二世界"文化。

4.葛兰西关于"常识"的定位丰富了文化的内涵

葛兰西认为，相比哲学的研究，常识（common sense）的研究更具有重要性，因为人们日常的价值观以及所受到的历史的、集团的影响正是在"常识"中体现出来，而文化作为人的生活方式就成为日常经验的表达。葛兰西的"常识"概念对于霍尔定位文化的内涵起到重要作用。霍尔从常识的视角定位文化，认为文化正是深深植根于常识之中并形塑我们日常生活的互相矛盾的形式，是葛兰西所认为的产生霸权的关键场域，同时也是政治和意识形态斗争的主要目标和形成集体意愿（统一意志）的潜在障碍。相比威廉斯等人关于文化是生活方式的定义，霍尔显然对文化做了政治学意义上的解读，使英国文化研究的"政治学"指向更加鲜明了。与以往学者批判大众文化不同，霍尔将大众文化看作社会主义的建构场域，赋予其革命性内涵，并在大众文化的变革中找寻抵抗资本主义的社会力量，这一点，与葛兰西的"常识论"启发是分不开的。

由此可见，葛兰西的文化霸权理论对霍尔的文化研究影响深远，意义重大。文化霸权不仅成为霍尔文化研究的关键词，更是一种思考范式。葛兰西的文化理论再一次引领了文化研究的范式革命，被称为文化研究的第二次马克思主义转向。无论是对媒介的分析还是对当时英国资本主义主流意识形态"撒切尔主义"的阐释，霍尔都应用了葛兰西文化霸权的分析范式，揭示出资本主义无处不在的文化霸权斗争。

霍尔曾评价说，文化研究的两大困惑，葛兰西都提出了独到的见解。他提出，意识形态只有和人的心理结构、情感结构相结合，才能发挥它的有效性；文化只有找到它可以结合的社会力量，才可以转化为物质力量。这是对马克思文化政治观的创新。它使英国的文化政治学研究不再停留于学理探索，而果敢地走入资本主义的文化实践中去。

第五节　拉克劳、墨菲的政治哲学与霍尔文化研究的微观政治转向

20 世纪 60 年代末发生于资本主义国家的新社会运动引起文化研究学者的关注。霍尔对此评论说，新的文化政治实践已经产生，并将改变资本主义制度本身。可以说，他对新社会运动寄予厚望，认为资本主义生产方式已经产生出新的文化抵抗力量。正是新社会运动的发生，促使霍尔开始关注一种新的理论资源——后马克思主义思潮，并在文化研究中又一次开始了理论的"位移"。

一、拉克劳、墨菲的后马克思主义政治哲学与文化理论

拉克劳、墨菲作为马克思之后的思想家，他们以"解构主义"为语言风格，对教条主义马克思主义的"经济决定论"和阶级本质主义做了全面、彻底的批评，对于传统马克思主义关于阶级与革命的宏大叙事进行了反思，并基于对当代资本主义社会的分析，提出了政治新命题。他们自称为马克思主义之后的马克思主义，即后马克思主义，认为，作为马克思主义者，只有拿出"断臂疗伤"的理论勇气，才能复兴马克思主义。因而，他们提出新的政治主张，是为了拯救在当时西方处于衰落中的马克思主义。发表于 1985 年的《霸权和社会主义战略》一文集中阐述了他们的政治观点，在政治形态上他们以认同政治、接合政治、身份

政治和多元政治替代了阶级政治，在政治策略上以激进民主替代了无产阶级革命，这一切转变体现了一种新的政治视角，即不再从社会结构的整体视角去分析社会的政治现象。而是从"话语"视角去看待。拉克劳、墨菲高度重视"话语"的功能，他们认为，话语代表了言说者的立场、观点和方法，也是政治霸权得以实现的新型场域。话语政治意味着在社会公共舞台上是话语起着支配作用，而掌控话语的人则成为了政治活动的决策者和实际控制者。以话语为政治元概念则必然催生认同、接合、身份、差异这些新元素，政治领导权的取得也由传统无产阶级革命的策略转向争夺公共事务话语权的激进民主策略。可以说，他们以系列新词汇和新观点创设了马克思主义新的理论框架，因而，他们的理论被称为"后马克思主义"。

拉克劳、墨菲的后马克思主义观点在当时产生了极大的影响力，主要表现为以下方面：

1.后马克思主义理论是对资本主义时代语境变化所进行的理论回应

20世纪70年代的发达资本主义国家进入新的发展时期，后工业社会、消费社会、福利社会等成为这一时期资本主义的代名词，资产阶级对无产阶级的压迫不再以显性的形式出现，但是否意味着当代资本主义就没有压迫现象了？1968年法国兴起的新社会运动则揭示了压迫依旧存在的现实，抵抗发生的地方就是压迫存在的地方，女权主义、反核运动、少数种族的抗议活动等的发生表明社会斗争的复杂性、多样性。拉克劳、墨菲在反思社会斗争的新变化后提出了阶级政治转向认同政治的命题，是在变化了的条件下对马克思主义传统概念、范畴的新阐释，他保留了马克思学说的批判性，激发了马克思主义在资本主义当代的活力，使马克思主义从一个边缘化词汇再次成为议论的中心。

2.后马克思主义政治哲学为当代马克思主义的发展提供了反思和批判的空间

如果说霸权在葛兰西那里被侧重于表述统治阶级借助市民社会控制大众意识形态的话，这一概念在拉克劳这里则被赋予了新的视角——话语的视角。"领导权的关系是言语（parole）事实，而阶级关系是语言事实。"① 领导权是话语的领导权，社会主义革命要采取话语革命的策略，通过新社会运动的发动夺取话语领导权，通过这种激进民主的形式实现社会主义的革命目标。

有学者评论说，拉克劳和墨菲在左翼思想界打出后马克思主义话语旗帜后，"非本质的主体性、社会的话语建构性、为争取民主而进行的社会斗争的多元化等逐渐成为当代左派理论讨论的中心话题，表明后马克思主义在应对资本主义新变化而保持马克思主义的批判活力方面，显示出日益引人注目的理论魅力"。②

二、后马克思主义文化理论与霍尔文化理论的"后现代性"

拉克劳、墨菲的理论在 20 世纪 70 年代末受到霍尔领导的伯明翰学派的关注，一时间他们阐释的政治新概念成为文化研究学者研究的

---

① ［英］拉克劳、墨菲：《领导权与社会主义策略》，尹树广、鉴传今译，黑龙江人民出版社 2003 年版，第 53 页。

② 严泽胜：《重构领导权——激进民主与后乌托邦政治想象》，《社会科学报》2014 年 6 月 12 日第 6 版。

热门话题。尤其是霍尔，对于拉克劳、墨菲向教条主义马克思主义的清算表示出高度赞赏，他说，如果这种告别意味着一种后马克思主义的理论立场，那么，我就是一个后马克思主义者。在文化研究中，霍尔广泛采纳了"后马克思主义"的新概念，同时，也保留了对于后马克思主义完全偏离"决定论"立场的质疑。正如美国学者格罗斯伯格所说，霍尔靠近这些理论，但又保持了必要的警觉，保持了批判式的吸纳态度。

1. 认同政治观形塑了霍尔文化介入政治的新策略

拉克劳、墨菲对传统的阶级政治进行了解构，他们认为，阶级这个概念在当代资本主义国家不是铁板一块的整体了，它被贯穿于社会生活的各种利益冲突所分割和打破，人们追求的共同利益和要表达的集体意志成为建构群体的指涉物。性别、种族、年龄等都成为群体的区分标志。这些不同的群体连接着不同的诉求，他们的目标是获得群体利益的实现，是作为群体的身份获得认同，而不是去从行动上颠覆资本主义制度本身。传统的阶级政治已经让位于新兴的认同政治，革命的动力减弱了，但是通过组织民主活动实现自身诉求的愿望和声音加强了。因而，激进民主政治构成了后马克思主义政治观的特色。

拉克劳、墨菲的政治观虽然没有涉及文化，但是，对文化研究学派产生了重要影响。因为葛兰西的文化政治观虽然强调了夺取市民社会文化领导权的重要性，但让霍尔困惑的是，文化的领导权这一目标应当如何实现？拉克劳关于激进民主的政治观给了霍尔莫大启发，为霍尔的文化政治观的具体实现策略带来了灵感。文化不同于政治，文化如何介入政治？这一问题成为霍尔文化研究的重心。霍尔将目光开始转向被拉克劳、墨菲解构后的阶级概念，从而发现了原先被阶级遮蔽的、正在走向分化和新的集合的群体。他们因集体诉求和共同身份走到了一起，强烈要求社会满足和实现他们的群体利益。这不正是文化研究要寻找的变革社会的力量吗？霍尔由此实现了文化研究的又一次转向，他开始关注族群、他者、身份和差异问题。他发现，位于社会最边缘，由经济、政治、文化等因素的差异所造就的少数人群体是"社会行动"的主体，因为他们反对现状、获取认同的愿望最为强烈。而文化研究也应当告别抽象的大众概念，以各个分层的小众作为研究对象，文化研究的任务是揭示小众各种利益诉求的形成机制及实现路径，从而为大众参加激进民主活动进行原初意义上的文化启蒙。霍尔的这一研究转向开辟了英国文化研究的又一个时代。

2.话语分析范式刷新了霍尔文化研究的马克思主义理论观点

拉克劳、墨菲最鲜明的理论主张之一是话语建构起政治霸权的观点。他们认为，要告别教条主义的马克思主义，必须彻底颠覆本质主义和经济决定论，不能从经济决定论的被动视角去定位、审视各种政治活动，政治由话语建构，或者说，社会是一个以差异缝合起来的场域，话语建构了言说者的立场，建构了主体性。因而，话语成了拉克劳后马克思主义的元概念。

霍尔对于"话语"概念表现出高度的热情，但又表现出高度警惕。他对拉克劳"社会就是话语"的论断提出不同的看法，并申明自己的立场是：社会像话语那样运作。结合文化研究的任务，霍尔阐释了这句话的三重含义：一是，话语是社会的运行法则，文化作为社会结构的重要组成部分，话语也构成了文化的组织规则。文化研究应重视以话语为内容的文本性，但是又必须突破文本性的限制，文化研究不应当止步于揭示语言作为隐喻蕴含的意义，而是应当认识到语言不仅是话语的形式和载体，更是建构话语内涵和意旨的能动物。二是，话语分析如此重要，文化研究必须高度关注话语的言说者是如何操控话语的，通过什么方式成为主导性话语。官方语言是一种主导性话语，是借助强制力获取民众赞同。然而，在"民主化"程度日益提高的当代资本主义社会，官方话语改头换面为媒介话语，以大众乐于接受的方式继续保持主导话语的垄断地位。霍尔于20世纪80年代写作了《编码，解码》的论文，成为媒介文化研究的先驱。三是，对于话语效果的运作和经营成为当代资本主义国家意识形态斗争的重要场域和凭借物，言说者的话语技巧如此重要，以至于能够虚饰话语本身的立场、观点和方法。霍尔以撒切尔主义为例，分析了话语策略在意识形态斗争中的重要性。撒切尔夫人所代表的明明是保守党的利益，但是，她却做了话语的转化，将自己打扮成人民利益的代言人，其话语得到的认同保证了保守党较高的支持率。霍尔认为，选举中经济因素对政治的支持固然重要，但是话语的经营以及所获得的效果也很重要。这一原来被遮蔽的内容应当有人揭示出来并重点研究，这正是文化研究在新时代的使命。文化研究应当注重研究具体的话语以及由此建构的不同群体，注重揭示群体的不同立场，关注他们的共同诉求，他们是民主政治的推动者和积极参与者，是改造社会的重要力量。

3."接合"方法论拓宽了霍尔文化研究的视野

"接合"（articulation）在拉克劳、墨菲的政治哲学中是一个重要概念，是后马克思主义方法论的集中体现。拉克劳认为，社会不是一个必然结合在一起的整体，而是作为一个差异被接合起来的或者缝合起来的偶然关系的集合。拉克劳、墨菲认为，接合代表的是事物之间偶然的联系，当代政治的特点也可以表述为"接合"政治。

霍尔对于后马克思主义的"接合"概念表示出钟爱，他不仅对接合概念进行了重新阐释，去掉其神秘主义的因素，为接合创建了具体的时空条件，而且霍尔将其运用于文化研究的理论和实践，赋予了其生命力，并成为文化研究进入后现代主义时代后的主要方法论之一。拉克劳的接合概念是对事物之间必然联系的彻底解构，认为一切都是偶然性。霍尔并不这样认为，他说，接合是个很好的概念，因为"它承载有语言的意义、表达的意义"，"接合可以使两个不同部分在一定条件下形成统一体，这是一种对于所有时间并不一定必要、确定、绝对和本质的连接。""所谓的话语统一体确实是差异、不同要素的接合，统一体表达话语和社会力量之间的关系，它可以在一定历史条件下，但不一定必须被连接。"[①] 霍尔认为，接合表达了偶然性，这是马克思主义方法论的一大创新，但是它完全摒弃了必然性的做法是与马克思主义不相容的。后马克思主义的"接合"没有说清楚到底什么要素之间可以接合，在什么时间和场景下可以接合，霍尔认为，需要将马克思主义的历时性和共时性分析法引入接合概念之中，接合是事物在一定历史情境之中因为相同的位置而结合在一起。重视历史情境分析和具体位置分析成为霍尔"接合概念"的重要特色。之后的文化研究中，接合成为霍尔阐释文化的重要方法，使差异、身份、他者、多元成为霍尔文化研究的关注对象，由此产生的理论成果也大大推动了文化研究国际化的进程。

后马克思主义理论思潮构成了霍尔文化研究新的理论资源，带动了他对文化研究的创新。但他没有完全接受后马克思主义的思想逻辑，而

---

① Hall S., (1996b) "On Postmodernity and articulation: An interview with Hall", in D. Morley and D. K. chen, (eds.), London, Routledge: 141.

是时刻保持着理论的清醒，保持着与后马克思主义的思想距离。他欣赏后马克思主义对偶然性的重视，但又反对它对必然性逻辑的彻底放弃；他对后马克思主义放弃"本质主义"表示赞同，但又抵制它彻底解构本质的做法。他认同后马克思主义话语政治的出场逻辑，但又对其"一切皆是话语"的思维逻辑表示质疑。他采纳了后马克思主义"接合"方法论，但又超越后马克思主义，注重揭示两种事物何以"接合"，如何才能够"接合"背后的历史发展逻辑，使文化研究采纳了马克思主义的"接合"观。总之，后马克思主义对霍尔的文化研究带来了启发和灵感，但也激发了霍尔文化研究的问题意识和对社会历史理论的深度思考。

纵观霍尔文化理论的形成过程，可以看出，马克思主义构成霍尔思想最重要的思想资源。从形式上看，霍尔正是通过借鉴西方马克思主义思想家如威廉斯、阿尔都塞、葛兰西和拉克劳、墨菲等人的理论，才建构起他的文化研究大厦，这一点不容否认。但从他思想形成的理论基础看，对经典马克思主义理论宗旨的坚持一直构成他不变的主线，正如他对自己评价中说的，马克思主义话语在现时代是有一些局限性，但是他始终没有跃出马克思主义话语的范围。正是由于这种基本立场的坚持，才使得霍尔对他所借鉴的诸种理论资源进行了批判性的取舍，"既靠近它又远离它"，对于发展、创新马克思主义的部分进行了积极、主动的吸收，对于背离马克思主义基本原则的做法进行了抵制和重新改造。霍尔的理论始终是开放的、变动不居的，但又始终是如一的。他的"如一"体现在：对马克思主义价值理想的追求增强了霍尔文化研究的使命感；对马克思主义人民大众的立场的坚持坚定了霍尔文化研究的立场；对马克思主义基本方法的继承和创新构成了霍尔文化研究的方法论原则，同时马克思主义的批判性精神一直贯穿于霍尔文化研究理论的各个部分。因此，可以说，霍尔借鉴西方马克思主义理论资源，正是为了使马克思主义恢复和提升在资本主义时代的阐释力，突出马克思主义的时代性、创新性。可以说，霍尔接过了西方马克思主义学者从价值、主体和个性自由等视角举起的资本主义文化批判这面旗帜，又力图以马克思主义的价值理想对其方向进行定位，力图以历史唯物主义的方法论对其文化研究方法进行纠偏。马克思去世后西方资本主义发生了新变化，针对马克思主义的阐释力备受质疑的现实情境，霍尔采纳马克思主义理论资源，和他的同事们一道，建构起文化研究的理论大厦，并奠定了文化研究的马克思主义理论基础，以实际行动击破了人们对马克思主义权威性的怀疑。当时的文化研究深受后现代社会诸多思潮的影响，在"反宏大叙事、反基础主义、反本质主义、反一元论对马克思主义的阵阵棒杀声中，"①英国文化研究依旧坚持着其文化马克思主义的理论传统，坚守着社会主义的价值理想和文化政治的社会主义革命策略，得益于霍尔等英国马克思主义理论家对文化研究的马克思主义理论基础的始终如一的坚持。

---

① 董新春：《历史规律与自由选择关系的嬗变》，《江苏行政学院学报》2014 年第 6 期。

第三章　霍尔文化理论探索的主要内容

在霍尔的文化理论中，大众文化一直是他的主要研究对象。在长达半个世纪的文化研究中，霍尔动态地考察了大众文化的产生与发展过程，并根据时代的变化及时更新文化议题，并解读文化理论主题变化的历史逻辑。霍尔文化理论主题的不断调整始终坚守了如下原则：一是关注资本主义统治结构中的边缘化群体，体现了文化理论的"大众"立场；二是以文化为场域，对资本主义进行反思和批判；三是重构英国本土化的马克思主义文化理论，坚守社会主义的信仰和追求。霍尔作为文化研究的领军人物，变革了文化研究的传统思路，他承袭了马克思主义的方法论和批判传统，始终坚守马克思主义的社会理想，推动了"英国文化研究的马克思主义转向"，[①] 国内外学界的许多人把他评价为一个"马克思主义者"，他提出的一系列文化研究理论，主张把文化研究与马克思主义的研究结合起来，力图用新的认识发展文化理论。

[①]　甄红菊、付文忠：《重建马克思主义在文化领域的影响力——霍尔的文化研究理论评析》，《教学与研究》2014 年第 3 期。

第一节　文化内涵与历史使命的再定义

文化到底是什么？文化既然已经被等同于人类文明，那么，还有没有继续界定的必要性？霍尔认为，这是任何文化研究都必须首先要解决的问题。否则，文化研究的事业无法进行下去。回忆起他当时创立伯明翰大学文化研究中心的历史时，霍尔说，他们的行为遭到诸多学科专家的冷嘲热讽，尤其是一些社会学者直接发问：文化研究到底是干什么的？甚至他们被指责为"不光彩的人"，因为他们试图从社会学、心理学、人类学等人学学科中"盗窃某些东西"。以至于文化研究中心最终于 20 世纪 80 年代初被学校关闭。霍尔认为，人们对文化研究的成见，究其原因，在于文化研究没有形成清晰的研究对象，和别的人文学科没有边界划分。因而，文化研究事业要发展下去，必须首先对作为研究对象的文化有独特的认识，这是从事文化研究的理论前提。

一、重新界定文化内涵的必要性

1.增强马克思主义文化理论阐释力的需要

马克思恩格斯对文化的阐释是以社会存在与社会意识、经济基础与上层建筑的辩证关系为理论前提的，但对于文化的理论内涵没有给出一个明确的定义。马克思恩格斯这一未展开的画卷给后来的马克思主义研究者留下了一个阐释"文化到底是什么"的新课题。

在霍尔看来，仅仅将文化看作社会存在的直观反映或者将其完全等同于观念上层建筑是对马克思主义机械理解的结果，没有对马克思的"辩证决定"进行科学理解。创新马克思主义文化理论，增强马克思主义的文化阐释力，不仅要坚持马克思从社会历史中定位文化、分析文化的理论前提，更要把文化作为一面镜子，去透视分析社会历史的变迁与发展。这首先需要对文化做出理论的描述，在这一基础上建构文化研究的总体思路。

2. 对资本主义文化新变化进行理论回应的需要

随着工业资本主义进入鼎盛时期，文化在资本主义统治秩序的建构中发挥着日益重要的作用，资本主义国家越来越注重向市民社会渗透，主要表现之一即是：国家（政府）通过加强对于文化领域的"宏观调控"，通过一些表面中立的文化机构传播其主导的文化主张，目的在于同化、消解被统治阶层的反抗激情。

霍尔认识到，马克思生活的资本主义时代，还没有发生当代资本主义的新变化。尽管马克思对未来资本主义的某些变化有了一些预测，但没有进行深入阐释，也没有应对策略的规划。"马克思只是提出了文化研究的方法，但是至于如何打开文化研究之门，马克思却没有留下一把万能钥匙"，① 霍尔要做的就是使文化研究为从事现实活动的人们提供关于生活方式的深度思考，为政治活动提供可能性方案。因而，必须立足于"变化"，阐释、建构新的时代条件下文化的理论内涵。

①　Louis Dupre. *Marx's Social Critique of Culture*. New Haven: Yale University Press, 1983:109.

二、文化内涵的阐释

1. 文化是基于个体经验的整体生活方式

文化作为马克思主义理论体系的研究对象，它的内涵应当如何确定，至今仍缺乏统一的认识，对于文化内涵的描述，英国文化研究延续了威廉斯人类学视角下的定义，即将文化定义为一种整体生活方式，它由大众的日常经验组成，不只是位于上层建筑之中，而是同时渗透于经济基础和上层建筑之中的社会因素。霍尔对于这一定义表示出高度赞赏，文化原来一直被社会科学各部门判定为由各种抽象的规范和价值构成的分析系统，现在应该在这一文化定义基础上，拓展文化的内涵，文化是"人们观察、理解和解释世界的方式"，"文化取决于其参与者用大致相同的方式，有意义地解释身边发生之事，以及解释这个世界"，[1] 在《种族、文化和传播》一文中他指出，文化研究涉及"社会和群体生活正在改变的方式，以及个人和群体用来相互理解和交流的意义网络"[2]，但是，当代文化研究中心（CCCS）并不是要在理论上或者逻辑上对文化概念展开论证，而是要突出文化具有鲜明的阶级性这一现实话题，要探讨的是一个群体或阶级的"独特的生活方式"，文化正如一幅"意义的地图"，人们正是通过这个桥梁理解世界、看待社会，形成自己的价值观和行为规范，从而完成个人社会化的过程。文化是群体的，因为它是一个群体的社会关系建立和形成的方式；文化同时又是个体的，因为它是个人体验、理解和解释那些形态的方式。

---

[1]　Hall, S., (1997), *The work of Represenation*, London and Thousand Oaks, CA:sage:2.

[2]　陶东风：《文化研究》，中国人民大学出版社 2010 年版，第 308 页。

可见，霍尔的文化定义继承并超越了威廉斯文化是日常生活方式的论断，有如下特点：首先，文化是一个阶级或群体共享的生活方式，文化的阶级性是它的本质属性；其次，文化不仅仅是意义的地图，发挥对个体的形塑作用；文化同时又是个体成员用以表达自身、阐释自身的方式，个体的经验也在形塑整体生活方式。如果说威廉斯的文化定义突出的是集体性和日常性，而霍尔的文化定义则突出的是个体性、独特性。可以说，霍尔坚持了威廉斯人类学视角的文化定义，同时又深化了对马克思主义文化内涵的认识。马克思将文化比喻为文明是从社会历史的客观进程中来定位的，体现了文化的客观性维度；而将文化作为观念上层建筑是从人类思想史发展的进程中来定位的，突出的是文化的主观维度。英国的文化马克思主义研究将文化的这两个维度从整体性走向个体性、从宏观叙事走向日常生活，从"人类思想"走向"生活方式"，文化成为突出人的参与性的人学。在此基础上，霍尔更是将文化的个体性阐释得生动而具体，在坚持文化的阶级本质的前提下，将文化看作共性与个性、集体和个体经验和实践的结果。这一视角既是社会学的，又是人类学的，体现了文化定义的跨学科意识。

2. 文化是权力和意识形态的角逐场

20世纪70年代当代文化研究中心大量译介了阿尔都塞和葛兰西的作品后，意识形态和权力一时成为当时文化研究的热门话题。霍尔更是受益颇深，他以"霸权"和意识形态作为重要视角，对文化内涵进行了新的界定。

早在研究青年亚文化时霍尔就发现，亚文化虽然代表特定的生活方式，但是，它不是自然而然形成的，而是由多重社会矛盾关系建构起来的。之所以被称为亚文化，是宣示了它们作为边缘群体的地位，是被主导文化的权力挤压之后的结果。文化的本质是一个政治概念，因为，

"文化绝非仅是其意义和同一性在其起源和内在本质中已获得担保的人类活动、技术和讯息系统，文化是斗争的场所，是为界定生活和生存方式而战的场所，而且，这一斗争以我们可以参与其中的话语建构的方式开展的。"① 同时，霍尔还将意识形态的视角引入文化的研究，他说，文化表面是意义的论证领域，其实是一个政治空间，各种意识形态纷纷登场，都在寻求表达自身话语的权力，而文化就成为了这样一个意识形态斗争的场域，在斗争中区分出主导文化与从属文化的界限。

霍尔对文化范畴的界定体现了社会存在与社会意识之间的辩证法，文化不是被动地被经济决定，它有着自身的"多重话语"，"经历过种种不同的危机和契机"，② 文化存在于争斗的过程中，不是一个静态的物体供我们描述。文化作为不停争斗的政治场域，实质是政治空间的建构过程，暗含着解放这种宏大叙事的政治使命。

3. 文化是极富能动性的表征实践

20 世纪 90 年代以来，后现代主义、后结构主义成为西方思想界一股重要思潮，开始对霍尔产生影响。差异、话语、表征、他者等一系列解构主义风格的词汇涌现，为霍尔更深意义上理解文化提供了可贵的视角。霍尔认为，后现代主义强调文化的文本性特征，认为一切都是文本，这肯定是不对的。但是文化正是通过文本才能对社会发生影响，这一点

---

① 格罗斯伯格的文化阐释体现了文化的政治学角度，他关注的是文化的斗争性、阶级性，并认为文化的"去政治化"是不可能的，政治性是文化的应有之义。这一点和霍尔对文化的分析是一致的。参见 Lawrence Grossberg，"History, Politics and Postmodernism:Stuart Hall and Cultural Studies"，*Journal of Communication Inquiry*，10(1986)：66；张秀琴：《马克思意识形态概念的"文化大众主义"解释——以伯明翰文化学派斯图亚特·霍尔为例》，《南京社会科学》2012 年第 2 期。

② 陶东风：《文化研究》，中国人民大学出版社 2010 年版，第 11 页。

却是正确的。"文化由观念地图、理解框架以及所有我们能够理解世界的东西构成","意义的产生是由于一个团体的成员共享同样的概念地图",① 那么意义是如何产生的？霍尔认为，后现代主义的概念非常有助于揭示意义链的形成，因为它反对意义的本质主义解释，强调语言的建构作用，强调语言的特定含义和知识性。语言一直以来被视为文化的表述形式，而后现代主义对语言的认识远远超出了这一限定范围。他们将语言看成产生意义的实践。索绪尔提出了语言的"所指"和"能指"的区分，② 他认为，语言应具有既相互分离又相互统一的两种含义。霍尔借鉴了符号学视阈语言的建构性，指出，语言转化成了一种能够建构意义并时刻处于意义斗争的"话语"，在这种语境下，文化变成一种"表征实践","文化，在这里，我指的是实践、表征、语言和任何特定社会的习俗的实际范围，也是那些已经扎根于并且在促成大众生活的常识的矛盾形式"。③ 在这里，文化成为一种基础性力量，成为人们理解意义、看待事物的一种方法。意义不能被封闭和固化，意义可以改变，每个人都是意义的创造者，这正是霍尔通过文化内涵的重新定位所揭示的文化的民主化趋势。

综合以上分析，霍尔的文化定义体现了他对第一代文化马克思主义学派的超越，他坚持文化唯物主义的理论前提，同时又借鉴、运用马克

---

①　斯图亚特·霍尔:《表征与媒介》，载周宪:《文化研究》，陶东风编，社科文献出版社，第 1—15 页。

②　索绪尔（1960）认为，语言并不反映独立对象的先在和外部的现实。而是一个类似语言的符号体系通过一系列概念和语音的差异从其自身内部构造意义。一个符号系统由一系列符号组成，这些组成部分成为能指与所指。"能指"被用来作为符号媒介的形式，例如声音、图像，在页面上形成文字的标记。"所指"则根据概念和意义被理解。参见克里斯·巴克:《文化研究的理论与实践》，孔敏译，北京大学出版社 2013 年版，第 75 页。

③　罗钢、刘象愚:《文化研究读本》，中国社会科学出版社 2000 年版，第 1—10 页。

思主义理论资源，吸取跨学科的理论发展成果，对于文化进行政治学视角的定义，突出了文化的能动性、先导性、开放性和实践性，突破了教条主义马克思主义的机械固化理解，由此也奠定了今后文化研究的路向。

三、文化研究的使命

1. 文化研究应创设新的研究范式

与众多文化研究学者纠结于"文化是什么，文化从哪里来，到哪里去"的追问不同，霍尔要思考的是"文化应当到哪里去，文化应当带来怎样的改变"，强调对于文化研究原则和使命的思考，显示了文化研究学者的责任意识，也成为霍尔文化研究的一大亮点。①

霍尔在《文化研究的范式：文化主义和结构主义》中，对于文化研究的两种不同范式做了综合评析，他认为，"在对文化主义和结构主义各自的活力和局限的粗略比较当中，可以显现出文化研究的一些根本原则"，文化主义的活力在于对于"某个确定时刻意识的斗争与发展进行历史的分析、意识形态的分析"，这种对于历史进程的重视是文化研究必不可少的，同时，结构主义的活力在于对"结构统一体"的强调，文化研究不能忽视对"决定性条件"的分析，其中，个体实践的交互作用使得文化呈现为"不同层面的抽象之间的互动"。两种不同的研究范式导致了对于文化的不同看法，文化主义对于文化的定义是集体性的，但他们就此"止步不前"了，结构主义对于文化的定义是个体创造的无意

---

① 甄红菊、付文忠：《重建马克思主义在文化领域的当代影响力——霍尔的文化理论评析》，《教学与研究》2014 年第 3 期。

识结构，是被资本主义生产方式生产出的"想象性关系"，是资本主义生产方式自身扩大再生产的结果。

在上述分析的基础上，霍尔阐释了他对于文化研究根本原则的思考，并概括为以下几点：第一，坚持马克思文化分析的基本框架，在社会存在与社会意识、经济基础与上层建筑的辩证统一中进行文化研究；第二，重点论证"上层建筑"的能动性以及实现路径，对于上层建筑的具体性和效果进行分析，使上层建筑从"被动决定"的地位中解放出来；第三，综合文化主义和结构主义的研究优势，避免其缺陷，既重视对于总体性和决定性条件的分析（文化都是处在一定的条件和语境下），又突出强调不同个体实践的交互作用，实现两者的有机结合。

2. 文化研究应当走出书斋，走进现实

霍尔始终反复强调文化研究的使命应当致力于"改变现实"，为此，在理论研究方面，应当尝试对社会现象做出系统的、有说服力的解释，"日常生活的变迁就存在那里——文化研究试图在它的道路上坚持我想称为智性生活的职责的东西"；文化研究最重要的是保持"批判性解构锋芒，不停地对自身进行反思性解构"；同时批评文化研究的倾向，"文化研究的问题在于不可能对于文化关系及其影响给出充分的理论说明"，指出，"文化总是要通过文本性发挥作用"，明确了文化理论研究的重要价值以及所存在的重要缺陷。①

在实践方面，霍尔认为，文化研究不应该过分执着于意义研究这一理论问题，并完全围绕这一问题而展开，放弃了对现实政治的关注。他

---

① 鲍曼：《后马克思主义与文化研究》，黄晓武译，江苏人民出版社 2011 年版，第 70 页。

在《文化研究和其理论逻辑》中曾提到文化研究的任务问题，他将其概括为以下几点：一是，文化研究的理论重构任务。文化研究必须成为一个理论研究中心，着力消除教条主义马克思主义的理论阴影，并防止文化研究向后现代主义立场滑移；二是，文化政治的现实策略问题，即文化如何才能够成为大众的抵抗中心和权力中心，文化如何实现对现实的干预问题。霍尔将其阐释为"文化研究应当在两条战线工作"，① 实现对政治负责任的、有效的介入，这是霍尔文化研究所阐释的时代使命。

霍尔将文化研究的使命概括为：第一，文化理论的反思性、批判性研究，保持理论自身的科学性和话语权；第二，面对现实变化，保持理论的与时俱进和内生发展；第三，文化研究坚持文本又必须突破文本限制，不断探究现实中的问题，以问题为导向，推动文化理论与时代结合。

可见，霍尔的文化定义体现了生产、权力、意识形态和阶级多视角的统一，如果说马克思对于文化内涵的界定是（生产方式的）根源性说明和（社会意识与社会存在的）关系性界定，那么，霍尔笔下的文化概念则深化、拓展了马克思文化定义的内涵和外延，就像一幅画卷，霍尔将其展开了，他描述下的文化不再是被动的、僵滞的次要因素，而成为与经济、政治并列，与它们同等重要的社会结构的组成部分。霍尔揭示了文化能动性，将它称为有自身多重话语的系统。霍尔文化定义承袭了马克思文化定义的物质性，强调了文化产生的根源在于生产方式，文化是对当时当地历史情境的回应，同时，他还突出了文化的实践性，提出"只有同日常生活相结合的文化才是有意义的文化"的论断，标识这一

---

① 鲍曼：《后马克思主义与文化研究》，黄晓武译，江苏人民出版社 2011 年版，第 39 页。

点并不是指称文化"去政治化"的趋势，与此相反，文化的政治性在他看来凸显了独特性，无论是文化的实践性还是文化的主体性，最终都指向文化的政治要旨。正是在这个意义上，霍尔的文化定义承袭并发展了马克思的文化定义。

第二节　大众文化的内在本质与社会功能

20世纪50年代，英美资本主义世界产生了新的文化形态——大众文化（popular arts，又译为 mass culture），它以流行音乐、图片新闻、报道名人隐私的报纸杂志等媒介为载体，向人们传递一种不同于精英文化、高雅文化的新型精神产品。

这些通俗文艺作品被大批生产出来，并大量投放市场，成为资本主义大众文化消费的主要形态。

通俗文化①的产生成为当代资本主义主要的文化表现之一。如何看

---

①　大众文化，又译为通俗文化，是相对于高雅文化或精英文化而言的文化形式。20世纪50年代中期之前，文化被等同于精英文化，直到通俗艺术形式的出现，才引起了文化形式的变化。法兰克福学派将大众文化看作文化工业批量生产的无艺术审美价值的垃圾，而激进马克思主义者持完全相反的看法，认为大众不是被主流文化贬抑的人群，大众文化是大众行为的真实文化表达。霍尔认为以上两种观点都有偏颇，主张在统治阶级与被统治阶级的关系张力中定位大众文化。在1964年《通俗艺术》、1976年《通过仪式抵抗》、1981年《解构"大众"笔记》、1986年《大众文化与国家》四部作品中表达了他对大众文化的看法：1.通俗艺术是文化领域的一场革命；2.大众文化是消费社会的意识形态效果；3.大众文化将成为大众社会的权力中心；4.大众文化是社会主义的入口，是社会主义价值观得以确认的场域。参见 Stuart Hall, James Procter, Routledge, 2003：28-30。

待这种新生事物？大众文化一经产生，就立即遭到精英文化学者和文化马克思主义学派的抨击。他们认为，这种文化有几大特征：一是它的低俗性，通过非艺术的形式令人获取感官快乐，损害了文化应当具有的审美价值，消解了文化对人的启蒙和解放功能；二是它的逐利性，它以获得更多大众支持、赚取更多利润为目的，所以它看重的是市场化策略而不是文化本身；三是它的工具性，它是当代资本主义文化工业直接操纵出现的文化形式，目的在于以统一性生活方式消灭人们的多样性选择，因而是为资本主义统治服务的工具。这一"主流"观点一经形成，就获得了文化研究学界的响应。在这种背景下，文化研究必须将重点放在对大众文化的关注上，才体现理论与现实的对应性。在对大众文化的研究中，霍尔并没有被"主流观点"所限制，而是提出了自己独到的观点。

一、大众文化本质的阶级性分析

针对当时甚嚣尘上的阶级消失论和阶级趋同论两种主要思潮，霍尔则在大众文化研究领域坚决捍卫了马克思主义的阶级性分析维度。他认为，虽然革命政治的高潮似乎还很遥远，但是阶级性依旧是大众文化定位的重要维度，表现为：

1. 大众文化是大众表达阶级诉求的重要场所

霍尔认为，只要"资本统治"的原则没有改变，阶级冲突就不可能消失。尽管资本主义国家政府实行福利制度的改革取得一定成效，改善了工人阶级的物质生活，但是，工人阶级发现，政府承诺的富足目标也只是在少数人中实现，大部分工人依旧是资本主义社会处于边缘地位的群体。通俗文化就成为他们表达在消费中的迷失感和对于过往生活怀旧情结的重要场域。在《无阶级感》(《No Classness》) 一文中霍尔提出，50—60 年代大众文化的阶级性最初表征为一部分成熟的工人阶级观众介入一种新型的大众商业化媒体，依据这些形式表达自己的阶级诉求。

2. 大众文化是重构工人阶级身份认同的主要工具

大众文化是否就替代了传统意义上的工人阶级文化？霍尔给出的答案是否定的。他对大众文化的分析继续采纳了"资本统治"的视角，他认为，大众文化是"资本为大众建构的"，尽管大众"在成群地购买大众文化、消费大众文化"，但是大众文化却"不属于大众"。"马克思所描述的资本主义的异化现象，现在却出现在大众文化领域，为了揭示这种异化，研究者应当走出书斋，对大众文化进行多样态研究，使文化研究走向日常生活。"① 他不赞成对文化研究做抽象思辨式的研究，认为应当重视个案解析，这使得霍尔的大众文化研究带着实践的品格走入微观视域。1964 年，霍尔在第一部文集《通俗艺术》(*Popular Arts*) 中对工人阶级中的青少年做了研究，霍尔注意到，尽管政府极力将他们塑造为消费者的形象，但却无法从实质上改变他们的生活处境，于是，他们创设出各种各样的文化符号：他们把自己剃成光头以示一种复兴传统工人阶级社群的努力；他们故意身着奇装异服，装扮成"摩登一族"，来抗议日常生活、工作的平庸；他们买进 20 世纪 50 年代所恢复的爱德华七世时代的服装，在星期六晚上，把自己打扮成"无处可去"的中产阶级。光头文化、摩登文化等成为当时流行于青年中的通俗文化，霍尔认为，这些文化形态是用来表达当代观念——例如离经叛道、具有反抗精神的

---

① 甄红菊：《大众文化理论的历史唯物主义阐释》，《马克思主义美学研究》2015年第 1 期。

社会潮流。在 1976 年写作的另一部文集《通过仪式抵抗》(*Resistance through rituals*) 中霍尔进一步解释这种文化现象背后的深层根源，青少年以特殊的穿着风格表达自己的反叛精神，这是一种以"革命"的方式抵制社会主导意识形态对于他们的宰制，因而他们往往被定位为"反社会"的叛逆者。作为大众文化的具体样态，青年以这种方式寻求身份认同，表达自身存在的合法性。传统工人阶级社区虽然在实际上衰落了，但是青年人试图复兴一种对于工人阶级社区的归属感。

霍尔以青少年亚文化为例，揭示出大众文化领域的"异化"使得这些群体成为"社会危机"的表现者和替罪羊的事实。资产阶级政府没有去关注和重视他们的政治经济状况，没有"允许我们观看和辨别我们自身的不同组成部分和历史，建构我们在回顾中称之为文化身份的那些认同点，那些位置"，[①] 反而将其建构为社会秩序的"破坏者"和"堕落的群体"。正是这些大众文化样态的存在，才揭示出"消费资本主义"试图掩盖的以阶级为基础的社会秩序。

正如罗钢、刘象愚先生评析的那样，霍尔的大众文化研究没有去批判这些"破坏者"，他继承了以往文化研究学者对于工人阶级文化的人文关怀，致力于探讨工人阶级文化的异质性和复杂性，探讨工人阶级内部的种族、年龄、地域及劳动分工等复杂因素所构成的工人阶级的亚文化形态，分析他们独特的生活方式。正是在分析中霍尔看到了存在于大众文化领域的抵抗性力量。工人阶级文化不仅没有被大众文化取代，大众文化反而成为工人阶级重构身份认同的工具。

---

① 斯图亚特·霍尔：《文化身份与族裔散居》，载罗钢、刘象愚编：《文化研究读本》，中国社会科学出版社 2000 年版，第 227 页。

二、大众文化功能的整体性分析

历史唯物主义关于社会存在与社会意识的辩证分析为霍尔分析大众文化的功能提供了理论前提，他认为，大众文化是经由实践沟通起来的社会存在与社会意识的统一体，这种实践品格决定了它对社会存在会产生重要影响。表现为：

1. 大众文化对主导意识形态的制约作用

霍尔认为，大众文化最初是作为资本主义国家主导意识形态的对立物产生的，它的蓬勃发展削弱了资本主义主导意识形态的控制权，消解了人们对主导话语的盲目遵从感。它的存在使得资本主义国家政府愈来愈重视大众文化领域的控制。这从反面证明了大众文化对主导意识形态的反向制约作用。

霍尔通过大量实例分析得出了这一结论。第一个实例是对英国18—20世纪的社会分析。1986年，霍尔写作《大众文化与国家》一文，通过分析国家与大众文化的关系，对18至20世纪的英国社会稳定做了文化的分析。他运用历史分析方法，阐释18世纪的英国如何通过法律的制定与实施保持了国家—阶级—文化关系的平衡，使得英国从自给自足转变为营利的市场、从习俗转变为法律等等，在这一历史性转变中，普通大众的习俗、实践和观念，即大众的文化起到了关键作用。大众文化的兴起促成了英国经济社会的成功转型，因而，资本主义国家非常重视对大众文化领域的"引导和调控"，他们的策略是：将社会逐渐分裂为两个不同的公众，一是为数不多的精英公众，权力和影响力构成他们的战略本质；另一个是大众公众，他们有着广泛的数量，弥补了影响力的不足。政府通过将精英与大众的社会分层固化，使大众阶级进入一个资产阶级观念支配下的自由市场，而精英们保持了意识形态的主导权。政府借助于一种新的文化机构——新闻业把大众阶级构成一个经济上具有根本重要性、而文化和意识形态上依赖和从属的因素。[①] 霍尔通过一系列分析得出结论，那就是资本主义国家对文化的调控主要就是在大众文化领域，它通过新闻、广播等传播机构将各种大众话语统一起来，传递社会集体主义的统一价值观，引导人们超越阶级文化和利益的对抗，创造了一种强大的权威资源，以使国家获得文化和意识形态方面的普遍赞同。在这一意义上，大众文化不再是个别个体培养的特权而开始成为国家对之负有公共责任的领域。

第二个实例是霍尔对 20 世纪 70 年代对"撒切尔主义"[②] 的分析。作为保守党的撒切尔政府力挫工党，在十几年间获得三个连续任期。大部分学者从经济的视角分析"撒切尔主义"的成功，认为是社会福利制度的实施、工人工资的增长以及减税政策的采用使撒切尔夫人赢得了支持。作为一名文化研究学者的霍尔则选择了文化这一视角，认为，撒切尔政府在意识形态主导权的控制上取得了极大"成功"，因为它把本来不由它代表的工人阶级争取到它的队伍中来，这绝不仅仅是经济的力量，更多来自大众在意识形态方面的普遍赞同。这应当成为文化研究学

---

① S. Hall, the meaning of new times, David Morley and Kuan Critical Dialogues *in Cultural Studies*，London: Routledge，1996：222~236.

② "撒切尔主义"又称权威民粹主义，是霍尔用来指称一种独裁主义与民粹主义相结合的资本主义意识形态。1978—1988 年，撒切尔夫人代表保守党击败英国工党，成功连任两个任期。她通过倡导"英国性"统一了社会不同话语，她通过"妥协式"斗争策略争取平民的自愿赞同。霍尔不是从经济视角分析撒切尔夫人连续执政的经验，而是将她的成功归结为一种意识形态的胜利。他反复强调，是新时代造就了"撒切尔主义"，不是"撒切尔主义"造就了新时代。参见 S. Hall, *New Times, Critical dialogues in culture studies: David Morley and Kuan-Hsing Chen*，Routledge, 1996：235。

者们重点思考的问题，因为"传统的马克思主义恰恰不能解释被统治阶级对于统治阶级领导权的这种自由的赞同"，"他们不知道这种政治权利的获得，实际上依赖于统治阶级首先获得的文化领导权和无权者对于他们积极或消极的赞同"，"撒切尔主义"有效利用了传统工人阶级文化中的某些重要因素，"建构了一个赞同而不是反对权力集团的平民主义的政治主体"，[①] 因而，文化研究必须经常关注值得研究的"历史时刻"，也只有这样才能使马克思主义文化理论不至于过时，始终保持理论对现实的解释力。

2. 大众文化蕴含了解放潜能

当时关于大众文化研究的主流学派是法兰克福学派，他们提出，大众文化已经被工具性宰制了，大众失去自我，成为资本主义统治体系的维护者。霍尔认为情况不是这样，因为大众文化蕴含的解放潜能没有引起他们的重视。大众文化是一个场域，大众借助各种文化符号表达自身诉求，他们拆解甚至戏弄"精英"们所主导的价值观，在"对抗"中以文化符号结成群体，形成群体性统一价值观，大众在这里已经成为一种资本主义秩序的"解构性"力量，他们对资本主义批判有加，社会主义的政治理想依旧对他们产生较强的吸引力。大众文化的存在引发人们对"我是谁"的追问，使得"我是我"的身份认同问题变得重要，"我怎样才能成为我"的时代追问表明资本主义统治秩序下人们的焦虑和迷茫。正是从这一意义上，霍尔坚定地认为，大众最终会寻求克服"异化""使人成为人本身"的路径，最终他们也发现，"异化"的根源在于资本主义制度本身。"异化"的解决需要社会主义和后现代文化的对话，社会

---

① 罗钢、刘象愚编：《文化研究读本》，中国社会科学出版社 2000 年版，第 20 页。

主义要完成资本主义现代性未完成的这一课题。这符合马克思历史唯物主义的基本观点，因为，历史唯物主义的出发点是人，人的活动构成了社会历史的外貌。大众文化的潜能就在于对人的活动的推进，以此推动社会历史的向前发展。

3. 大众文化是构建社会主义的可能场域

在对大众文化的阶级本质和整体功能分析的基础上，霍尔提出了"大众文化是构建社会主义可能场域"的观点。他指出，重视大众、受众是雷蒙·威廉斯开创的英国文化研究中的可贵传统，大众文化一经产生，就引起英国文化研究学者的重视，并且形成不同于传统的大众文化研究新路径。大众文化已成为公共领域，每一个社会成员参与其中，以取得一定的文化身份，寻求自身的合法性。大众文化成为统治集体权力的建构工具，成为生产统治合法性的重要领域。同时，大众文化已成为各种竞争性话语斗争的场所，成为各种意识形态建构自身和表现自身的主要载体。霍尔虽然同意法兰克福学派关于"大众文化工具性"的观点，但他同时提出了影响深远的受众解码立场。霍尔在《编码，解码》一文中指出，由于受众可能对于文化产品的生产者、传播者的编码采取不同的立场，使得大众在解读中产生分层，有时甚至是"对抗性解读"，因而，将大众文化视为精神垃圾是极端化的做法，相反，霍尔则认为，正是大众文化，有可能成为构建社会主义的可能性场域，在这里，形成大众对于主导霸权的抵抗场域，因而，通俗文化是"构建社会主义的一个可能领域"。

霍尔指出，要清楚通俗文化为何可能成为社会主义政治理想的实现场域，必须了解第二次世界大战后大众文化的出场语境。他引用本杰明的话分析说，机器大生产这种生产方式的极大变革，推动了人们行为和价值观的变化，传统变得支离破碎。整个社会生活出现一种去中心化的趋向。多样化成为时代的主要表征，而大众文化作为这一表征的外在形式就这样出场了。"原有的生活方式在很大程度上与以往工人运动所搏击的范围有很大关系，但现在却很快被新城镇、商品消费和大众娱乐所改变。"① 大众文化原来一直是自由主义批评与新左派批评的对象，但现在，它却成为社会主义价值观得到确证和不断斗争的领域。马克思主义理论家必须根据变化的形势调整介入政治的策略，拓宽介入政治的渠道，从原来单一的依托阶级主体实现革命的策略转向推动大众文化领域实现政治诉求的策略，这一"文化政治转向"是时代发展的必然要求。

霍尔的大众文化观激活了英国文化研究的活力，他将大众文化由消极概念转变为一个积极的概念，自此，日常文化、大众文化与媒介文化成为英国文化研究的三大支柱。正如英国学者克里斯·巴克评价的，霍尔建构的大众文化观的创新之处在于：首先，挑战了当时关于大众文化的两种流行观念，认为大众文化的出场是社会经济、政治发展变化的结果，不能否认其出场的合理性和必然性，两种流行观念都有其片面性；其次，赋予了大众文化政治内涵，在意识形态竞争的当下，大众文化成为意义斗争的场所，也是意识形态霸权得以实现或者受到挑战的场所，关键看大众文化的主导权是由谁掌控，因而，霍尔对大众文化的对抗性寄予厚望，认为这才是变革社会的基础力量。可以说，霍尔的大众文化观实现了这样一种逆转：原来探讨的重点在于研究文化产业如何制造出

---

① 迈克尔·肯尼：《第一代英国新左派》，李永新、陈剑译，江苏人民出版社 2010年版，第 70 页。

符合他们标准、服务于他们利益的文化商品，而现在，则变为探索人们如何将模式化的工业产品变为表达自身诉求、服务于自身利益的流行文化。大众文化具有颠覆性、消解性和对抗性，这是霍尔研究大众文化得出的结论。

大众文化理论在霍尔的文化研究理论中居于核心地位。霍尔开启了英国文化研究的大众转向，大众文化从被精英们蔑视的地位登上了原本不属于它的高雅之堂，正式成为英国马克思主义文化研究的对象。有学者指出，"伯明翰学派文化研究的显著特点是对平民文化的褒扬和对精英文化的摒弃。"① 这首先应当归功于霍尔。无论是后来对青年亚文化的关注还是对媒介文化的研究，都是大众文化理论的现实展开，都体现了大众文化的阶级性本质，暗含了解放叙事的使命。

第三节　亚文化的存在样态与政治诉求

20 世纪 60 年代在 CCCS（伯明翰当代文化研究中心）所从事的文化研究项目中，亚文化成为其文化研究的重点。针对英国战后社会出现的青少年有些怪异的文化现象，霍尔并没有采纳当时大部分理论分析家的"主流"观点，而是另辟蹊径，将社会危机、权力、意识形态等马克思主义的分析概念引入对于文化现象的分析，从而发现了青少年亚文化的本质。他对青少年亚文化的分析集中体现在《通俗艺术》（Popular

---

① 张喜华：《回顾、思考与展望——文化研究在中国》，《学习与探索》2010 年第 5 期。

Arts；霍尔和其同事沃内尔合写）、《文化、亚文化与阶级》（Culture、Subculture and class, 1976）以及《监控危机》（Policing the crisis, 1976）几篇文章中，主要概括为以下几点：

一、"青年亚文化"的新含义

关于青年文化的研究，较早可以追溯到 20 世纪 20 年代，芝加哥学派作为最早对亚文化群体进行系统研究的主体，开始对移民、青少年犯罪进行研究，他们将"越轨青少年"作为研究对象，提出"越轨是青少年对自身所处环境的反叛性回应"的观点。作为伯明翰学派代表人物的霍尔吸取了芝加哥学派的主张，并创造性地提出青年亚文化的新含义。

1. 青年亚文化就是青年群体对特定形式、特定矛盾的解决方案

他认为，sub 在英语解释中是附属、从属、次要的意思，我们界定青年文化，不应当只是从文化的代际特征、年龄特征去表述，更应当从其文化的从属性、附属性这一点去阐释。青年文化是父辈文化、阶级文化的从属系统，文化在这里扮演了一种新角色，它成为某一群体的社会体现方式，并且以物质素材组成的风格表现出来。而青年亚文化就是作为青年群体"对于社会原料的处理方式"，[①] 同时，霍尔指出，社会原料转化为文化经过了一系列中介：媒介、学校、家庭、工作场所等等，并且做了意识形态处理。资本主义主导意识形态将青年安置在父辈文化、阶级文化的从属之下，并为其指定了社会身份及其成长、成功路径，而

---

① Stuart Hall, eds., *Resistance through routals：Youth Culture in Post-war Britain*, London: Hutchinson, 1976：p52.

青年群体的反叛性就体现在一系列怪异风格的形成上，可以说，青年亚文化就是青年群体对特定形式、特定矛盾的解决方案。

2. 青年亚文化是边缘群体对支配性文化的挪用

与亚文化相对的一个词是父辈文化，另一个词是官方文化、主导文化或支配性文化。亚文化是一种挪用的文化，通过挪用支配性文化的系列性符号并对其进行戏谑性改装，加工成新的风格，以标识自己的独特身份以及对支配性文化的不顺从甚至抵抗。在这里，亚文化作为被边缘化的群体的文化现象，成为60—70年代英国经济政治状况的文化再现方式。例如，朋克族就采用垃圾废品作为装饰：他们把购物袋作为衣服的内衬；把厕所用具标识在衣服上以及把衣服故意剪成破衣烂衫以示个性。通过挪用支配性文化的符号，青年亚文化形成了自己的风格。

二、青年亚文化的阶级本质

1. 青年亚文化的出场是面对社会危机青少年集体意识的逆向表达

在20世纪六七十年代的英国，在大街的某个角落、或是在废弃的操场上，出现了这样一批男孩，他们因其怪异的穿着风格、不合主流的交谈方式、为人不解的娱乐方式拥有了一些奇怪的称谓，例如，工人阶级"泰德男孩"（Teddy boys）、摩德族（mods）、嬉皮士（hippie）等。在学校，这些男孩是背离教学常规的人，普遍与教师处于对抗状态，他们将正统教育扔在一边，却相互之间炫耀自己与女性的交往能力；在生活中，他们有的剃成光头在街道徘徊，有的开着极速飞车引得路人纷纷躲避，有的结成团体相互取乐，更有的从事非法抢劫。这些青少年一度被媒体称为"反社会的亚文化"，精英学者们指出，如果不通过法律和道德的双重谴责，亚文化的发展将会引发社会焦虑和道德恐慌。

作为文化研究学者的霍尔则提出了有违"社会共识"的看法，他以马克思主义作为分析的理论武器，透视表象背后的深层根源。他认为，战后英国政府向民众承诺的"富足"目标没有实现，大部分工人阶级仍然处于社会的边缘阶层，他们薪水微薄、收入拮据，孩子们受不到良好的教育，他们的中产阶级梦似乎还很遥远。这使得政府原来从工人阶级获得的积极赞同失去民众基础，于是政府只得依靠策略的调整以期获得新的赞同。他们利用商业（消费）文化、大众文化改变工人阶级的生活方式，收编民众的抵抗立场。青少年作为大众的一员，在他们特有的场域，以特有的风格（Style）与政府的主导话语进行着较量，统治阶级意图建构对该场域的主导霸权，青少年则扮演了抵抗（Resistance）角色。风格成为他们集体意识表达的外在形式，借助风格他们表达对于中产阶级梦的藐视、对于传统生活标准的叛逆和对于真正自由的追求和向往。霍尔曾评价说，"在与统治阶级的霸权的联系中，工人阶级被限定为附属的生活和文化形式，当然，有时霸权是强大和坚固的，附属阶级是虚弱的、不情愿的和被强加的。但它不会通过限制就消失，它作为附属结构依然存在，经常处于分离和不可渗透的状态，虽然仍然被统治阶级的无所不在的规则和领导所容纳。"① 亚文化并没有因资本主义的统治霸权的强大而消失，反而以特别的风格存在，这是对英国社会政治经济

---

① 胡疆锋、陆道夫：《抵抗·风格·收编——英国伯明翰学派亚文化理论关键词解读》，《南京社会科学》2006 年第 4 期。

文化状况和边缘阶层生活状况的逆向回应。基于以上分析，霍尔表现出对于处于亚文化状态下青少年的同情和理解，并指出道德恐慌、焦虑的根源不在于青少年，而是在于社会本身。

2.青少年阶级立场的多元性导致亚文化的异质性和复杂性

霍尔在解读亚文化时，指出亚文化有两种相对的指涉对象，一种是主导地位的文化（dominant culture），另一种指涉其所属的母体文化（parent culture）。[①] 青少年亚文化相对于主导文化表现出抵抗的集体意识，同时，由于他们所属的母体文化不同，呈现不同的风格。例如，泰德男孩，他们大都出生于工人阶级家庭，因而，在穿着风格上，故意用破碎的布做成中产阶级的服饰，以示对于父辈梦想的象征性实现和嘲弄。但在现实生活中，这些工人阶级男孩多数从事没有技术含量的体力劳动，他们虽然把自己打扮得非常入时，但是，却总是摆脱不了被社会歧视的目光。这些嬉皮士男孩对应着中产阶级，他们衣食无忧，追求享乐、逃避责任成为他们的主要生活方式。这构成了青少年亚文化的异质性和复杂性。基于此，对于青少年亚文化的定性不宜用"好"或者"坏"这样的价值判断词汇，它不应当被标签化为"反社会"或"反文化"，文化研究者应当深入青少年社群内部，关注他们的内心诉求，而不是像媒体评论家那样对他们做出简单评判并最终将其定位"民间恶魔"（folk devils）。在霍尔的倡导下，CCCS 的学者们开创了民族志的研究方法，他们选定好研究对象后，与青少年同吃同住，共同生活，并把讨论交流的内容记入日志，由此诞生一大批有影响力的青少年亚文化研究的作品，将青少年亚文化的研究引向深入。

---

① James Procter, *Stuart Hall: London and New York*, Routledge, 2004: p. 89.

三、青少年亚文化的意识形态功能

1. 对抗主导文化，与父辈文化决裂

霍尔借助马克思主义的"意识形态"视角，对于青少年亚文化的功能进行深入分析。任何一种文化现象，都负载着特有的意识形态功能。他认为，因为青少年所呈现出的叛逆行为，青少年（youth）一词被政府的主导意识形态建构为抵抗和叛逆群体，媒体代表的大众意识形态将其建构为社会焦虑、恐慌的来源，意识形态视域下的青少年已经被赋予了特定含义，这些虚假的意识其实淹没了青少年本初的主体性。

青少年其实是以一种特定的风格戏弄主导意识形态，对抗主导文化对于他们命运的控制和预设，同时，青年与父辈的复杂关系也被他们以"仪式"或"风格"的形式表达出来，例如，无赖青年力图恢复工人阶级直率而朴实的说话方式、清教徒的性观念，似乎代表了青年工人阶级对于传统价值观的坚持，而朋克、摩登族则代表了新潮的无产阶级姿态，他们眷恋工人阶级生活，同时又不愿受到父辈文化的影响，他们以物品打造工人阶级的新"风格"，以示与父辈文化的决裂。

2. 通过仪式和风格建构自己的身份认同

在《仪式抵抗》一书中，霍尔用同构、拼贴等概念分析了特定亚文化风格的意义，他说，风格的吸引力在于被挪用的物品在独特的亚文化行头中重新组合起来，"这些物品的使用表明，他们是同一类群体，他们拥有共同的生活方式，信仰相似的价值观。"[①] 物品在这里起到凝聚

---

① Stuart Hall, Tony Jefferson, *Resistance Through Ritual:Youth Subculture in Post-war Britain* 1976: p. 145.

力的作用，它把相同价值观的青年聚集为一个具有相似立场、观点的群体。

在阅读了 CCCS 同事针对不同青少年群体做的日志记载后，霍尔更加坚定了他最初的理论分析，他发现，听流行音乐、看通俗杂志、听明星演唱会、成立集会组织等活动确实把这些处于边缘地位的年轻人聚集成一个他们可以相互欣赏和认同的集体，以此获得心理的安慰和安全感。足球赛、咖啡馆、演唱会等公开场合都有他们结伴的身影，他们不去努力争取资本主义统治秩序对他们进行接纳，而是运用他们"挪用来的一些东西"形成自己的文化符号，通过将这些文化符号拼装，建构青少年一种特别的亚文化风格。连周围的记者们都惊叹于他们如此怪异、创新的做法，并困惑于他们这样做的理由。霍尔对此情况给予了理性分析，他与记者们的关注点不同。作为文化研究学者，霍尔时常思考社会主义文化政治的策略，找寻文化政治的实现力量。他发现，作为亚文化群体的青少年，他们的风格与抵抗并不具有革命性，因为这种亚文化并没有对主导文化构成威胁，也不具备颠覆的力量。他们的对抗只是作为边缘群体、弱势群体发出的要求改变现状的话语呼吁，改变制度、颠覆政权不是他们的价值追求，在话语较量中和解、引起政府关注、获得身份认同才是青少年亚文化的价值旨归。

3. 亚文化的最终命运："收编"

青年亚文化在资本主义主导统治秩序下会是什么样的命运呢？霍尔对此表示了高度关注，他注意到，在既有的统治秩序下，青年亚文化改变不了最终被"收编"的命运。资产阶级政府的第一种策略是，动用媒体的力量，将本来就不"团结"的青年亚文化分别对待，通过赞扬和拉拢一些、批判和孤立一些的策略引发青年亚文化群体的内部冲突，使青年的精力逐渐转移到争取与政府的和解和协商方面，降低了他们的颠覆性和反叛性。

资产阶级政府还运用第二种策略——商品化策略，实现其同化和收编的目的。青年亚文化的典型符号是他们的物品，而这些物品则被大众文化产业吸收进生产环节，通过大批量销售给社会大众，将物品的符号所承载的意义解构了。物品仅仅成为一种"形式"，其内容逐渐被大家忽略了。正如迪克·赫伯迪格评价的，"女儿象征性的重新回归家庭，离经叛道者象征性的浪子回头，这些情形发生在朋克乐手纷纷向市场力量投降之际，而媒体却利用这些现象对朋克'毕竟只是正常人'这一事实加以解释。"[1]

霍尔对青年亚文化的研究凸显了马克思主义政治学的视角，在他笔下，阶级、意识形态、权力等成为表述青年亚文化的关键术语，也建构了霍尔在亚文化领域的理论成就。在霍尔看来，阶级是社会分析的一个基本概念，是用于区分人群的最基本标准，霍尔的青年亚文化研究以阶级分析为基本方法，以工人阶级青少年为观测对象，通过研究这一群体的生活方式的变化，来揭示这一领域存在的权力对抗的真实形式。可以说，从一开始，青年亚文化研究就充满悲天悯人的关怀意识，霍尔揭示了工人阶级青少年的底层社会经验以及由此形成的风格和仪式，青少年以这种想象的方式试图解决他们与父辈文化、主导文化的矛盾关系，他们以独特的方式宣告自身的合法性存在，然而，媒体和政府的"合谋"

---

[1]　迪克·赫伯迪格：《亚文化·风格的意义》，胡疆锋译，北京大学出版社2009年版，第122—123页。

最终也把他们安置在"统治—被统治"的框架之内。但是显然，青少年也在抵抗这种收编策略。霍尔的理论成就在于揭示了蕴含于青少年中的抵抗力量，这使他的研究有了文化政治学的高度。尽管有学者批评霍尔过分夸大了青年人的抵抗性，但也必须看到，正是对"抵抗"的发现，才推动了英国文化研究的持续、深入发展。霍尔曾多次表示，《仪式抵抗》的关键词是抵抗，整篇文章都是围绕"抵抗"二字，为什么抵抗、抵抗谁、抵抗表现为什么形式以及抵抗位于何处等构成了文本的主线。对霍尔来讲，抵抗是"对主导地位秩序的挑战与协商，不能被同化为革命阶级斗争的传统类别"，[①] 霍尔高度赞扬了青年亚文化的意义，认为它的出场是通过嘲弄、游戏、狂欢等形式实现了一种暂时的权力秩序的翻转，它们侵占了所谓"高雅文化"的地盘，使自己成为"流行"的代表和社会大众关注的焦点。这是一种话语权的较量，青少年赋予了自己表达话语的权利。可以说，霍尔对青少年亚文化的研究是独到的，开辟了青年亚文化研究新的方向，凸显了马克思主义理论的价值取向，是对文化研究的一大贡献。

第四节　媒介文化与政治经济学的"接合"

20世纪六七十年代，CCCS成为了媒介研究的中心，这得益于霍尔开创的"更广泛"文化研究计划的实行，也是对资本主义经济政治

---

① Hall, (1996) "For Allon White", in D. Morley and D. K. chen, (eds), London, Routledge: p.294.

新变化回应的结果。正如霍尔回顾这段历史说的，"伯明翰中心事实上本质上已经成为一个电视、大众传媒和流行文化的研究中心"，[①] 虽然媒介研究和文化研究分别有不同的历史，属于不同的学科知识，但是，将媒介研究和文化研究整合起来在当代英国文化研究历史上是影响深远的事情。在媒介研究领域，霍尔运用马克思主义政治经济学批判方法，整合阿尔都塞的意识形态理论和葛兰西的文化权力的理论，从而得出传媒不是再现现实，而是建构现实的结论，开辟了传媒的意识形态效果研究道路，也再一次扩大了马克思主义文化理论的疆域。

一、媒介文化的本质与特征

1. 文化以媒介形式表征成为晚期资本主义的重要时代景观

媒介泛指信息与文化传播机构，包括出版业、新闻业、广播和影视业，由意媒（文字、图像与各种符号）和质媒（传播技术及介质）构成传播者同受众的中介物。[②] 以信息技术为中心的新一轮技术革命推动着传统社会形态的逐渐消解，被一种更高级的技术社会形态所代替。作为文化研究的大师，霍尔一直坚持理论的开放性，以极高的热情关注着这一技术社会对文化研究的重要影响。

早在 20 世纪 70 年代，霍尔关注到报刊、杂志等传统媒介数量日渐增多，媒介成为人们观察社会、了解世界的重要工具，同时新的媒

---

① Grossberg (1997): Toward a gene of the state of culture studies, *Essays on culture studies*, NC：Duck University Press:281-282.

② 刘建明:《媒介批评通论》，中国人民大学出版社 2012 年版，第 16 页。

介——电视也正在进入人们的文化生活。在一次开放大学的演讲中，他提醒所有的文化研究学者注意分析这一现实，"当今世界中我们的文化正弥漫着各种各样的图像。不论是动还是静，也不论以何种媒介传播，总之图像本身变成晚期现代文化的流行符号"。[①] 媒介越来越成为一种表意实践，它总是会优先推荐给大家一种意义，并且界定意义的选择范围。他用"表征"这一概念将媒介与文化关联起来，因为文化研究旨在为人们理解世界、形成观察社会的立场提供"价值"和"意义"，而这一意义的"呈现"在当代社会已经不再主要通过人与人直接交流（虽然效果最佳但已经不是主流方式）的方式，而是借助"媒介"的力量去反映、呈现"意义和价值"，尽管"媒介传播"不是社会唯一的传播方式，但必须看到的现实是：媒体成为意义传播最有力、最广泛的体系之一。如果将文化研究看作产生、制造意义的实践，那么，媒介关注的也正是这一实践的效果和产物，因为，现代社会的媒介正是以传播意义为己任。因而，信息社会的来临已使文化与媒介密不可分，文化媒介化正成为当今文化研究最具时代性和影响力的研究领域，文化研究学者应当以创新的态度确立新的研究主题，形成新的研究范式，否则，文化研究就演变为试图"固化意义"的封闭场域和刻板形式。

2. 媒介文化成为资本主义建构文化霸权、实现意识形态控制的主要工具

霍尔的文化研究深受西方马克思主义学者阿尔都塞和葛兰西的影响，在媒介文化研究中"意识形态"与"霸权"成为霍尔阐释媒介文化

---

① 周宪、陶东风编：《文化研究》，社会科学文献出版社 2013 年版，第 222 页。

的重要术语。

1976 年，霍尔聚焦于阐释媒体—政治—意识形态三者的关系，他反驳了三种流行观点：媒体与政府的共谋观点、置换观点以及自由主义观点，认为媒介的工作就是一种意识形态工作，媒介是一种表意工具，在表意过程中建构社会现实，因而，它拥有一种软权力，那就是媒介对于观众接受的导向性暗示与渗透、改变。

首先，霍尔表示赞同阿尔都塞对于媒介的意识形态定位，认为媒介同教会、学校、社团机构一样，都是"意识形态国家机器"的组成部分。统治阶级试图通过这些机构形成主导意识形态，并通过所谓的精英学者论证转化为社会"共识"，以求获得人们内心赞同和行动支持，因而，媒介就成为资本主义统治霸权在文化领域建构的重要倚重工具。霍尔尤其关注大众传媒是如何生产意识形态的，他说，"传媒成了生产'普遍赞同'的一个组成部分"，因为，"在日常运作中它是公开的和独立的，它不会围着权力的指挥棒转，但必须对权力是敏感的，必须在普遍的范围之内或'大家都赞同'的舆论框架内生存下来，"① 在形成共识方面媒介确实发挥了意识形态国家机器的作用。

其次，霍尔对媒介文化本质进行了深层剖析，深入揭示媒介文化的"统治"功能何以实现。他不仅分析媒介文化产品背后的"意识形态与价值观"变迁，同时研究大众文化的传播机构如何作用于社会。霍尔在 1972 年对于《图片邮报》的评述中显示了他对大众文化产品的喜爱，"《图片邮报》上的图片所带来的重大影响，在于它能够以一种犀利的眼光真

---

① 　斯图亚特·霍尔：《文化、传媒、语言》，台北远流出版公司 1981 年版，第 85—87 页。

实地记录社会","它以抽样的方式记录日常生活，而不是为公众树立榜样"。① 然而，随着生产方式的革命性变革，传统变得支离破碎，图片邮报作为一种艺术形式告别了人们的生活，被彩色增刊逐渐取代，这在当时是一种全新的传播模式，它不再表征强烈的客观性，而是依靠民众对其情感的支持表达一种"共同情感"，霍尔认为，"人们表达出来的真实、心境和态度通过传媒受到了限制、更改和改变"，传媒将自身定位为传播抽象思想形式的媒介，其传播内容与真实思想、观念是不同的东西。正是在分析中霍尔看到了媒介文化的意识形态再现功能。在《大众文化与国家》一文中，霍尔更是将英国广播公司作为分析对象，表面上看，它融合了所有阶级群体的声音，表达他们各自的利益诉求，以此奠定全国的受众基础。同时，它又以独特的风格作为国家形象的代表确立了权威地位。霍尔进一步分析说，它的政治作用也是通过类似过程展开，但其实质，是通过将各种不同的声音纳入并转化成社会统治阶级的阶级文化标准，从而确立了它在公众中的权威和领导地位。霍尔正是通过对于媒介文化权力获得过程的分析，看到媒介在建构、实现资本主义文化统治权过程中的重要作用，并指出大众民主制国家领导权越来越依赖于国家扩大了的文化作用这一趋势。

最后，霍尔认为对于媒介文化的意识形态化应当进行批判。在媒介文化研究史上，霍尔一般被定位为媒介文化的意识形态批评学派，因为，自20世纪70年代中期，霍尔在《意识形态的再发现：媒介研究中被压抑者的回归》与《意识形态与传播理论》中表明了自己对媒介意识

---

① Hall(1972),"The Society Eye of Picture Post",*Working Papers in Culture Studies*, 2:82.

形态功能的批判观点，他指出，在以媒介为主导的时代中，社会统治集团必须通过这一公共媒体生产出大众化的意识形态。媒体不仅具有生产功能，还同时具有转化作用。在把统治阶级意识形态转变为大众意识形态这个过程中，媒体起着举足轻重的作用，虽然它是独立自主的，但在既有的统治架构中它是独立又是相对的。① 霍尔被称为学院派媒介批评家，他的批判揭示了大众媒介民主的虚伪性，指出媒介表面是服务于大众的，其实它剥夺了大众的媒介话语权；同时他指出媒介立场表面是公平公正的，其实还是有它的意识形态倾向性。正如马克思批评当时的《泰晤士报》时指出的，这份报纸已经成为"资产阶级政府的舆论代表"，又利用其优势转化为社会舆论的代表，在这一点上霍尔承袭了马克思的媒介批评理论及其批判精神，同时又将这种批评推向深入。

3. 媒介文化的"意识形态抵抗"开启了话语民主时代

霍尔对媒介文化研究的特别贡献在于，他在坚持法兰克福学派对于媒介文化基本立场的前提下，又开启了媒介抵抗文化的研究之路。霍尔对"抵抗"策略的研究始于传播媒介的受众研究，伯明翰学派的马克思主义学者威廉斯、霍加特都曾强调过文化研究不能忽视受众的情感和心理以及当时的历史语境，这一可贵传统被霍尔所继承并将研究推向深入。他认为，媒介在竭力统一人们的不同话语，试图以此规范人们理解世界的方式，但是，"电视机旁"的"观众"也并非铁板一块。生产方式的不断革新在塑造着人们的不同生活方式和多样化价值观，尤其是市

---

① 　S. Hall, *The discovery of Idelogy, Culture, society and Media*，London: Methuen 1982: pp.56-90.

场化成为传媒业发展的主要推动力时，观众同时转化为"消费者"，他们不仅检验着传媒的效果，更是以"是否购买服务"表明他们对于媒介文化产品或赞同或抵制的立场。无论统治阶级实行何种媒介策略，它都不能自己垄断这一领域，为了获得大众支持，它必须让渡出一部分空间，允许大众在此发声，建构大众自身的意识形态。而统治阶级要做的，就是采用各种策略开展意识形态空间之间的对话，以使大众的意识形态空间对它的统治不构成危险性。霍尔认为，正是媒介文化时代多重话语系统的形成，逐渐消解着主导意识形态的话语效果，开启了话语民主的新时代。

二、深刻剖析传播过程及其功能的实现

在媒介文化研究领域，有着诸多学派，霍尔是作为媒介文化的意识形态批评流派的代表人物被写入文化史的，意识形态是霍尔观察、分析媒介文化现象的重要视角，因为，意识形态显然已经不仅仅作为社会存在的反映物存在，它越来越具有参与并改变社会现实的能力。意识形态的功能在现代社会的显现使马克思主义学者重视这一概念。媒介研究同样离不开意识形态批判，然而，对媒介做意识形态的分析，必须要考证意识形态如何作用于媒介以及媒介的意识形态功能如何实现。霍尔对媒介文化的突出贡献在于采纳了马克思主义政治经济学的分析范式，通过分析媒介文化产品的生成过程，对于媒介文化作为"意识形态国家机器"的本质做了深刻揭示。20世纪60年代，传播政治经济学学派及其主张在英国广为流行，"以默多克和戈尔丁为代表的学者从生产、分配、交换、消费及政治控制领域剖析媒介及其传播行为的性质，强调政治经

济力量对于媒体的支配"。① 默多克认为，媒介只有被置于资本主义经济体系之中，才能够对其做出意识形态的定位。文化研究之意义的生产也是以社会经济结构的变化为基础。霍尔的媒介文化研究受到传播政治经济学学派的影响，并在其基础上运用政治经济学的分析范式对文化产品进行动态意义上的剖析，在借鉴传播政治经济学学派理论的基础上又有所创新。这一思想体现在 1973 年霍尔写成的一篇题为《编码，解码》的论文中，也奠定了霍尔在媒介文化研究领域的赫赫声名。主要观点如下：

1. 摒弃将传播等同于流通的简单分析模式，将传播描述为生产—分配—交换—消费四环节的统一

随着媒介在社会生活中的作用日益凸显，学者们围绕这一前沿热点进行了研究，并针对媒介本身到底有无意义的问题形成了截然不同的立场。一种观点认为，媒介本身没有意义，是统治阶级赋予了其意识形态功能，最典型的是传播政治经济学学派和法兰克福学派持这种主张；另一种观点则主张，媒介本身具有意义，它对现实有着自身的解读方式并日益向社会生活渗透，已成为西方社会具有相对自治性的"第三种权力"。霍尔正是在这种争论中看到，与其陷入这种纯粹思辨的较量中，不如去分析媒介文化生产过程本身，解析它传播意义的整体过程，也许有助于澄清人们在这一领域的错误观念。他认为，马克思对资本循环过程的分析带来了无限启迪，完全可以应用于媒介传播的分析。媒介传播其实也可以划分为生产、分配、交换和消费四环节，并且每一环节都是不可或缺的组成部分，各有自身的独特存在规律和相对自治

① 刘建明：《媒介批评通论》，中国人民大学出版社 2012 年版，第 83 页。

性,"没有一个环节能够保证下一个环节,每一个都是对形式渠道的打破和中断,而有效生产的流动就是依形式渠道的连续而定的"。① 因而,对传播的研究必须立足于对四环节的分析并将其整合起来,才能够获得对于传播本身的客观认识。也正是在四环节的深入分析中,霍尔看到,媒介在生产阶段运用自身独特的职业符码进行"编码",生产出带有自身倾向性的理论主张,并借助精英学者们的论证将其分配到不同的话语系统,力图引导对文化产品进行"倾向性"阅读。霍尔的见解是客观的,它符合当代资本主义国家媒介发展的现实,这一点显然已经超越了法兰克福学派和传播政治经济学派的"批判性主张",当然,同时霍尔也对于两派对媒介文化的意识形态功能分析给予了认可。

2. 重视分析传播的"消费"过程及意识形态效果,对传播进行"权力"视角的解读

英国文化研究学派早于 20 世纪 50 年代左右就开始关注受众在媒介研究中的重要地位,威廉斯、汤普森、霍加特作为媒介文化受众模式的开启者,对于受众的心理结构、情感结构等作了较早的分析。霍尔在媒介文化研究中承袭了这一方法,在政治经济学范式下将受众比喻为"消费者",他们的消费过程其实是媒介主导意义被"解码"的过程,"消费者"所处的"话语位置"不同,决定了他们不同的解读模式。霍尔将其描述为"主导—霸权的地位;协调的符码或地位;对抗式的地位"三种可能的立场和主张。在此"消费者"的重要性愈发凸显,因为,媒介的主导意义是否能够实现,已不像以往完全取决于文本内容,而是日益受

---

① 罗钢、刘象愚:《文化研究读本》,中国社会科学出版社 2000 年版,第 352 页。

到消费者地位的制约，尤其是当消费者处于对抗地位时，它对于本文内容的理解也将融化于对其主导意义的消解中，"一旦话语斗争加入"，对于媒介文化产品的消费就变成了"争夺意义的政治场所"，传播者就必须无奈地接受意义"人为地、系统地被扭曲"的结果。从消费视角分析这一过程，传播俨然成为"权力"争夺的场域，一方面，媒介权力通过形式多样的渠道和方法向社会生活无限渗透，建构起对于日常生活的"软权力"；另一方面，作为消费者的社会大众日益分层，他们凭借自身独特的话语系统表现出"或赞同、或协商、或抵抗"的态度，释放出对于媒介"软权力"的制约，霍尔说"由此进入一个话语民主的时代"。

霍尔的媒介文化理论丰富了马克思主义的媒介文化理论，不仅在内容上增添了关于媒介研究的新亮点，更是成为运用马克思主义的方法分析媒介文化的典范。同时，霍尔的研究开拓了文化研究一个新的领域，促成了文化研究和传播研究在新阶段的有机结合，推动了文化的跨学科研究。霍尔的研究成果被许多学者定性为"文化政治学"，因为他始终坚持文化研究应当"走出书斋"去"关注现实"，从文化的意义之问走向现实之问。他对媒介文化的关注便是这一信念在实践中的体现。在对大众传媒的分析中，他始终追问一个问题，"何为媒介文化的政治性？"并通过剖析媒介生产—消费过程，进而阐释出"媒介文化"其实是"权力争夺场域"的本质，同时指出，媒介不是反映现实而是建构现实的本质。这被称为霍尔意识形态研究中的"再发现"。① 这对于以往西方马克思主义学者"将媒介等同于统治阶级的意识形态工具"的论断显然是

---

① 约翰·恩古耶·厄尼：《媒介研究和文化研究：共生趋向》，载托比·米勒编《文化研究指南》，王晓璐译，2009 年版，第 157 页。

一个超越，同时也为文化研究指明了今后研究的方向，那就是，转向对"现实政治的关注"，重视研究文化主张背后的政治诉求和实现策略。这些可贵的主张对于马克思主义文化研究今后的创新无疑起到了思想启蒙作用。

《编码，解码》论文写于 1973 年，原题是《电视话语的编码和解码》。论文发表后在文化研究领域引起了较大影响，也奠定了他在传播学和文化研究领域的权威地位。但同时，也招致了不少同行对霍尔的批评。他们指出，霍尔对受众的过度强调极易导致文化研究走向"民粹主义"，结果离经济的分析愈来愈远，这成为"目前文化研究最危险的倾向"。

霍尔本人也对此作了回应，他说，经济仍是文化发展的第一推动力，居于社会发展动力系统的首要地位，这篇论文的不足之处在于，没有能够说明"编码者"的文本从何而来。虽然他极力倡导文化研究去关注现实，但"脱离了社会历史语境去说明编码者的意图"成为他的一大缺憾。

另一不足之处在于，霍尔对于媒介文化的抵抗功能分析也显薄弱。解码者为何产生对抗立场？他将如何对抗主导意义的引导倾向？他将如何实现话语民主时代"有意义的政治策略"？一系列问题没有得到霍尔的阐释与说明，削弱了霍尔媒介文化的深刻性。

第五节　族群文化与身份认同的政治诉求

自 20 世纪 90 年代以来，全球化成为一股不可阻挡的潮流，越来越多的第三世界国家或主动或被动地加入全球化进程，全球化成为一种神话或是梦想，成为人们借以实现国家富裕、民族振兴和国民改变命运的重要力量。移民成为全球化进程中作为现代性表征的特殊景观，他们的文化有什么特殊性，代表着怎样的政治诉求？围绕对这个问题的思考，广大来自第三世界国家的知识分子形成了一股研究热潮。移民文化也称流散文化，是文化研究学者对从第三世界移居到世界发达国家的移民所代表的文化的称谓。霍尔对流散文化的关注甚至比同时代的思想家更早些。首先，霍尔本人的移民流散经历使他更深刻地体会到在异国他乡"疏离"和"失根"的感受。在与文化研究学者陈光兴的对话中，当谈到自己作为"流散知识分子"的经历时，霍尔回顾了自己的移民生活。霍尔出生于牙买加一个中产阶级家庭，他的父亲工作于联合水果公司，是当地当时第一个因为工作努力得到提升的黑人。他的母亲是白种人。霍尔在兄妹几人中是肤色最黑的一个，父亲希望他成为一名运动员，母亲则希望他到英国学习深造。霍尔形容自己是一个反叛者，反叛于当时的主流文化。他看到自己的父亲被一些白人竞争者嘲笑和戏弄，看到自己的姐姐因为心仪一名黑人医生而遭到父母的阻止；他充满悲愤之情，他希望看到一个完全独立的牙买加，但是似乎没有希望。整个家庭交给姐姐照顾之后，他离开牙买加去英国求学，他选择了自己喜欢的历史和政治专业，从此开始了英国的移民经历。霍尔认为，自己作为一个流散知识分子的经历使他从内心产生一种冲动，他要为文化研究建构一种新的视角——种族的视角。

一、70 年代文化研究与种族

1. 种族成为英国文化研究的重要议程

首先，移民问题已经成为当代资本主义社会问题的焦点之一。霍尔在访谈中提到，年轻时代的他受马克思思想影响极大，尤其是以阶级作为社会分析的视角，帮助霍尔建构了马克思主义的分析框架。但是发生于 20 世纪 60 年代末的反对核战争运动（或称和平运动）以及反对种族歧视的运动使霍尔看到对种族平等的诉求开始成为社会焦点之一。发端于 20 世纪 60 年代的全球化运动的一个直接后果是大批人口从非洲、亚洲等地开始迁移，"移民"开始成为一个新兴的社会身份。写于 1967 年的《The young Englishman》以及 1970 年的《English Negro》两篇论文中，记录了霍尔对移民问题的主要看法。他认为，移民已经成为一个集体概念，他们有双重身份，既是西印度人，又是英国人。但是在他们试图将两种身份合二为一时，却发现前进的道路被封闭了。原因是什么呢？

霍尔认为，作为有色人种的非洲族裔移民，长期生活于社会底层，于是发生了一些黑人青年的抢劫事件。这些事件经由媒介重复报道，从而引发了社会对"移民""种族"的整体恐慌。黑人群体被建构为社会秩序的破坏者，政府对待移民的立场由最初的同化、整合转向拒斥、限制和打压，甚至有媒体认为，移民的到来抢走了本土英国人的饭碗，呼吁社会民众抵制"移民"和"种族"。同时，移民遇到住房、种族歧视、教育、治安等种种问题。种族问题已经演化成了政治问题、社会问题。

为此，霍尔认为，文化研究应当关注作为当代社会问题的种族问题，不仅以文化为视角，揭示所谓种族危机的本质，更应当介入现实，为基于种族平等的社会运动提供策略与方法。"让文化研究将自己的议程放在关键的种族问题和文化政治问题上，本身就是一场深远的理论斗争"。①

2.种族成为表征"统治—服从"的文化与意识形态的接合点

黑人与白人本来是一组没有任何意指的词汇，但是，在社会生活中，这一组词汇却以白人／黑人这样的区分与对立出现，黑人已经被政府以及媒介所代表的意识形态建构为"犯罪"的代名词，这是意识形态霸权在文化中的显现，种族成为资本主义主导意识形态霸权意欲控制的场域，从种族这一视角足以看出社会统治集团与被统治集团之间充满着斗争。霍尔由此得出结论说，任何脱离社会统治结构的分析都是缺乏说服力的，资本主义统治方法的改变并不能说明阶级社会的结束，只是观察视角变得越来越多样化了。种族场域恰恰是阶级斗争存在的一个印证。

可见，70年代霍尔对种族的研究突破马克思主义关于"种族区分来自于社会经济历史条件的不同"的观点，开始从社会学的视角，从社会结构整体中探讨种族问题的形成以及实质。在此，霍尔强调了意识形态的建构功能以及被压迫群体的反抗特质，并认为，这种抵抗也应当成为社会主义运动的组成部分。

二、80—90年代族裔散居与文化认同

1."文化认同"问题的产生

80年代末90年代初，随着后殖民主义理论的兴起，越来越多来自第三世界国家的移民知识分子开始投入移民文化的研究，关注这一群

---

① 塔尼亚·刘易斯：《斯图亚特·霍尔与英国文化研究的形成：流散叙事》，冯行、李媛媛译，《国外理论动态》2014年第10期。

体的异国境遇、身份特征及文化诉求。霍尔也成为这一群体的活跃成员。他较早用族裔散居的概念指称第三世界国家向发达国家移民这一现象，① 在接受陈光兴访谈时他提到，族裔散居原先特指巴勒斯坦和以色列人的移居现象，现在泛指边缘地区向中心地区的移民现象。如果说六七十年代种族问题的核心是生存境遇问题，而到了八九十年代则逐渐演变为身份与认同问题。这些旅居海外的亚洲、非洲等族裔群体，他们的身份如何确定？在别人眼中，他们是非洲人还是欧洲人？什么是这一群体的文化诉求？霍尔也非常关注第二代英国黑人被驱逐后得到认可以及他们被赋予的权利感，霍尔关注到年轻黑人在英国被边缘化、被疏离的现实，他们在英国被视为"危险群体"，被主流社会阶层排斥在外，禁止进入白人的社会平台。因而，在这里，他们得不到教育、医疗等较好的服务，但奇怪的事，年轻的黑人们竟然还会觉得自己被赋予了平等的权利。他们甚至觉得，他们已经在重塑着英国人这一国际形象。为什么会有这样的反差？霍尔认为这关乎一个概念——什么是身份。在采访中他告诉莱斯·巴克，文化研究源于他与那段经历相妥协的斗争，那时他第一次发现他是一个黑人知识分子。② 他回顾说，"在思考我自己的身份过程中，我意识到这始终取决于你是否是一个移居者这一事实，取决于你其他方面的不同之处——殖民地问题往往

---

① 20世纪80年代末，霍尔的文化研究转向族性（Ethnicity）研究，指出，流散主体正在建构一种新的文化形式，它吸纳了不同阶级、民族、种族和性别的差异，形成一种英国"民族性"，使普通人的身份不断拓展，并为新的身份政治开辟空间。参见 [澳] 塔尼亚·刘易斯：《霍尔与英国文化研究的形成：流散叙事》，冯行、李媛媛译，《国外理论动态》2014年第10期。

② 克莱尔·亚历山大：《斯图亚特·霍尔和"种族"》，李媛媛译，《求是学刊》2014年第6期。

就是其他某些地方——双向边缘化、流离失所，而不是取决于他或她在哪里，或者从何说起。"① 在霍尔看来，认同问题的发生源自族裔散居的民众对于身份问题的困惑与挣扎。他们除了具有家庭、职业、社会给予他们的多重身份，还有着更重要的身份之惑：他们是加勒比人还是英国人？由此，霍尔断定，文化研究应当实现转向：从对危机事件、突发事件的分析转向新的社会问题，即围绕身份的文化斗争。与此相适应，文化研究应当从支持策略之战转向身份之战。

2. 身份政治

围绕当代思想家对"身份"概念的争论，霍尔对"身份"进行了马克思主义视角下的解读。首先，针对学术界关于"身份"即"文化归属性"的本质主义描述，霍尔表达出不同的看法。他认为必须结合全球化的语境、结合"身份"形成的历史时刻去动态地描述这一概念。身份没有固定的所指，它始终是处于发展变化之中的，"与其说是我们是谁或我们来自何方，不如说我们可能会成为什么，我们一直以来怎样表现以及我们有可能在怎样表现自己上施加怎样的压力"，② 总之，身份不是所谓的寻根，而是与我们的历程达成妥协。"身份"产生于特殊的历史时刻，在特殊的实践中形成所指。其次，在资本主义社会，"身份"代表的是差异而不是统一。霍尔认为，把身份统一和定型化是资本主义主导意识形态的表征策略，这种定型建立起一条符号的边界，用以区分"自

---

① Hall, *Minimal Slaves in black Black British Cultural Studies, A. Reader eds., H. A. Baker, M. Piawara &R. H. Lindeborg*, Chicago.IL, University of Chicago Press, 1996: 114-115.

② 霍尔：《是谁需要身份?》，保罗·杜盖伊编著，庞璃译，河南大学出版社 2010 年版，第 5 页。

己人和外人"。例如，他们通过各种文学作品将黑人的生理特征定型化为黑人的身份与本质，然后通过一系列表征策略将这种种族的差异自然化，并赋予特别的含义。霍尔认为，正是这种一直延续到 20 世纪晚期的表征种族化体系，将身份塑造为差异的附着物，其实质是资本主义统治权力在种族领域的控制。

霍尔认为，身份政治成为20世纪90年代以来文化政治的突出特征。身份政治的主旨就是认同策略问题，解决"我会成为什么样的人"的问题。认同包括自我认同和社会认同，自我认同强调通过自我描述达成对自己的情感认同；而社会认同则偏重自我在社会体系中的归属和定位。可见，认同是否实现，取决于自我的主体性是否得到了呈现。然而，在资本主义统治框架中，本应得以呈现的主体性却被"表现政治"扭曲了，"身份"本应是主体性的附着物，但现在"身份"与主体性却脱离了，身份成为"被表现""被安置"的客体。身份不再是真实自我的呈现，而成为权力干预的表象政治的产物。那么，文化政治的策略又在于何处呢？认同在于找回心理意义和社会意义上的真实自我，文化政治的干预点应当在于此。例如，针对人们对所谓差异的恐惧，"文化研究所要做的工作就是动员它可以动员的一切智力资源，以了解是什么形成了我们所过的生活和我们所生活的社会，全面而深远地将人们非人性化，以至人们失去了与差异共同生活的能力"。[①] 我们要做的，不只是树立正面形象，而是基于社会正义的价值系统建构客观真实、体现人的自由意愿的"表现政治"。"去记录意义的随意性；去促进哪些探索权力关系的表现；

---

① Hall, S., "New Ethnicities", in D. Morley and D. K. Chen (eds.), London, Routledge: p.393.

去解构黑人—白人的二元对立；去推进接受差异的意愿"。① 同时，霍尔将民族、种族、国家看作文化认同的重要形式，他将民族、种族、国家看作一组文化概念，认为它们是被"历史性、文化性和政治性"建构起来的概念，因而，一个人的民族身份、种族身份和国家公民的身份是被历史、文化和政治语境化的产物。身份政治的策略必须借助于民族认同、国家认同的形式，文化多样性最终统一于国家认同，"我们应该把国家文化看成将差异表现为团结或一致的话语手段，而不是将它们视为统一的。它们被深层的内部分歧和差异割裂，并且只有通过文化权力不同形式的运用来'统一'"。② 文化政治所追求的身份应当建构在相似和差异的辩证统一的基础上，通过将主体性召唤至身份实现主体性和身份的统一。

霍尔的族裔散居文化以及身份政治新转向丰富了马克思主义文化理论的思想资源。霍尔结合自己作为流散知识分子的经历将阶级政治这一宏观视角语境化、微观化了。种族压迫作为阶级压迫的一种特殊形式，被霍尔运用到文化分析中。他关注后殖民现象并探究背后的权力压迫，从而将马克思阐释的阶级之间的压迫详解为种族之间的压迫，这样的揭示深化并拓展了马克思的阶级学说，并使这一分析保持了蓬勃的生命力。霍尔同时还以马克思主义作为理论基础，并借鉴吸收福柯的话语与权力理论、后殖民主义理论以及语言学理论，提出"去中心化"的身份新概念，注重阐释身份的语境性、交叉性与矛盾性，并提出身份政治的新诉求。这一点使霍尔超越了同时代文化身份研究的理论家，也开启了

---

① Hall, S., "New Ethnicities" in D. Morley and D. K. Chen (eds.), London, Routledge: p. 269.

② Hall, S., "New Ethnicities" in D. Morley and D. K. Chen (eds.), London, Routledge: p. 247.

90 年代身份政治研究的文化研究新热点。

霍尔的族裔散居与身份政治理论坚持从历史的特殊性分析种族的形成，并提出文化政治的新形式——身份政治或认同政治，是对资本主义文化矛盾的再现和表征。他的学说成为一种激发性力量，引领文化研究探讨更具社会性的问题，是文化对现实的又一次干预。但是，霍尔的认同理论也饱受争议。学者们认为，一是将黑人抗议完全浪漫化了，只有赞美没有批判的立场是偏颇的；二是霍尔的分析重主观经验轻客观分析，带有一定的情感色彩。然而批评的声音不能掩饰霍尔的文化成就，不可否认他的种族文化研究已经成为文化研究的关键方向，并产生了世界性影响。他之后的许多学生、同事从事种族文化和认同政治研究，取得了丰硕成果，和霍尔一起成为全球化语境下族群文化研究的先行者和奠基者。

第六节　全球后现代文化与多元政治

进入 20 世纪 90 年代，当代社会呈现出的最主要趋势莫过于全球化在全世界范围的拓展，"当代全球化最关键、最明确的特征是日益强大的流通文化的出现"，"正是流通的兴起产生了文化分析的危机"。[①] 全球化时代产生了新的时代命题，一是全球化时代催生出什么样的文化形式，如何看待文化在全球化时代的发展趋势；二是关于全球化的争议不

---

① Benjamin Lee：《全球化时代的文化分析》，杨彩霞译，凤凰出版集团译林出版社 2008 年版，第 3—4 页。

断，而且形成观点截然对立的主张。如何看待这种思想的分歧？霍尔认为，文化研究必须面对新的文化议题，对于新的时代特征和时代命题予以回应。

一、全球后现代文化理论的兴起

针对当代全球化的未来形态预测，文化研究学者产生了大的分歧。主要有以下争议：

1.关于全球化的文化帝国主义本质的争议

社会主义制度在苏联、东欧地区的终结，更是促使西方学者们去关注这一急剧变化的现实。他们看到全球化不仅是一种经济力量，更是一种政治和文化力量，日益主宰着世界历史的变更方向。早在1985年，赫伯特·席勒对于全球化的"效应"就做过分析，他举例说明了大众传播媒介充当了"跨国企业营销的主体，其所产生的意识形态影响产生和加强了当地人对美国资本主义的依附"。[①] 席勒成为文化帝国主义观点的主要支持者，并使全球化等同于经济、政治、文化的一体化这一观念成为消费资本主义时代的主导观念。全世界"麦当劳化"成为全球化发展的最终结果。弗朗西斯·福山于1991年提出"历史终结论"，更是加固了人们全球化同质化的认同感。

英美国家兴起的后殖民主义理论，也是对全球化提出抨击的理论。其代表人物是赛义德、霍米·巴巴等人。赛义德在其著作中提出"东方

----

① 　克里斯·巴克：《文化研究的理论与实践》，孔敏译，北京大学出版社2013年版，第140页。

主义"和"西方主义"的概念。他认为，全球化的实质是西方中心主义，在这个进程中，第三世界国家面临文化上被同化的危险。西方文化自封为主流文化，正在试图吞并、消解第三世界的民族文化，他们通过媒介发起意识形态攻击战，造成民族文化的无力感，使其无意识地接受并形成一种所谓现代化生活方式。因而，赛义德提出，第三世界国家的民族性又该如何得到延续呢？他接着回答，应当通过发起身份、认同的政治运动去保留住自己民族的根，永远不能忘记的是"我从哪里来"，才能塑造未来"成为一个什么样的人"。

还有一种观点以学者汤姆林森为代表。他对将全球化等同于文化帝国主义进行了严肃驳斥，指出全球化和帝国主义的区别在于，后者是一个有意引导的过程，而全球化则是遵循了市场经济的发展规律的必然结果。他认为，"全球化必将削弱民族国家用以捍卫其统一性的精神资源，增强其吸纳差异性思想资源的主动性，这不是由世界强国推动的过程，而是民族国家的自愿选择。"① 以上争论围绕对全球化本质的认识，产生了截然不同的两种观点，反映了文化研究学者和经济研究学者们不同的理解和阐释方法。文化研究学者看到的是全球化过程中作为生活方式的文化之被同化趋势，因而他们看到了全球化消灭"他者"、使"他者"不复存在的可怕；而经济研究学者则认为，全球化对资本运行规律的顺应代表了时代发展的潮流，是民族国家崛起的必要条件，不会导致文化悲观主义者所预测的文化"同质化"的后果。

2. 关于全球文化现代性与后现代性的争议

如何看待全球化的发展及其带来的后果？必须承认的事实是全球化

---

① John Tomlinson, *Culture Imperialism*, London/New York, 2001: p175.

已经成为一种客观存在，它正在积极地发挥作用，影响着世界历史的发展进程。承认全球化，就势必承认全球化进程的文化多样性。全球化的主体是具有文化个性的民族国家，全球化进程始终存在西方式"普世价值"和民族国家"文化个性"的冲突，文化全球化实质就是这一矛盾不断显现的过程；而后现代主义则是以对现代性的反思为逻辑起点，它以解构宏大叙事为理论前提，以后结构主义的"述行性"（指话语产生所指的意义）为理论特征。它认为，全球化的发展正在推动文化从现代性转向后现代性，应当从后现代主义的文化视角分析全球化，关注全球化时代话语权之间的争夺问题。

以上学者的争议是围绕全球化的评价来展开的。一是关于全球化是否正在产生霸权文化、正在形成以西方国家为中心的文化统治秩序的争论；二是全球化是否需要建构新的文化视角问题的争论。霍尔的全球后现代理论正是在此背景下出场的，针对文化研究学者对于全球化的争议，霍尔表达了一种全球后现代观点，并对其文化路向进行了分析和预测。

二、全球后现代文化理论的发展路向

1. 全球后现代社会意味着向边缘和差异的开放，必将导致多元政治

全球化产生的同时还有消解性力量，在这一领域同样存在同一性和差异性的相互斗争、此消彼长，必须用一种动态的观点去看待这一变化。后现代社会的来临意味着一个开放社会的逼近，各国文化群体作为积极的消费者，"面临更为广泛的选择，差异性、多样性、异质性在逐

渐增长，差异被广泛接受，新的社会秩序可以在消费欲望和需要的多样化的基础上得到预期"。① 尽管全球化产生的文化力量力图在所有国家建构一种"统一性"，以维持一种共享的文化和共同的身份，但是，它却无法消除来自各个国家的文化的差异性。在此，霍尔将对媒介文化的阐释模式应用于对全球化效果的分析上，全球化正在形成这样的一种秩序，那就是：抵抗式"阅读"所产生的来自不同阶级、不同性别、不同种族的"身份"政治正在汇集成一股强大的力量并形成后现代社会的"他者"景观。身份政治和新社会运动成为新的斗争形式。他们强调文化身份的差异性在全球文化秩序中应当获得"认同"，并诉诸各式各样的政治运动（诸如，反核运动、女权运动、反种族运动等等）表达各自的政治诉求。霍尔认为这是社会主义宏观政治策略的转移，微观政治同样能够表达社会主义"平等、自由、解放"的价值诉求。由此，霍尔看到，文化意义上的全球后现代迎来的是一个日渐开放的多元社会。

2. 全球后现代文化正在从"去中心化"走向"新型本土主义"

对全球化的演进趋势的分析也是文化研究学者争议的焦点，法兰克福学派认为，全球化代表了资本主义在全球领域的扩张，媒介文化中信息和娱乐的爆炸则代表了资本实现和社会控制的新资源，再加上跨国公司的控制和限制，② 使得文化愈来愈呈现"美国化"的趋势。霍尔并没有完全否认法兰克福学派的基本主张，而是认为应当以动态

---

① 道格拉斯·凯尔纳：《批评理论与文化研究——未能达成的结合》，载陶东风编：《文化研究》，中国人民大学出版社 2013 年版，第 143 页。

② 道格拉斯·凯尔纳：《批评理论与文化研究——未能达成的结合》，载陶东风编：《文化研究》，中国人民大学出版社 2010 年版，第 142 页。

的、全面的观点辩证地看待这一趋势。他承认全球化对文化发展的驱动性和支配效果，但同时也产生"附带的形式和反向的运动"。因而，全球化除了同质化的趋势，还有一个被称为"差异性的次增值"趋势。因为，全球化的文化产品必须"通过本地电视产业的本土化才能发展"，人们进入西方式"现代化"的过程是缓慢的，这一过程中充满了"本土利益和全球利益的斗争"，人们形成自身的文化主张"不能从不断建构它的相似性和差异性的作用中得以提取，它只能在那一时刻界定文化范围的其他能量关系中得以界定"。① 霍尔主张，被传播国的人们接受文化产品必须是在已有的本土文化背景下，他们对于现代性的理解有时会"从下层偏转或转换现代性规则"，最终形成一种"新型本土主义"，它是对全球化积极的、能动的反映，改写着全球化同质化的效果。

3. 全球后现代文化研究的主题是确认平等、自由与差异的统一

全球后现代社会人们对于平等、自由的追求和对于差异确认的追求是政治领域两股最强劲的潮流。自由主义思潮主张，个人自由、个体选择应当被置于公民权利结构中的优先位置，因为它具有极大的包容性。霍尔对此提出了相反的观点，他举例说，如果自由真的已经成为"普世价值"，那么它就应当关照那些"在全球化系统外进行斗争的第三世界工人们；关照发展中国家起来反对妇女角色的父权制概念的妇女们"，但是显然这一目标在全球化进程中没有得到实现，依靠"普世价值的工具包"解决以上研究中的困难几乎是不可能的。全球后现代的

① 李庆本译：《霍尔：多元文化问题》，open.auul/social science/sociology，2006–10–3。

文化研究必须借助马克思主义的理论资源，探究新的政治形式，将自由、平等和对差异的确认放置同一平台。马克思曾将文化表述为具体的普遍性，体现了特殊性和普遍性的统一。基于文化的身份是一种历史存在，它是一种无形的权力，因为正是它的"缺席和缺失"才显示出它的"在场"，相对于西方的普世价值，它就是一种"他者"。霍尔坚持以马克思主义辩证法的观点分析这一矛盾现象，指出，普遍性应当来自特殊性，离开了特殊性的普遍性不是一种"真实存在"，普遍化应当被视为一种"与不同的东西协商谈判的过程"，当然，这是一个未完成的视阈，也是全球后现代文化研究的一大难题，但却有着极其重要的政治价值。

霍尔的全球后现代文化理论具有重要的理论价值。他没有拘泥于众多文化研究学者的主流评判所形成的理论框架，而是以马克思主义辩证法的视角重新诠释全球化的文化影响力，从对后现代社会特质的分析到文化全球化趋势的预测，都让人感受到这种分析的全面性、深刻性，为我们认识、理解全球化提供了全新的立场、观点和方法。同时，他对后现代文化研究主题的思考，虽然仅仅是作为抛砖引玉的话题提出，但让人感觉到他作为文化研究学者的开放品格和人文气息，以及他作为"有机知识分子"关注"现实"的政治追求。霍尔丰富和发展了文化研究领域马克思主义的全球化理论，并引出了今后马克思主义全球化理论值得研究的新课题。正如金惠敏先生评议的，"霍尔在一个'动态'的结构中将文化帝国主义与它的对抗、将全球与地方相互间的辩证运动一次性地包容了进来，并预见了未来文化的形态——就其对主体性原则的坚持和贯彻而言，是归属于现代性哲学一边的，同时预言了文化帝国主义计划的最终破产，这因而也就是超越了现代性而具有了后现代性的色彩，当然不是法国后结构主义的后现代。"①

但是对于这一理论不少学者也提出了他们的批评。美国文化研究学者道格拉斯·凯尔纳的观点具有代表性，他认为，霍尔对于全球后现代社会"开放性"的界定似乎过于乐观了，事实上，"全球化一直是中心国家强力推动的一场经济、政治、文化的运动，它传递的只是一种价值观，而且让对立的声音浮出水面仍然是一场斗争"。②同时，他认为，霍尔对全球本土主义及其霸权的分析也缺少"经济"这一视角，因而不能够对全球化做出客观的阐释，更多是想象式的建构。他分析指出，形成这一缺失的原因在于霍尔对法兰克福学派政治经济学研究方法和理论立场的放弃，完全走向了以"消费、抵抗、权力"为主题的"后现代式"研究范式。

尽管霍尔对全球后现代文化的研究充满着种种争议，但我们也看到，霍尔对全球后现代文化的预测也在逐渐被全球化的现实所证实。无论是发达国家还是发展中国家，全球化成为驱动力，都在悄然改变着国家或地区的文化结构，同时我们也看到，不同国家和地区提出的"文化主权观"和"意识形态安全观"，起初是在公民层面，后来上升至国家层面对于全球化的"同一化"趋势进行着"抵制"，无论是《文化多样性公约》的制定，还是各国对于民族文化的保护和核心价值观的确立，都显示了全球化所产生的并已无法掌控的"另一种力量"的存在并日益

---

①　金惠敏先生认为，霍尔的贡献在于他看到了全球化运动中两种力量之间的博弈和此消彼长，由此预测到未来一个全球多元化社会的形成。参见金惠敏：《消费他者》，商务印书馆2014年版，第33页。另见，金惠敏：《走向全球对话主义——超越"文化帝国主义"及其批判者》，《文学评论》2011年第1期。

②　克里斯·巴克：《文化研究的理论与实践》，孔敏译，北京大学出版社2013年版，第143页。

强大。霍尔的全球后现代文化理论的生命力正在于此。

综上可见，霍尔的文化研究理论跨越半个多世纪，他的文化理论涉及文化内涵与功能、大众文化、青年亚文化、媒介文化、族群文化和全球后现代文化等多个领域，研究成果之多，研究影响之深，在同时代的思想家中是首屈一指的。综观霍尔的文化研究理论，呈现出如下特点：

其一，霍尔文化理论总体属于"文化马克思主义"学派。霍尔文化理论一个重要前提是对马克思主义理论的继承、丰富和发展。霍尔曾在多个场合评价自己是一个马克思主义者，如果说马克思主义话语在当代有局限，他依旧生活在这种话语局限中。霍尔对大众文化内涵的界定以及对文化具体样态的分析都将着眼点放在"大众"上，坚持了马克思主义人民大众的基本立场。同时，马克思主义的生产理论、阶级理论、权力理论、结构理论等成为他阐释文化的重要视角。他一再强调自己的研究是为了增强马克思主义话语的阐释力，增强其与现实对话的能力。

其二，霍尔文化理论的主线是马克思主义的文化政治观。霍尔的文化理论一直隐含着一名"有机知识分子"对政治的追求。只不过他视野下的政治已经由宏观政治转向了微观政治，由阶级政治转向了青年政治、媒介政治和族群政治。霍尔超越了人类学和社会学的文化定义，他将文化表述为意识形态的斗争场域，关注边缘群体、弱势群体在文化领域发出的政治诉求，并对新社会运动寄予厚望，把它看作政治诉求得以实现的重要实践。实现文化对政治的介入，成为霍尔文化研究的主旨。

其三，霍尔文化理论的开放性、情境性和实践性。无论是霍尔对理论资源的借用，还是他对文化议题的设定，都体现了文化研究的开放性。英国学者普罗克特曾这样形容霍尔，说他无时无刻不在游移之中，他的理论立场和研究议题有着很强的情境性，不仅体现了不断变更的时代命题，更体现了不同学科内容之间的相互借鉴、相互融合。霍尔的文化研究议题是对当代资本主义变化的文化回应，在霍尔理论中始终感受到浓重的问题意识，而问题正是时代的声音，背景、情境成为霍尔文化理论分析的重要依据。霍尔文化议题的变化折射的是当代资本主义战后半个世纪的发展变化，霍尔文化研究的使命感也在于对时代命题的解惑。霍尔的文化理论还有着鲜明的实践性。霍尔认为，文化体现了社会发展的整体特征，文化成为社会发展的"透视眼"。因而，文化研究学者的使命是"介入现实"，改变世界，而为了实现这样的使命，就需要走出书斋，去接近社会现实。无论是青年亚文化还是媒介文化等议题的设定，都是文化研究对于社会发展过程某些具体现象的回应，文化也由抽象的理论考证变为一个个具体、生动的实践。

　　总之，霍尔的文化理论表现出一个马克思主义理论家建构文化理论的努力，他对文化理论一直进行着动态地研究，他的研究成果丰硕，始终保持着马克思主义理论取向，丰富和发展了马克思主义文化理论。

第四章 霍尔文化理论的主要研究方法

霍尔对文化研究的理论贡献不仅仅是丰富和发展了理论本身，同时，他对文化理论的研究方法也为历史唯物主义分析范式创新提供了有价值的思考。有学者认为，历史唯物主义是社会历史理论，同时也是分析范式。这里所说的"范式"有别于托马斯·库恩在《科学革命的结构》里给出的"公认的为实践共同体提供典型问题和解答的科学成就"，而特指一种对社会历史现象的典型阐释模式，这种阐释因为拥有共同的立场、观点和方法被称为"范式"。① 历史唯物主义体现的是宏观分析范式，但面对当今急剧变化的社会存在，宏观分析范式必须注重和微观分析范式相结合。有学者提出历史唯物主义总体走向具体的方法论实现路径，针对具体场域承担总体—具体的方法论指导，才能够对复杂的社会历史整体做出解释。当今社会，社会历史的复杂性表现在，一方面，当今社会发展呈现出经济、政治和文化等社会元素相互分离又相互融合的趋势；另一方面，社会发展产生出新的形

---

① "范式"概念在社会科学中的含义不同于自然科学。中国政法大学张秀琴教授将"范式"概括为一种思维方式、研究方法和研究路径，是一个相对固定的学术共同体所习惯使用的叙述系统。马克思主义理论范式，一开始被表述为"历史唯物主义"范式，最初是由恩格斯提出的，被后来的西方马克思主义学者借鉴，用来表征他们的马克思主义研究取向和方法。参见宋朝龙编：《马克思主义在当代的范式转型》，世界图书出版公司 2013 年版，第 3 页。

式和新的领域，三种社会元素隐于其中，在各自的范围和领域发挥作用。而霍尔的文化研究方法之所以可圈可点，有重要的研究价值，也正在于他的研究论域涉及当代性、资本主义和文化论题，他在这些场域运用了历史唯物主义的基本范式观察、分析文化现象，同时又提出了一些新思想、新观点，构成了文化研究领域的新议题、新方法，使文化研究在告别"经济决定论"的旧教条主义之后不至于走向"文化至上论"的新教条主义，在这一意义上，霍尔的文化研究方法论值得我们去认真探究。

第一节　文化理论的总体性辩证思维

历史唯物主义分析范式的总体性包含两个辩证统一的方面：一是历史唯物主义对社会历史发展趋势的总体性说明，是过程的"总体性"；二是历史唯物主义对社会结构整体变化发展的动力机制及运行规律的阐释，是结构的"总体性"。西方马克思主义学者卢卡奇较早发掘出马克思"总体性"思维原则，并将其看作马克思主义学说的理论建构逻辑。他提出，以往的研究只注重将马克思主义表述为一种必然性结论，而它的理论建构逻辑却被遮蔽了。因而，新的时代马克思主义理论需要"重建"，首先就要恢复"总体性"思维。但卢卡奇所说的"总体性"是否就是马克思思想中的总体性？怎样才是对马克思"总体性"原则的正确理解？霍尔在文化研究中坚持马克思的总体性原则，并借鉴卢卡奇对文化总体性的阐释，以总体性思维建构起文化的理论大厦。

一、总体性思维原则的建构

1.文化维度下的社会结构总体

文化研究的任务之一是去揭示社会历史现实本身。那么，文化维度下的社会结构是一个什么样的总体？如何看待文化在这一总体中的地位？霍尔认为，第二国际马克思主义对社会结构采取了以"决定论"为总观点的描述。即在社会结构整体中，经济因素是起决定性的方面，其他因素都受制于经济因素并由其规定内容和实质、发展与变化。在这样的社会结构中，文化及其他因素都是被动的、从属的和次要的，因而，这样的社会结构成为机械化的机器，没有人的参与，也就失去了主体性维度。

因而，开展马克思主义文化研究，首先就要恢复马克思关于社会结构的总体性思维原则，这是开展文化研究的前提。霍尔认为，仅仅用"决定性"描述社会结构各要素的关系是片面的，不是马克思的本意。马克思确实论证了社会结构中经济的优先性，但是，他并没有将这种"决定"绝对化、模式化，他一直反对"决定论"对文化丰富性的忽视，以及对人们主体选择性的抹杀。

在霍尔的文化研究中，主体性成为文化研究的重要维度，并被他赋予了马克思主义的含义。在霍尔看来，当今文化研究正陷入两难困局。"决定论"束缚下的文化失去了"自主性"，压抑着人的主体性。但文化一旦被从"决定论"中解放出来，又显得"太任性"，有学者对文化的功能进行片面夸大，把文化作为人类命运的救赎工具。针对文化研究的两种取向，霍尔特别强调，文化是一个遵循自身发展规律并日益呈现其对经济社会引领整合作用的能动性、自主性概念。文化的"自主性"是相对的，并不能代替和否定经济对文化的决定规律，因而，他反对单纯从经济视角解读文化，强调从经济、政治和文化多视角的融合整体中理解文化。由这些有活力的社会元素构成的社会结构总体是一个积极的、能动的结构，这样的结构才是对当今日益复杂的社会历史整体的说明和浓缩。

2.对文化"总体性"特征的揭示

马克思主义理论认为，广义上的文化等同于文明，狭义上的文化则专指与精神生产相关的社会领域。霍尔不反对对文化做出广义和狭义的区分，而是认为对文化的解释应当突破经济基础—上层建筑二分法的固化和限制，既体现社会结构总体视阈中的文化，又体现社会历史进程总体视阈下的文化。文化应当成为一面透视镜，通过这面镜子，丰富多彩的社会现实得以全面呈现，人们能够更加精准地对时代特征作出判断。因而，文化研究应当让这面镜子"立起来"。这就需要对文化做出定位，文化到底是什么？霍尔赞同威廉斯"文化是生活方式"的论断，正是因为在这里，文化不仅仅被局限在上层建筑的结构内，而是成为社会存在的一种形式，成为渗透于社会存在之中"无意识"发挥作用、影响甚至改变社会历史进程的重要力量，文化成为社会非线性发展的重要制约因素。文化在马克思主义总体性视阈下被赋予了新内涵，成为人们反思社会的重要视角。霍尔笔下的文化是人类学的、社会学的、语言学的，又是政治学的，他对文化的描述体现了社会发展各学科交叉视角下的研究视野，对历史唯物主义范式在文化领域的创新有重要价值。

3.运用"历时分析和共时分析"相结合的方法去探究文化现象的发生规律

生产方式分析范式是历史唯物主义的基本范式，它是一种矛盾分析法和动力分析法的有机结合，表现为：对于事物或现象的分析不是局限于他们本身，而是放置于社会诸要素相互联系的整体框架中去探讨它的发生根源，在生产力与生产关系、经济基础与上层建筑的矛盾运动中去动态地考察事物或现象的发展逻辑。这一范式体现了历时分析和共时分析的有机结合。霍尔对生产方式分析范式的采纳和重视体现在他对大众文化的阐释中。首先，他将生产方式的变革与发展看作大众文化出现的深层根源。霍尔指出，要清楚通俗文化为何可能成为社会主义政治理想的实现场域，必须了解战后大众文化的出场语境。他引用本杰明的话分析说，机器大生产这种生产方式的极大变革，推动了人们行为和价值观的变化，传统变得支离破碎。整个社会生活出现一种去中心化的趋向。多样化成为时代的主要表征，而大众文化作为这一表征的外在形式就这样出场了。"原有的生活方式在很大程度上与以往工人运动所搏击的范围有很大关系，但现在却很快被新城镇、商品消费和大众娱乐所改变。"[①] 其次，霍尔运用这一范式揭示大众文化政治转向的根源，他认为，这一主题的确立是文化领域面向社会变革做出的自我调整。社会变革的根源在于生产方式，马克思主义理论家必须关注"生产方式拥有者"从单一的阶级主体日益走向分层的现实，关注从原来单一的依托阶级主体实现革命的策略转向推动大众文化领域实现政治诉求的策略，这一"文化政治转向"是时代发展的必然要求，也是马克思主义理论家承载的历史使命。[②] 霍尔以生产方式分析范式揭示了当代资本主义大众文化

---

① 迈克尔·肯尼：《第一代英国新左派》，李永新、陈剑译，江苏人民出版社 2010 年版，第 120 页。

② 甄红菊：《大众文化理论的历史唯物主义阐释——斯图亚特·霍尔的大众文化观评析》，《马克思主义美学研究》2015 年第 1 期。

的发生基础以及微观政治转向的发展逻辑，充分展示了马克思主义"总体性"思维原则在文化研究中的运用。

二、辩证思维方法的运用

1.历史唯物主义包含着丰富的辩证法思想

首先，社会历史的变化过程其实就是社会结构诸要素矛盾的对立面相互依存、相互制约又相互转化的过程，这一意义上，整个社会就变成了辩证统一体，而历史的辩证法就表现为矛盾的辩证运动过程决定的结果和趋势。对此，马克思说，"辩证法在对现存事物的肯定性理解中同时包含对现存事物的否定性理解，即对现存事物必然灭亡的理解；辩证法对每一种既成的形式都是从不断的运动中，因而也是从它的暂时性方面去理解"。[①] 恩格斯也表示高度赞同，说"世界不是既成事物的集合体，而是过程的集合体"。[②] 其次，马克思认为，历史唯物主义作为历史辩证法的范式，应当揭示社会历史的矛盾运动过程，他曾举例说，如果世界上所有的现象都同本质一致起来，那么，科学就没有存在的必要性了。理论家的任务就是揭示蕴含于历史进程中的辩证法，在头脑中运用辩证思维作为指导科学研究的方法论原则。

2.西方马克思主义重构辩证法的路径

"二战"之后的西方马克思主义理论家将辩证法作为重建历史唯物主义的理论突破口。因为他们面对的世界格局已经发生了很大的变化，

---

① 《马克思恩格斯选集》第 2 卷，人民出版社 1995 年版，第 112 页。
② 《马克思恩格斯选集》第 2 卷，人民出版社 1995 年版，第 244 页。

但是以第二国际、第三国际为代表的"正统马克思主义"继续顽固坚持马克思主义的教条主义阐释，他们基于"经济决定论"提出历史发展的线性模式，以马克思"两个必然"作为结论预设社会历史发展道路，而对于发生在西方资本主义国家和社会主义国家的现实问题缺少回应。这样的解释缺乏和西方当代社会现实的对话，成为与现实不相吻合、固守结论的教条主义，逐渐遭到了西方理论家的抵制。他们对"'正统'马克思主义理论家"展开批评，认为"'正统'马克思主义理论家"在思维方式上出了问题，才导致这种局面。造成这种局面的根本问题是马克思主义的辩证思维被舍弃了，从而陷入形而上学唯物主义的阵营中。他们认为，辩证法在当代出现了断裂，必须以此为突破口重建历史唯物主义分析范式。他们尝试以辩证法为理论工具对历史必然性做出说明，并指出，马克思的辩证法应当这样理解：一般矛盾即生产力和生产关系之间的矛盾，是革命发生的根本原因。但是，只有这一矛盾的运动还不足以造就革命的直接形势。只有当这一根本矛盾演变为多种层面的各种矛盾形式并且具备一定的革命时机时，革命才会提上日程。可以说，"当代西方马克思主义者并没有从根本上抛弃必然性逻辑，而是在试图重建某种更为凸显偶然性、从而更具开放性的必然性。"① 对必然与偶然关系的科学阐释成为恢复社会历史进程辩证法的重点。

3. 霍尔重建文化研究辩证法的尝试和贡献

（1）运用辩证思维分析文化的内在演化规律

霍尔认为，辩证法不是仅仅停留在理论层面的，文化研究便是辩证法

---

① 夏莹：《辩证法的断裂与历史必然性的重构——当代西方马义理论进路》，《教学与研究》2014 年第 8 期。

在现实层面的展开。文化研究中辩证法的运用应当着眼于揭示文化内在矛盾与冲突，因为这种矛盾与冲突是社会现实内在矛盾在文化领域的表现。

霍尔曾在多个场合表示，他反对将文化研究理论化的做法，因为文化是静态文化和动态文化的统一。原来的文化研究更多倾向于静态意义的研究，将其界定为"生活方式"。但同时，它又是动态意义上的，是斗争的过程，它的出场体现了社会存在与社会意识斗争的辩证法。文化的动态研究应跟随社会历史变化，从中凝练理论主题；同时揭示文化内在形成机理，论证矛盾的形式，预测文化的发展趋势。其实，文化变迁是社会变迁的一个阐释和说明。从外在功能看，文化与经济、政治等社会领域既是相互区分又呈现相互融合的趋势，而文化政治学本身就是学科融合之后的产物。霍尔的文化政治学致力于对文化变化的研究，通过发掘文化解放人的潜能，找寻资本主义主导意识形态的否定性力量，他以"抵抗"为关键词，以青年亚文化、媒介文化、族群文化等为观测点，探索发现了资本主义主导意识形态的否定性力量。这是文化研究运用辩证思维得出的结论。

（2）引用"接合"新概念论证必然性和偶然性的关系

作为西方马克思主义理论家的霍尔，承袭了同时代思想家对历史必然性逻辑的论证方法，他运用由后马克思主义理论家拉克劳创设的"接合"概念，表达他对辩证法重构的努力。在拉克劳那里，"接合"是一种表示脱离了必然性的纯粹偶然性，拉克劳认为这种新概念的发明正是为了表明他与经济决定论和历史预设论等固化模式的决裂，是对这些决定论的彻底解构。霍尔欣赏拉克劳与传统马克思主义经济决定论的批判态度，但他强烈反对拉克劳对于必然性逻辑的彻底解构。他认为，"接合"可以表示两种社会元素的偶然性连接，但是，这一概念的局限性在于，"对一事物与他事物之间为什么可以接合或者为什么不可以接合的理由再也没有详细的说明"，[①] "他们忽略了促成现状、并仍然对话语接合发挥了限制和决定作用的各种历史力量"。[②] 可以看出，霍尔坚决反对经济决定论，但他继续论证经济决定的有效性；霍尔反对将历史必然性宣布为结论，但他坚持历史发展是有决定性力量制约的；霍尔也认为历史唯物主义的重建需要突出被必然性遮蔽了的偶然性方面，但是他又反对以偶然性取代必然性，主张通过对偶然性的关注、研究，揭示事物发展的必然性逻辑。为此，他赋予了"接合"新的内涵，用以指一事物与他事物在一定历史情境中连接的方式，并将其作为重要的方法论推介到文化研究中，成功分析了"撒切尔主义"何以取得英国资本主义文化霸权和意识形态斗争的胜利。他说，"撒切尔主义"接合了当时英国社会大众各阶层的愿望和目标，抱怨他们所抱怨的，使大众产生一种感觉：撒切尔夫人是他们中的一员，与他们拥有相同的价值观。撒切尔夫人在意识形态战中取得了胜利，她赢得了大多人的认同。撒切尔夫人与大众在这一特定历史情境下的"接合"成为她成功的秘诀。正如保罗·鲍曼评论的，接合不同于后马克思主义的话语分析范式，就是因为它在逻辑建构上体现了历史唯物主义辩证思维。

总之，霍尔在文化分析中坚持了总体性辩证思维，他始终坚持将文化置于动态的历史发展进程之中，置于社会结构的整体框架中，他以辩证的总体观为指导，赋予了文化的"总体性"含义，建构了一个具有"总体性"

---

① Jennifer Dary Slack，"The theory and Method of Articulation", in D. Morley and D. K. chen (eds.), London, Routledge: p.120.

② Hall. S.(1996b), "On Postmodernity and articulation:An interview with Hall" in D. Morley and D. K. Chen (eds.), London, Routledge: pp.147-148.

的文化概念，也为文化研究增添了不同于以往的历史唯物主义新视角。

第二节　文化理论的历史场域分析法

一、历史场域分析法的科学内涵及特征

历史唯物主义历史场域分析法也称马克思主义出场分析法，是指任何事物和现象的分析都应置于一定的历史场景中，注重从当时当地的"语境"出发，揭示具体情境与事物和现象的逻辑关联。历史唯物主义分析范式的创新必须关注全球化时代的历史场景，这构成历史唯物主义的当代出场语境。所谓历史场景，"就是映现在人们视阈中的历史的若干因素之间关系所结成的相互作用的表层结构，是由历史的深层本质结构产生并表现深层结构的历史面貌和场域表象"。① 场域"首先是出场者所处在的社会历史空间，表现为一种出场者和思想出场的'场位'"，"'场'指总体的历史语境，'位'指出场者在这一历史语境中的具体方位，也同时包括出场者选择的立场"。②

1. 历史场域分析法体现出理论研究和历史场景的对应性

历史场域是事件或现象发生的时间和空间，对于事件的阐释应当联系这一场景，这是一切理论分析的"根"。世界上没有无根的思想，任何思想或理论的产生都是面对场景人的积极、能动的思索，马克思曾经

---

① 任平：《论历史唯物主义的当代形态》，《学术月刊》2012 年第 11 期。

② 任平：《论马克思主义出场学的辩证视阈》，《马克思主义研究》2012 年第 5 期。

说，人是社会历史活动的主体，思想或理论的产生正是基于对时空维度的背景下人的主体性活动的呈现。历史场域分析恰恰是揭示出理论研究所应有的主体性维度和客体性维度的有机统一。

2.历史场域分析法强调理论研究的具体性或语境性

任何事件或现象的发生都产生于具体的历史语境，当场景发生历史性变化，也应当据此实现理论形态的变化。因而，历史场域分析尤其重视对于具体历史场景的分析，以及由此引发的理论命题的转移。历史场域分析法反对对理论进行真空式的纯粹思辨式研究，主张理论研究要回到现实，面对现实，以实践为中介，建立理论与现实贯通的桥梁。

3.历史场域分析法突出了理论研究的动态性

历史场域的时空维度决定了这种分析是动态的分析。时空维度标明了事件或现象发生的场位，这种场位不是固定不变的，时刻处于变化之中，历史说到底是"由人们世世代代的感性活动构成的，是不断的出场过程"，[①] 历史场域分析就是要揭示出理论与场景的动态的、历史的联系，揭示新理论形态出场的根据，也揭示旧理论形态必然退场和必须退场的逻辑。

二、霍尔对历史场域分析法的坚持和创新

1.西方马克思主义理论家在历史场域分析上的不同态度

西方马克思主义理论家在历史场域分析问题上呈现出两种不同的态

---

① 魏强、韩璞庚：《视阈与历史：从现象学到解释学发展的内在逻辑》，《社会科学战线》2015 年第 10 期。

度：一种是借口历史场域变化从而否定马克思主义基本原理。他们认为，马克思生活于资本主义上升时期，时代特征至今发生了很大变化，必须根据变化了的资本主义现实状况对马克思主义基本原理进行"修正"，马克思所揭示的社会历史进程的必然性趋势已经不再呈现，这从反面印证了历史唯物主义基本命题以及马克思对社会历史趋势的预测的不科学性，应当结合资本主义现实发展状况创设马克思主义在新时代的命题。

另一种态度则是截然相反的。理论家认为如果修正了马克思主义基本命题，就完全背离了历史唯物主义的方法论原则。他们始终能够坚持史与论的结合，坚持论从史出的分析方法。他们对资本主义现实状况做出分析，认为历史唯物主义分析的宏观范式需要微观化。无论是葛兰西提出的实践哲学和文化革命的思想还是阿尔都塞提出的意识形态国家机器的理论，其实都遵循了历史唯物主义基本原则，只不过在研究方向上，他们实现了历史唯物主义的范式转型，因为他们研究的重点从社会存在转向社会意识、从经济基础转向上层建筑、从单一的经济决定转向综合的多元决定。

2. 霍尔对文化研究历史场域分析法的坚持和创新

霍尔在研究立场上显然属于后者。他坚持历史唯物主义基本原则，将历史场域分析法应用于文化现象的分析。文化研究的历史场域分析法是霍尔对马克思历史分析的继承与发展，所谓"文化研究的历史场域分析法"，就是强调对于任何文化现象的发生、发展的分析，都应将其放置于当时当地的历史环境，努力还原文化现象存在的原初语境，只有这样才会形成对文化现象的深层剖析。

（1）文化研究应坚持"历史立场"

霍尔始终坚持文化研究不能脱离历史发展的进程的观点，这一点尤其体现在他对于文化内涵的分析中。他在对大众文化内涵的研究中反对对大众文化进行历史进化般的描述，认为应当从"历史的立场出发，关注历史的断裂和不连续，在这些时间点上，一整套模式和关系被剧烈地重构和变形。我们需要辨认那些相对稳定的时期，还需要辨认那些转折点，即阶级文化关系在质上被重构和改变的转化时期"，[①]霍尔对于"历史立场"的坚持尤其体现在他对于大众文化与国家之关系的分析中，他始终将大众文化的分析置于国家政治经济制度变革的宏观环境之中，认为文化实践及意识形态的变迁反映了阶级关系的深层变化。在分析足球和斗鸡两种活动时，他联系到家长制的遵从所带给人的束缚和发达工业资本主义基本阶级的分离对大众文化形成的影响。这两种活动的产生代表了人们在不同历史时期的不同表达，斗鸡活动兴盛于封建专制统治时期，它代表了人们对长期遵循家长制传统的抗议和背离。而足球活动在资本主义时期得以推广，它代表人们对结束阶级对抗、培育阶级间新的平等竞争关系的一种渴望。文化理论只有在具体的历史场域中才能得以说明。霍尔对于历史场域的强调是对于历史唯物主义方法在文化研究领域的发扬。

（2）文化研究应重视"历史时刻"的分析

柯林·斯巴克斯曾这样评价霍尔，他说，在霍尔眼中，文化研究最重要的任务不是去认识后马克思主义关于身份如何构建和消解的理论逻辑，而恰恰应当是对历史时刻的"情境分析"。霍尔不同于拉克劳的地方就在于"他的目的在于认识这一历史时刻，并弄清楚如何实现介入，

---

① 霍尔：《大众文化与国家》，载陶东风编：《文化研究》，中国人民大学出版社2010年版，第262页。

而不只是找出这一历史构成的某些看似普遍的逻辑，"① 文化研究要介入现实，这成为文化研究的重要宗旨和使命。他反对对文化做抽象思辨式的研究。他指出文化应当联系现实，也就是要联系事件发生的"历史时刻"，对历史时刻进行阐释和分析，并致力于改变和重塑这一时刻，这样才能将理论与现实贯通起来。"撒切尔主义"就是霍尔对"历史时刻"进行分析并提出介入战略的典型案例。20 世纪 70 年代末 80 年代初，撒切尔夫人作为保守党首领，连续两个任期击败工党政府，使保守党成为英国执政党。霍尔对这一时刻进行了文化视角下的分析，认为她取胜的原因不仅仅在于她对经济和社会政策的积极调整，更重要的是她成功运用了意识形态策略争得了民众支持。他创设出"撒切尔主义"这一概念，用以表征这一"时刻"。对"历史时刻"的分析成为文化研究重要的方法论原则，也避免了它向后现代主义的无限滑动。

（3）文化研究应当以历史情境的分析为起点和根据

纵观霍尔文化研究的轨迹，可以发现他的研究主题一直是变动不居的，甚至给人一种"捉摸不定"的感觉。但是，仔细分析这种变化背后隐含着一种逻辑，那就是理论主题与历史情境的对应性。20 世纪五六十年代，霍尔的研究重点定位于大众文化，他认为是社会经济结构的转型和消费资本主义的时代特征，催生出大众文化这一新的文化样态，工人阶级的阶级感被消解，似乎成为现行资本主义统治秩序的支持者。但真的如统治阶级所愿吗？霍尔在对大众文化的分析中发现了它蕴含着的大众的抵抗力量。由此，霍尔找到文化研究要实现的政治转向。

---

① 　鲍曼：《后马克思主义与文化研究》，黄晓武译，江苏人民出版社 2011 年版，第 75 页。

20世纪70年代，随着信息技术的高速发展，信息化成为时代特征，这马上吸引了霍尔的目光。信息化时代传播与媒介进入文化研究领域，霍尔将权力视角引入媒介研究，发现了媒介文化中蕴藏的抵抗功能。20世纪90年代之后，资本主义全球化呈现出新的特征，以工业资本为主导的经济形态转向知识资本为主导的知识形态，与此相伴生的是以文化为表征的全球统治结构、统治方式的转变。面对全球化进程中差异、多元、分散和反控制等文化景象的出现，文化研究也迫切需要增添新的内容。霍尔做到了这一点，他引领文化研究关注族裔文化、多元文化和差异政治等新议题，与同时代的全球化研究形成一种呼应，并使文化研究走出英国，开始了跨国旅行。可以看出，霍尔对文化研究议题的动态调整，折射出他的思维方式的不断变化，而这一切的最终根据在于社会历史情境的变化，在教条主义者看来，他是一个没有任何立场保证的人，因为他一直在变，但他没有改变的是他保持了理论与现实相互回应的特征。这使他的理论有力回击了教条主义对其理论的误读和抨击。

历史场域分析法成为霍尔文化研究方法论的一大特色，他对历史场域的重视和应用是在文化这一微观视阈继承、创新历史唯物主义分析范式的有力证明，以至于有学者抨击他的文化研究走向了一种新的"历史决定论"，这也从另一方面证实了历史场域分析法在文化研究方法论中的重要地位。

第三节　文化理论的政治经济学分析视角

历史唯物主义方法论体系中，支撑起马克思理论研究大厦的是他对资本主义展开的政治经济学批判。他从商品的分析开始，导入对资本主义生产过程的分析，进而揭示出资本主义社会就是一个被资本原则统治了的制造"异化"的社会。商品不再是满足我们需要的物品，货币不再只是供人们交换使用的媒介，它们都被"资本原则"赋予了新的含义和功能，在政治学意义上它成为统治人、控制人和改变人的工具。人与人的关系也被"资本原则"塑造为商品与商品之间的关系。在此基础上，马克思进而论证了资本主义统治的不合理性以及它被新的社会形态所代替的历史必然性。正是在这一意义上，马克思的理论也被称为政治经济学批判理论。在社会科学研究中，马克思政治经济学批判方法被广为引用。

西方马克思主义理论家在 20 世纪 20 年代实现了马克思主义理论的转向，为了表明自己与"经济决定论"决裂的立场，一部分学者干脆完全放弃了政治经济学批判，直接转向文化和意识形态的批判。有学者对比了政治经济学批判和文化、意识形态批判这两种批判路径的不同：马克思主义的政治经济学批判是从文化和意识形态入手，最终走向了政治经济学批判；而西方马克思主义的文化与意识形态批判则是从资本的批判最终走向文化和意识形态批判。两者都是批判，但显然落脚点是不同的。马克思主义的政治经济学批判找到了触动资本主义统治根基的社会力量和斗争路径，而西方马克思主义纯粹的文化和意识形态批判却至今还是书斋里的学问，顶多是一场知识分子寻求改变资本主义现状的呐喊，非常微弱的声音，带不来大的社会变革。

霍尔作为西方马克思主义理论家的一员，思想上受到西方马克思主义研究传统的影响，也承继了西方马克思主义文化和意识形态转向的理论进路。但是，可贵的是，他并没有像其他理论家一样完全否定、排斥政治经济学批判的方法论价值，相反，他以政治经济学为视角，阐释文化现象和文化实践的发生、发展的进程和本质，开辟了文化研究的政治经济学阐释的新方法和新路径。

一、"经济首要地位"研究立场的申明

一部分西方马克思主义学者认为马克思主义理论的重建必须以"告别经济决定论和阶级本质论"为出发点，因为资本主义当代的生命力似乎"证明"了基于"经济决定论"的"两个必然"结论的失败。他们认为，马克思主义的理论研究就要转向对资本主义"能够活下来"进行阐释，为此，他们找到了文化和意识形态这一突破点。霍尔对于这一转向是赞同的，但是，他不同意完全抛弃经济分析的研究方法。他在多次场合都表达了这一看法。当他在 20 世纪 80 年代初对撒切尔主义进行文化分析时，有学者指责他放弃了经济视角，因而缺乏说服力。他为自己辩护说，他不仅没有放弃经济分析方法，而且是把它放在文化实践的首要制约因素看的。他确实反对纯粹绝对的经济决定论，因为它遮蔽了其他社会因素的能动性和自主性，而社会发展趋势最终是以经济为基础的社会结构各因素"合力"发展的结果，所以经济决定论是错误的，但是文化研究中经济分析的优先性是要坚持的重要原则。

二、文化实践的政治经济语境分析

文化作为社会结构的重要组成部分，有着自身的发展规律，对于整体社会结构日益凸显其重要价值，但是，霍尔并没有因为这一重大发现

盲目乐观，而是非常理性地看到社会发展"语境"对文化的整体制约，这一"语境"被霍尔解读为"政治经济"环境。

首先，文化受制于经济结构的整体规制，"资本主义的生产过程的经济层面具有确实的限制性效果，经济之于意识形态的决定，是前者给操作领域设定界限，给思想提供原料"。[①] 文化变迁的历史，就是一部生产方式变革的历史。无论是文化的出场或转型，背后的决定性力量都是经济结构，是生产方式的矛盾运动在文化和意识形态领域的体现。拿媒介文化的转型来说，在印刷业兴起的初期阶段，纸质媒介如报纸、杂志成为传播业的重要介质，它以生动、直观的文字和图片记录人们的日常生活，深受人们欢迎。但它的生命力没有持续很久，很快就被带给人们更直观感受的彩色增刊代替了，技术的成功推动着介质形式的不断变化，从而推动着文化形式和内容的改变。

其次，文化受制于社会统治结构的约束和限制。无论是对文化内涵的界定还是文化本质的阐释，霍尔都坚持在社会统治结构的框架内对文化加以说明。在文化阐释问题上，仅仅对其做人类学意义上的界定是不完整的，只要存在统治与被统治阶级的区分，文化就应被看作是斗争方式，更确切地说是一个控制与反控制的斗争场域。社会的统治结构成为文化政治维度的必要说明与注解。

最后，揭示文化压迫的经济根源。在文化研究学派中，霍尔更多被称为马克思主义批判学派，因为其理论的风格具有鲜明的批判性，并且批判对象指向资本主义制度本身。霍尔从文化领域的批判入手，分析了

---

① S. Hall, The Problem of ideology Marxism without guarantees, in D. Morley and D. K. Chen, (eds.), London, Routledge: 43.

"异化"的表征：本来消费是自由的，却成为不自主的；本来文化是用来解放人的，却成为控制人的工具；无论是媒介文化、青年亚文化还是族群文化的出场，都内含了资本主义意识形态权力机制的压迫以及固化，从而他们真实的本质被掩盖了。文化压迫的根源在于资本主义统治秩序以及背后的资本主义社会关系。这一点，霍尔表现出同时代思想家所没有的深刻性，他的深刻也在于对政治经济学批判方法的继承和发扬。

三、文化现象的政治经济学阐释

"所谓政治经济学的阐释方法是指对事物或现象的分析采纳政治经济学的视角，即着重剖析事物生成的经济过程，包括生产、交换、分配和消费四环节及其内在关联，从而导出对于事物本质的认识。"[①]霍尔在1973年写作了《电视讨论中的编码与解码》一文，他尝试运用马克思主义政治经济学中对于生产与再生产过程的分析方法诠释了电视话语生产与传播的三阶段，第一阶段是"制码"阶段，即电视话语"意义"的生产阶段，电视专业工作开始对原材料进行加工；第二阶段是"成码"阶段，"意义"被注入电视话语规则，此时的电视话语变成开放的、多义的话语系统。第三阶段也是最重要的阶段，是受众的"解码阶段"，期间受众对于成码进行不同角度的解读，由此形成主导—霸权式解读、协商式解读和对抗性解读三种不同的立场。霍尔的编码—解码理论对于受众的强调开启了大众文化研究的热潮，以至于在此基础上霍尔将大众

---

① 甄红菊、付文忠：《重建马克思主义在文化领域的当代影响力——霍尔的文化理论评析》，《教学与研究》2014年第3期。

文化定义为意识形态进行斗争的场所和统治阶级建构其霸权的重要场域。显然，霍尔的编码解码理论奠定了大众文化研究的理论基础，其重要性不言而喻，尽管霍尔的受众解读模式得到了葛兰西霸权理论的诸多启示，但从总体分析方法看，马克思主义政治经济学的生产四环节（生产—交换—分配—消费）分析方法给了霍尔更多的启发，它使得霍尔从当时流行的"文化的意义追问"转向"文化生产"研究，不仅使霍尔本人开启了文化研究的独特视野，更对后来的研究者提供了有价值的启示。

　　针对文化研究出现脱离经济视角的趋势，许多马克思主义学者表示出担忧，认为文化研究应当结合马克思主义的政治经济学分析，才不至于丢掉根基。政治经济学派的加恩海姆提出，"文化研究偏离政治经济学视角而走向民粹主义和身份政治会付出极大的代价，只有在文化研究与政治经济学的桥梁重新建成后，文化研究的事业才能成功推进"。①这说明，政治经济学研究方法的重要性得到文化研究学派的认同，他们借用马克思主义政治经济学批判模式分析资本主义文化现象，形成了文化研究的政治经济学研究学派，也遏制了文化研究向否定马克思主义宏大叙事的"后现代主义"的滑动趋势。在这一研究方向的开辟上，霍尔确实功不可没。

第四节　文化理论的问题意识与实证分析

　　历史唯物主义分析范式从宏观走向微观、从总体走向具体的实现桥

---

　　①　陶东风：《文化研究》，中国人民大学出版社 2010 年版，第 18 页。

梁和引导方法在于问题意识和实证分析的运用。问题是时代的缩影，有学者指出，后现代时代宏观问题已经逐渐微观化，它体现的是微观场域的社会历史变化，对应着微观场域的研究主题。历史唯物主义分析范式的创新必须面向具体问题，构建微观场域的思维范式，才能够实现历史唯物主义的具体化和时代化。

一、历史唯物主义"问题研究"的内涵

什么是历史唯物主义视阈下的"问题"？为什么要倡导问题式研究？这是由历史唯物主义的具体的实践品格决定的。长期以来，由于马克思恩格斯是从总体上考察的资本主义制度，造成一种误解，好像马克思主义只倡导宏观式的研究方法，而各门具体科学应用的是微观式研究方法。这一点构成历史唯物主义分析范式与其他社会科学研究范式的不同。对此，我国马克思主义研究学者进行了廓清。他们指出，实践性是马克思一直倡导的研究特征，这是由马克思主义要充当"批判的武器"以及要进行"武器的批判"的双重使命决定的。既然马克思主义不仅要解释世界，更重要的是改变世界，那么，怎么能够仅仅进行总体式分析呢？而总体式分析的结论是否正确，也得到人类历史实践中去检验。同时，总体式分析也应当建立在微观分析的基础之上，这样的宏观分析才有了现实支撑点。因而，马克思特别反对理论思辨和抽象化分析，反对脱离生活世界的思辨历史观。"如果我们走入马克思恩格斯浩瀚的著述文献，我们几乎看不到这种由原理、原则、理论要点等凝聚而成的理论框架，而是关于无数具体的历史的和社会现象的丰富的和鲜活的分析，其规律性认识和方法论揭示都内在于这些微观的、具体的分析

之中"。①正是在这些具体的历史的分析中发现了种种"问题"，对"问题"的解答就成为马克思主义建构理论大厦的起点和研究方向。因而，问题研究就成为马克思主义历史唯物论的实践观点的具体实现，它不仅肯定实践对于人类历史发展的重要性，更是将其作为具有普遍意义的方法论去指导各类具体问题的分析与解决。同时，问题意识成为马克思主义研究者践行实践方法论的首要前提。正如马克思概括的，他们所理解的前提是现实的人及其物质生活条件，"这些前提可以用纯粹经验的方法来确认"。②

二、文化理论的问题意识与实证分析

1. 霍尔文化研究的问题意识及特点

面对第二次世界大战后生产方式变革所引起的资本主义的极大调整，西方马克思主义思想家开始了思考，他们基于不同的历史情境，在不同的研究领域形成了一种新的马克思主义思潮，目的是激活或重构新时代的马克思主义。张一兵教授认为，在西方马克思主义研究中具有鲜明的问题指向，表现在"一是对似乎已经在全球范围内取得胜利的资本主义内在矛盾进行探寻与揭示，从而破除历史已经终结的思想幻想；二是着眼于资本主义对抗性本质的发现，寻求新的能够承担起这一历史使命的新的革命主体，并制定新的斗争策略"。③带着同时代人对资本主

---

① 衣俊卿、胡长栓：《马克思主义文化理论研究》，北京师范大学出版社 2012 年版，第 336 页；衣俊卿：《历史唯物主义与当代社会历史现实》，《中国社会科学》2011 年第 3 期。

② 《马克思恩格斯选集》第 1 卷，人民出版社 1995 年版，第 67 页。

③ 张一兵：《国外马克思主义突围与坚守》，《人民论坛》2015 年第 3 期。

义和社会主义的双重思考，作为文化研究学者的霍尔对于社会历史情境的变化始终保持着积极的思考，他几乎"不生产理论"，但他却总是在发现"问题"，他发现了消费资本主义所带来的"无阶级感"问题，发现了被资本主义主导权力驱赶到边缘的群体，他们是少数族裔，他们是工人阶级青年，他们是家庭女性——正是由于"问题"的发现，才使他拓展了马克思主义文化研究的单一维度，也凸显文化研究的人本情怀。可以说，霍尔的文化问题是从"社会现实中生发而成的"，它产生于具体的语境，同时，随着社会历史语境的变化而变化。霍尔的问题意识也铸成了他文化研究的怀疑精神和批判品格。在对社会历史现实的分析中，他发现了法兰克福学派大众文化观的局限性，并提出迥异于这一学派的新的大众文化观；他欣赏拉克劳、墨菲与传统马克思主义的彻底决裂，但又在分析中发现他们离开马克思主义的原则愈来愈远了，所以，他虽然有时自称是一位"后马克思主义者"，但是，他却与后马克思主义理论保持了距离。霍尔的文化研究保持了马克思主义的研究方向，这得益于他研究的鲜明问题意识。

2. 文化理论的案例式研究

文化研究的问题意识是霍尔文化研究方法的一个鲜明特色。对于霍尔来说，文化研究的问题是：各种知识努力的目的是什么？当我们从事知识研究时，对象是什么，为什么要这么做？[1] 缺乏对于这些问题的认识，文化研究就成为理论领域的花架子（中看不中用）。对于现实问题的关注成为霍尔文化研究的一大特色，对于社会科学领域如何用实证方

---

① 鲍曼：《后马克思主义与文化研究》，黄晓武译，江苏人民出版社 2011 年版，第 265 页。

法去捕捉个案、解剖麻雀提供了方向性的思考。例如，在《大众文化与国家》一文中，为了阐释英国这个国家如何通过文化调控实现向市民社会的逐渐渗透，他分别选取了18世纪国家通过完善法律框架使阶级冲突得以重新界定，19世纪新闻界成为国家、阶级和舆论关系中占主导地位的文化类型等实例，在他看来，表面上呈现中立立场、维护正义与自由的英国新闻界使"社会的不同阶级被赋予了发言权"，成为"民意的传声筒"，从而使特定的社会文化关系制度化。无论是法律制度的颁布还是新闻界的组建，都是为了借助这些新的统治方法达到国家—阶级之间新的平衡，以维护国家形象的权威性。霍尔的案例式研究方法为文化研究走出书斋，通过策略性地树立一个"约定俗成的终点"，使文化研究从书斋中走入现实，重视对文化实践的研究，以此建构起理论与现实贯通的桥梁。霍尔对于案例的重视和研究正是马克思主义实践品格和开放性特征的重要体现。

霍尔文化研究的问题意识和实证研究是马克思历史唯物主义实证方法在文化领域的运用。马克思在晚年做的文化人类学笔记中对不同性质的社会形态做了比较，从文化、文明层面对比并揭示文化在社会形态变化中的作用。可见，马克思非常重视实证方法，霍尔在文化研究中形成的这一可贵传统是对马克思主义实证方法的继承与发扬，也是创新历史唯物主义的重要路径。

第五节　现实文化现象的深层剖析

马克思认为，科学的研究方法应是透过现象看本质，通过"对具体现象进行科学抽象，直达最简单的概念规定，然后把这些简单概念展开，最后又回到现实的具体。这时的具体不再是一个混沌的表象，而是一个具有多重规定性和丰富关系的总体。因而，这一方法强调应用理论抽象，通过概念的展开与逻辑运动，逐步展开对于现实的深层剖析，在此基础上归纳和总结出对事物的规律性认识。"① 霍尔在文化研究中对这一研究方法极为重视，认为依靠这一方法，才可能获得对于文化的本质性认识。

一、霍尔对马克思"抽象—具体"方法的阐释和运用

如何对文化现象进行深层剖析呢？霍尔认为应该采用马克思的"抽象上升为具体"的研究方法。霍尔对这一方法的采纳使得文化研究既避免了"本质主义"偏颇，同时也保留了对文化本质的深层追问。霍尔对于抽象分析方法的赞赏首先体现在他在《文化研究：两种范式》中对于结构主义范式的评价中，他认为结构主义的优点在于承认了"抽象"的必要性，即从简单的事实出发，总结和概括出理论，这对于文化研究是必要的，因为理论"抽象"不仅反映现实，还在一定意义上建构现实。但是结构主义也有明显的缺陷，表现在它对于理论抽象予以重视，但却忽视了这一"抽象"与现实运动的关联。霍尔不仅在理论上表达了对于抽象分析方法的基本立场，而且将这一方法运用到他对于文化现象的分析中。他推崇文化研究的文本式分析法，但是，他也指出，文化研究又必须突破文本性，要回到现实中使它成为一个带有各种具体规定性的概

---

① 甄红菊、付文忠：《重建马克思主义在文化研究领域的影响力——霍尔文化研究的马克思主义理论取向探析》，《教学与研究》2014 年第 3 期。

念，通过将这些概念连接为一个"具体的整体"，从而形成对于文化现象的全面、客观的认识。

二、深入挖掘文化现象背后的本质

虽然霍尔反对和抵制"本质主义"对文化研究的影响，但是，这并不妨碍他对文化现象或形式背后因素的探讨。例如，20 世纪六七十年代出现了青少年以怪异方式出现在大街上以宣泄某种情绪的现象，霍尔指出，隐藏在现象背后的是青少年作为亚文化的代表以一种仪式对主导文化秩序的特别宣战；针对英国移民社群发生的文化身份的争论，霍尔提出自己的洞见，他将"三种在场"——"非洲在场、欧洲在场和美洲在场"视为移民社群文化身份建构的本质。正是霍尔对于"本质"的思考使得他的文化研究有了本质意义上的深层思考而不仅仅是一个又一个被割裂的个案研究。

三、重视对文化表象"非决定方面"的辩证分析

在传统马克思主义看来，既然文化研究的任务在于发现"本质"，那么，就应围绕"本质的阐释"创设出完整的理论体系。遵循这样的思路，第二国际马克思主义建构了以"决定论"为总特征的阐释方法论体系。霍尔认为，第二国际马克思主义过于重视"结论的宣布"，而对于这一本质的发现过程缺少清晰的阐释过程与方法。实践证明，只对社会发展的决定性方面分析只是一种理论的抽象，但要描绘现实必须把理论的抽象具体化，需要分析"非决定方面"对事物发展的影响。霍尔明确

表示反对本质主义对事物的简单化描述，但他坚持对事物本质的分析的必要性。在他看来，本质与现象共同构成社会历史的变化，历史唯物主义的阐释方法必须既重视本质，又重视现象。隔离两者关系是对历史唯物主义基本原则的一种背离，马克思本人不是这样开展研究的。正确的方法应是重视过程的呈现，在过程的合理展开中使本质得以具体呈现。而抽象—具体方法就是对此研究路径的概括。

首先，霍尔善于在经济、政治、文化的变迁中解释文化的本质。他极为重视对文化研究的文献梳理，从而发现背后隐含的历史脉络，从发生学的视角将文化现象与社会经济、政治环境有机联系起来。这使文化研究突破了文化本身的单一视野，深入到社会历史现实中动态地考察历史与现实、社会制度与文化等的相互关联，在"相互关联"和"相互比较"中去发现文化的共性和独特属性，从而形成对文化研究的理性认识。例如，霍尔对于大众文化的研究就充分体现了这一点。在对以往文化研究理论梳理的过程中，霍尔对于法兰克福学派基于文化工业发展所提出的大众文化理论做了深入的研究，从而提出与其相左的不同观点。在媒介文化研究中，他也对传播学历史上的各种理论模式进行了对比，从而写出体现历史唯物主义分析范式的《电视话语中的编码和解码》的文献。历史文献的梳理为霍尔深入剖析文化现象提供了丰厚的理论基础。

其次，他关注文化消费，在文化生产与消费的关系中揭示文化消费的实质。与以往重视对"文化生产"过程的研究不同，霍尔将关注点放在了"文化消费"过程的揭示以及对"消费与生产"互动式发展的归纳总结上。霍尔之前的文化理论极为重视"文化生产"的研究，他们认为，文化生产的分析应具有优先性，认为一切文化都产生于"生产过程"，只有以生产为视角才能够揭示出文化现象的本质。霍尔则提出相反的观点，他不否认生产对消费的决定性，但是，不能把这种决定性无限放大。消费对生产也有反作用，对生产什么、生产多少构成了制约。这一制约性表现在文化研究中，就是作为文化商品的"消费者"（也称为"受众"），对于文化生产者提供给他们的文化产品绝不是来者不拒、全盘接受的，他们既有的立场使他们对文化产品或"接受"，或"拒绝"，或"迟疑"，这无疑会对文化工业的发展方向形成制约。霍尔的"受众分析"法揭示出文化现象和其他社会现象的不同，它的"属人性"决定了其研究方法的独特性。

再次，"符号学"分析法被霍尔运用到文化研究中用于说明文化的政治维度。文化现象是一系列漂浮的"能指"，它只具有符号功能，关键是看它被话语赋予了什么特定的含义。霍尔举例说，正如一块石头的存在形态本来就是一块石头，由于它被说成是一种象征，它就有了特定的含义。因而，话语的言说者就具有了某种干预的权力。文化与权力被"接合"，就有了文化的"政治"维度，因而，仅仅对文化本质做出人类学意义上的解读是不深入的，文化的本质应当在于它的政治性的展现。由此，霍尔认为，恰恰是以往所忽视的"形式"的研究帮助他发现了文化的本质。

最后，经验分析法在文化研究中的广泛运用，体现了霍尔作为文化马克思主义学者坚定的历史唯物主义研究立场。"民族志"研究被称为英国文化研究学派的独特人类学研究方法。"这种方法要求研究者亲身深入某一社群的文化，并在其中长期生活，从'内部'提供对该文化的意义和行为的叙述。"① 霍尔虽然对研究者以单一的人类学视角研究文化

---

① 罗钢、刘象愚：《文化研究读本》，中国社会科学出版社 2000 年版，第 25 页。

颇有微词，但是对于"民族志"研究这种"研究者亲自体察"的方法还是持肯定态度的。他认为，历史唯物主义分析就是具体的历史分析，这种具体如何去感知呢？马克思、恩格斯提供了典范，他们经常考察工人阶级社区，了解工人阶级的生活状况，没有这种亲身体验，恩格斯是不会写出《英国工人阶级的状况》这样的伟大著作的。文化研究回到现实、介入现实就需要这样的"参与观察"，在体会被访者生活经验的基础上对他们的生活方式做出分析和阐释。威廉斯将这种对某一群体生活方式的分析称为"经验"分析，认为，这种分析使他发现了文化作为"情感结构"的独特性。霍尔对此给予了高度评价，他认为这是文化研究进程中一个大事件，为文化研究开辟了广阔道路。民族志研究法的意义和价值也正是在于此。霍尔正是在他的学生们深入工人阶级社区调研、接触不同青少年群体的基础上才写成了《仪式抵抗》的精彩文章，充分体现了他对民族志研究法的赞赏和支持。

纵观霍尔文化研究的历程，可以看出，历史唯物主义充当了霍尔文化理论的总体方法论。学术界围绕霍尔的文化研究方法是有争议的，一部分学者认为，他的研究不属于历史唯物主义的分析，因为他所使用的概念、术语已经滑向后现代主义。但大部分学者认为，霍尔在总体上还是坚持历史唯物主义基本原则的，不管术语如何变化，他的马克思主义研究立场始终没有改变。到底哪种观点是更符合事实、更具说服力的，必须经过认真分析，才能有正确的判断。

本书赞同大部分学者的观点，并在以上部分对霍尔的研究方法进行了历史的分析，可以看出：其一，霍尔对历史唯物主义立场、观点和方法的总体坚持。霍尔的文化研究跨越近半个世纪，理论主题不断变更，但始终都有一条不变的主线，那就是对历史唯物主义立场、观点、方法的总体坚持。首先，霍尔的文化研究始终是面向大众、立足大众现实利益的实现从而确立的研究主题。不管是工人阶级文化、青年亚文化还是族裔散居文化的研究，都将关注点放在了被主导权力边缘化、被媒介宣传妖魔化的"少数人"群体，充满了对社会底层人民的人本关怀，这一点，与历史唯物主义人民大众的立场是一致的。其次，历史唯物主义关于"社会存在决定社会意识、社会意识反作用于社会存在"以及"生产力与生产关系的矛盾运动以及由此引致的生产方式的变革是社会发展动力"等基本观点是霍尔极力坚持的观点，以至于每当人们对他做出"非马克思主义者"的误读时，他都再三申明他对于历史唯物主义基本观点的认同。最后，在文化研究的方法上，他极为重视文化研究的出场学分析，认为历史语境是文化得以变化的内在根据。他坚持历史与逻辑相统一的方法，他的文化研究始终是与"历史时刻""接合"在一起的。可以说，历史唯物主义构成了霍尔文化研究的最高指导原则，也是他研究的界限，使他不至于滑向其他什么主义。

其二，具体"方法论"之间既相互区别，又相互交叉和互涉，构成一个历史、辩证的方法总体。针对具体的文化样态，霍尔选择了不同的研究方法，形成了各具特色的具体方法论，而这些方法论之间又是相互交叉、内容互涉的。例如，基于对社会历史发展的历时性分析，霍尔总结出社会历史发展在转型中的特征，以此为根据推动文化研究理论主题的变化，具体体现为文化研究的"问题意识"，问题是时代的声音，时代是问题的基础，霍尔的"问题式"研究在哲学思维方法上表现为由抽象到具体的研究，在具体运作上是社会学意义上的案例式研究。围绕这一研究线索，霍尔的具体"方法论"就有了"整体感"，就构成了一个历史的、辩证的方法论总体，成为霍尔文化研究的全景式框架。

其三，走入微观视角解读宏观历史过程，推动了历史唯物主义的日常生活转向。有学者曾将历史唯物主义在英美马克思主义学界的转向评价为"走出宏观、走向微观""走出理论、走向生活世界"，而霍尔则是深化了这种转向，他以文化为微观视角，建构起理论走向日常生活的通道。他不是躲在书斋里做学问的理论家，"几乎不生产理论"，但是他最大的特点是运用理论去分析构成日常生活世界的青年文化、媒介文化和族群文化等诸多领域，从而将文化内涵从人类学意义上"整体生活方式"的解读逐渐转向政治学意义上"意义斗争的场域和方式"的解读。文化由此获得了一种整体感，成为社会存在的特殊形式，文化成为一面"镜子"，折射出的是整体社会历史进程的变化。如果说历史唯物主义的经济视角也是一面"镜子"，折射出的是社会历史动力机制和运行规律的话，它侧重说明的是社会历史的"客观性"；而文化这面"镜子"则侧重揭示社会历史发展的"属人性"和主体性、主观性。在这里，政治与经济成为了文化研究的"配角"。所以，霍尔的研究是"走进微观、揭示宏观"，历史唯物主义在这里既是望远镜又是显微镜，真正进入了生活世界，而文化则充当了这种贯通的桥梁。

其四，在批判中建构、在建构中批判，保持理论研究在自我反思与借鉴他者资源的张力中开放式推进。马克思的政治经济学分析法也被称为政治经济学批判，因为他是从政治经济视角揭示了资本主义的内在矛盾性以及资本主义必将被新的社会形态代替的历史必然性。但是，20世纪50年代之后，这一历史必然性结论在西方学界遭遇到质疑，马克思主义如何解释这一与历史必然性趋势相左的资本主义所爆发出的生命力现象？作为马克思主义学者的霍尔在文化领域较早提出了"对马克思主义反思"的敏锐话题，他认为，马克思主义文化必须保持对自我的"批判性锋芒",彻底告别教条主义马克思主义"结论"对于文化研究的束缚和限制,寻求时代化的各种理论资源,以丰富和完善文化分析的历史唯物主义范式。霍尔没有固守历史唯物主义的基本原则止步不前,而是大胆接触、吸收和借鉴欧陆马克思主义思想资源,他因此被嘲笑为"没有立场",被讽刺"像喜鹊一样,东抓一把、西抓一把",但是,对欧陆马克思主义借鉴的结果,使他创设出一系列新概念、新范畴和新方法,丰富和完善了马克思主义文化研究范式。

第五章　霍尔文化理论探索的总体评价

霍尔的文化理论是他在资本主义变化的条件下，尝试促进马克思主义和文化分析相结合，从而增强马克思主义在文化领域话语权的探索。霍尔在文化研究中回应了人们对马克思文化观的质疑，坚持了马克思的文化分析框架，并丰富和发展了马克思主义文化分析的视角。在马克思主义文化理论发展史上，霍尔的理论贡献是有目共睹的。但每一个人都不可能超越他所处的时代，霍尔同样也受到同时代西方马克思主义思想家的影响，他的理论探索也有同时代理论家的共同局限性。

第一节　霍尔对马克思主义文化理论的探索性发展

霍尔对马克思主义文化理论的探索性发展是西方马克思主义文化批判理论的重要组成部分，也是西方马克思主义理论家对马克思主义文化理论本土化、时代化探索的成果。对于这一探索，国外学者给予了高度关注。道格拉斯·凯尔纳、丹尼斯·德沃金、保罗·鲍曼、海伦·戴维斯、克里斯·罗杰克等人都高度评价了霍尔的这一理论贡献，认为他捍卫了马克思主义的分析视角，坚持了马克思主义的理论主题。我国学者也对霍尔的马克思主义文化理论探索进行了高度评价，认为他开辟了马克思主义理论创新的道路，从研究内容、研究视角上丰富和发展了马克思主义文化理论。霍尔不仅坚持了马克思主义文化理论的基本观点，而且，在当时的历史语境下促进了马克思主义和文化理论的有机结合。

一、对马克思的文化观进行辩护

马克思到底有没有文化理论？这个问题一直是中西方马克思主义理论争议的问题。主张马克思有文化理论的学者认为，马克思虽然没有准确的文化定义，但是却赋予了文化两种解释。一种是在广义上使用的，把文化和文明通用，意指人类社会的进化状态；二是在狭义上使用，很多情况下将文化和意识形态联系起来阐释。而主张马克思没有文化理论的学者则认为，自由资本主义时期的理论家们，其关注点在人类生存状况的改善上，只不过马克思给出了和西方思想家不一样的解放路径，马克思号召的是经济基础的革命，他的关注点始终是经济领域的生产方式变革，以及建立在这一基础之上的阶级革命。文化问题不是马克思的关注点，因而，在他的学说中没有建起文化理论的大厦。

1. 文化是一幅有待展开的画卷

霍尔认为，以上两种观点都有合理性的一面，但在某种程度上又走向了绝对化。霍尔认为，马克思没有为文化下精准的定义。在对马克思的文本做了再三考证之后，霍尔认为，文化到底是什么，马克思并没有给出精准的定义。"文明或者意识形态这一广义或狭义的说法只是用来描述文化的视角，并不代表这就是马克思心中的文化定义。"① 文化内涵之丰富，马克思在当时的时代还不能够下一个精准的定义。马克思对文化的分析更多是着眼于文化观念的研究，他认为，文化观念具有意识形态属性，是为统治阶级服务的观念上层建筑。封建社会末期，资产阶级提出"自由""平等""天赋人权"的价值观念，这成为资产阶级推翻封建专制统治的思想武器。而资产阶级社会一旦取代封建社会，这些价值观念就成为维护资产阶级统治地位的文化工具了。因而，霍尔认为，马克思更多关注的是思想观念的阶级性和意识形态功能，而对文化本身没有明晰的阐释。正因为如此，马克思才为后人留下一幅还未展开的画卷。文化到底该如何定位，如何分析，它在社会结构中发挥什么样的功能以及如何发挥功能，成为新的时代发展马克思主义文化理论首先需要回答的理论问题。尤其是当资本主义由自由资本主义转变到垄断资本主义阶段，变化不仅仅是发生在经济领域，也发生在社会结构的政治、文化等领域时，抽象化了的经济解读就不能够解释日益复杂的资本主义了。因而，霍尔认为，马克思关于文化的论述虽然不多，但是这一画卷显然需要后人根据资本主义的新变化给予解读。

2. 文化分析应坚持马克思主义的分析框架

如何增强马克思主义对于文化的阐释力？一个理论前提就是需要重读、再读马克思的文献，从中概括提炼马克思的思想要点，然后才能发现马克思思想的精髓。而这一精髓就是马克思留给我们最重要的文化遗产。霍尔认为，当代马克思主义研究最重要的工作就是理解并继承马克

---

① S. Hall, "Culture studies and its theoretical legacies", David Morley and Kuan, *Critical Dialogues in Cultural Studies*, London: Routledge, 996: 237-260.

思的文化遗产。对此，霍尔指出，马克思的文化研究遗产值得我们重新解读，并对如何解读做出了如下概括：

（1）经济基础—上层建筑的框架内的文化定位

马克思为文化研究留下的最重要也最具争议性的是他关于社会结构的二分模式。他认为，如此复杂的社会结构如果用一个模型来展示，就是：社会的底层是由生产方式矛盾运动构成的经济基础，其上矗立着作为国家机器的政治上层建筑和代表统治阶级思想的观念上层建筑。马克思特别强调，这只是一个类比，真实的社会比它复杂得多。但对文化的定位不能脱离这一理论框架。这一框架是文化的作用空间和边界，马克思将文化定位为社会存在的反应，这一反应不是消极被动而是积极能动的反应。

霍尔认为，马克思的文化理论框架应当予以正确理解，否则，便歪曲了马克思思想的应有之义。后来的马克思主义理论家应当沿着这一理论轨道而不是偏离它，才是真正坚持了马克思的思想。长期以来马克思的这一类比被某些理论家夸大为"决定论"，没有得到正确理解。[1] 而马克思所说的"设定界限"没有得以重视。霍尔则是将"界限论"作为理解文化的主要基础理论。

（2）经济、政治、社会等综合视角的文化分析

不可否认，在马克思的著作中，经济视角是他着墨最多、分析最为透彻的领域。他提到，随着生产方式的改进，经济基础会发生变化，建于其上的上层建筑或快或慢地总会发生相应的变化。他认为，社会发展

---

[1]　Stuart Hall, "Culture and Marxism", Collin Sparks, David Morley and Kuan, *Critical Dialogues in culture studies*: pp.72–83.

的规律就在于这种趋势的贯彻。确实，马克思强调更多的是经济的决定方面，而对于上层建筑领域的变革关注得不多，但马克思从来也没有由此得出比这更多的结论。

事实是，马克思并没有把经济视角作为分析文化的唯一视角。在马克思关于人类学的研究中，马克思曾分析到文化在形塑社会结构中的重大作用，他曾概括出，文化的不同导致了社会发展方向的可选择性。同时，在分析资产阶级"自由""民主""平等"等思想时，他也提到这些思想和价值在资产阶级上升时期是进步的，因为它代表的是进步的资本主义对落后的封建主义的否定。然而，当它成为代表资产阶级利益的意识形态时，它又成为现存资本主义统治秩序的维护者，成为先进的无产阶级社会主义文化的否定者和排斥者。可以说，马克思已经观察并预测到未来资本主义社会政治、意识形态与阶级文化的融合现象与趋势，马克思的著作中已经内含了文化分析的经济、政治、社会等多重视角，虽然他对经济视角极为重视，但文化分析的视角并不是不存在的，需要当代思想家认真解读、反复思考，然后将这幅画卷慢慢展开。

（3）资本主义意识形态批判与改变世界的文化双重使命

文化的功能是什么？霍尔认为，马克思是在社会结构整体中分析文化功能的。首先是从经济、政治、文化的辩证决定和交互作用中去审视文化的产生与发展的。社会经济结构对文化具有制约作用，经济结构构成文化的现实基础，经济和文化的交融又共同制约着社会政治的发展状况。正如马克思所言，"权利永远不可能超出社会的经济结构以及由此制约的文化的发展"，[①] 经济、文化制约着人们政治权利、文化权利的享

----

① 《马克思恩格斯全集》第19卷，人民出版社1965年版，第22页。

有和实现。因而，霍尔认为，马克思的文化思想强调文化在人的自由、权利实现中的直接而现实的功能，这其实是一种文化对经济、政治的协同功能。

也正是在这一意义上，马克思对资产阶级文化进行了意识形态批判。在反对封建主义文化中崛起的资产阶级文化，承担着思想启蒙的作用，发挥过积极的作用。但随着资本主义生产方式的不断发展，资本生产成为社会的统治原则。资产阶级文化成为为资本统治的合法性作辩护的文化，完全成为统治阶级思想的代言人，因而失去了合理性。霍尔在重读马克思的《资本论》《政治经济学批判导言》等著作中，逐渐领会到马克思用意识形态批判指代文化批判的缘由。他认为，马克思是在用意识形态批判意指文化批判意欲实现的功能，并且，马克思还看到，批判的武器不能代替武器的批判，意识形态批判必须寻找到可以结合的物质力量，才最终能够起到改变现存社会的作用。霍尔认为，马克思的这一重要论述被许多马克思主义思想家忽略了，以至于使后来的研究者偏离了马克思"意识形态批判"的原初思想蕴含，只注重意识形态批判而没有深入探究和物质力量的结合。这成为以往西方马克思主义意识形态理论的共同弱点。而马克思主义研究只有克服这一弱点，才能够还原和正确阐释马克思主义。

二、建构马克思主义文化理论研究的新视角

马克思主义文化理论在现当代的观测点是什么？应当如何进行阐释？霍尔认为，这是建构新时代马克思主义文化理论缺一不可、相互联系的两个方面。马克思的文化观里包含了重要的阐释视角，只是受到当

时的时代条件限制，这些视角还没有展开。在对马克思文化观进行解读的基础上，霍尔概括、总结了文化研究的几个重要视角，并结合资本主义新变化赋予了这些视角新的解释。

1. "生产"视角

"生产"是马克思主义政治经济学的核心概念，围绕生产理论，马克思建构起对资本主义的政治经济批判的理论大厦。通过对比一般商品生产与资本主义生产的区别，马克思揭示出"资本"作为"能够带来剩余价值的价值"本质。资本主义生产过程不仅生产出有形商品，同时通过生产使更多工人和更多资本家加入这一过程，加固了以此为基础的劳资阶级关系和社会关系。因而，资本主义"生产"的不合理性是社会不平等的根源，财富占有的不平等加大了社会地位的差别。但是，也正是在生产过程培育了资本主义自身的否定和抵抗力量，资本主义生产愈是发展，它的否定和抵抗力量就愈强大。

生产视角同样是霍尔文化理论的重要视角。只不过，马克思关注的是有形商品的生产，霍尔作为文化研究学者，他关注的是意义的生产。霍尔的文化生产理论的基本观点是：

（1）文化生产是马克思主义经济视角在文化领域的运用和发展。在霍尔眼中，文化生产其实就是历史唯物主义经济视角在文化领域的运用和发展，文化作为相对自治的领域，有着自身的发展逻辑，但它又是社会结构的重要组成部分，作为"基础"的经济对于文化有着决定和制约作用，以经济为视角对社会历史过程的分析同样也能够应用于文化现象的分析。

（2）以媒介文化实践为例，构建"文化生产"的概念和内涵。20世纪 70 年代霍尔《编码，解码》一文，借用马克思资本循环模式，分析媒介生产意义的过程。在生产、分配、消费的经济循环过程中，编码者由传统意义上"意义的提供者"转变为"生产者"，解码者由"意义的接受者"转变为"消费者"，文化生产就由一个狭义的"产品提供"转变为建构在生产—分配—交换—消费四环节辩证统一基础上的大生产概念，① 因而，文化生产就不是研究具体产品的生产行为，而是注重揭示生产、分配、交换和消费是如何交互作用，形成文化自身发展逻辑的。这一点，和法兰克福学派"文化工业"理论是完全不同的。法兰克福学派着重揭示文化工业如何作用于大众文化，揭示大众文化的外部作用机制；而霍尔的文化生产则是将经济运行法则运用于文化分析中，注重揭示文化自身的内在性运行规律。

（3）与马克思关注生产的结果不同，霍尔更重视分析生产的制约性因素（资本主导原则，受众原则）。马克思以生产研究为起点，揭示出生产发展的必然趋势；而霍尔则是关注文化生产的各种制约性因素研究。例如，处于解码位置的"消费者"（霍尔称为"受众"），他们的立场或者他们对媒介产品的态度对于生产什么、生产多少就是个制约因素，有时甚至冲击文化生产一贯坚持的"资本主导原则"。因为，资本存在的功能在于利润的实现，失去"消费者"的生产将无法维系，更何况是追逐利润呢？因而，霍尔认为，文化生产不能只是分析孤立的生产行为本身以及推演出一些必然性逻辑，而应将其进行复杂化分析，才可能揭示规律的多样化实现形式。

（4）通过文化生产分析，揭示文化领域抵抗的发生学基础。"消费

---

① 邹赞：《斯图亚特·霍尔论大众文化与传媒》，《中国石油大学学报》2008 年第6 期。

也是另一种意义的生产"，① 表现在文化领域可以解读为：消费者也是意义的生产者，文化生产有两个意义相左的不同方向，消费者和生产者各据一端。他们或协商、或和解，但有时也会产生对抗。消费者的对抗不仅表现在对文化生产"资本主导"原则的挑战，更表现为他们对文化产品所代表的特定立场、价值观的拆解、戏弄和改装。他们生产出自身的"风格"，特立独行，与众不同。他们还拒绝被统一地固化身份，寻求差异和认同。通过对文化生产的分析，霍尔揭示了抵抗存在的社会文化基础。

可见，霍尔笔下的文化生产绝不是套用经济运行法则去分析文化运行法则，而是将"生产"作为视角，探讨文化的生产过程和运行规律。他既强调资本主导原则在文化生产中的推行，又从受众视角分析文化生产的独特规律。由此，他认为，文化生产的进行，一方面生产出符合统治阶级意图的文化产品，对大众社会起到思想的控制作用；但是，另一方面，它也生产出颠覆性和抵抗性社会力量，修改文化生产者的意图。因而，文化生产与消费不同于普通商品的生产与消费，后者使消费主义成为大众社会的同质化意识形态，而前者则始终充满征服与抵抗的张力与冲突，它成就的是一个充满差异的社会。

2."权力"视角

"权力"在马克思主义学说中是一个经济学和政治学交叉的术语，用以指资产阶级凭借对财产的占有对生产过程的控制以及对生产者（劳动者）经济上的剥削和政治上的压迫。马克思对"权力"的分析是批判

---

① S. Hall, "the meaning of new times", David Morley and Kuan Hsing-chen, *Critical Dialogues in Cultural Studies*, London: Routledge, 1996: 222-236.

性的，他揭示出资产阶级的种种政治权力来自于他们对私有财产的占有权，因而，资本的权力是资产阶级一切权力的基础，无论是经济领域、政治领域还是文化领域，都渗透着"资本统治"的原则。社会发展领域的现象，几乎都可以从资本统治的逻辑加以解释。马克思的权力观的特点是：（1）马克思的权力观是根源性阐释的权力观。马克思从生产过程的分析入手，揭示资产阶级权力的"生产"过程，从而得出资产阶级法权不合理性的现实结论。（2）马克思的权力观是"自上而下"的权力观，它着眼于宏观权力或者总体性权力的剖析，因而体现的是一种总体性的分析。（3）马克思还从权力的分析看到权力结构的不合理是引发阶级冲突甚至社会冲突的一切根源，政治权力只是经济权力的表象和形式。可见，马克思对权力的分析直接导向了对资本主义私有财产制度的批判。与同时代的思想家相比，马克思对于权力的分析无疑是深刻的，在当代仍然是阐释社会历史现实的重要视角。

但是，随着社会历史进程日益呈现出的复杂性，"权力"也开始从一个单纯的政治概念变得越来越具有跨学科的特征。当代西方社会权力从"中心主义"越来越变得"分散化"，不断爆发的新社会运动就是明显的例证。新社会运动的参与者是反抗活动的"主体"，他们以斗争的方式对抗"统治主体"，对他们来讲，最重要的斗争场所就是他们的"生活方式"。西方马克思主义理论家认为，马克思主义关注以阶级为轴心的权力，但忽视了其他轴心的权力关系。而现在，这种"去中心化"的权力结构该如何理解？如何阐释这种权力视角下的社会历史现实的新变化？显然，着重于经济分析的马克思主义应当补充一些新的理论资源。

霍尔就是以新的阐释方法出场的马克思主义文化理论家，他在文化研究纷纷"去政治化"研究的当下，依然坚守着文化与经济政治的互动式研究立场，并以权力为视角，重新阐释马克思主义文化内涵、运作机制和历史使命，在文化这一微观场域丰富和发展了马克思主义的权力视角，具体表现在：

（1）以统治关系为内在根据界定大众文化的内涵与功能

什么是权力？西方学者为了阐释权力选择了不同的视角，他们纷纷告别经济视角，代之以社会学视角。他们认为，权力越来越微观化了，只要"A 影响了 B，使 B 做出符合 A 意愿的决策"，这就表明 A 对 B 拥有了权力。权力是复数形式的，从属于任何一个可以去影响别人的主体。因而，文化的主体性是新的时代需要重点研究的命题。

但是，霍尔还是在众说纷纭中坚持了自己的立场。他将权力仍然看作是一个政治学意义上的概念，权力代表的是一种政治学意义上的压迫，如果将这一政治维度抛弃，就是"完全失去了统治阶级/统治观念的主张——就是冒着完全失去'统治'概念的危险"。[①] 而对于权力的阐释，"统治"概念是至关重要的，虽然这一概念面临调整，也不能因此而弱化它甚至要丢掉它。

霍尔对"权力"政治维度的坚持体现在他对大众文化内涵与功能的阐释上。在大众文化的定义上，他使用了"权力"这一概念。他认为，英国文化研究的前身是精英文化研究，利维斯夫妇热衷于精英文化的介绍，他们推动知识界达成了一种共识，那就是，只有高雅的艺术才是拯救人、提升人并解放人的理性工具。再加上法兰克福学派对大众文化被文化工业操控的指控，使得大众文化一产生便被打上了"低劣品质"的

---

① Hall, S., "The discovery of ideology", in Bennett（eds.）, *Culture, society and Media, Methuen*, 1982: p.84.

烙印。霍尔则充当了大众文化启蒙者的角色，他不仅站出来为大众文化的出场辩护，而且指出，大众文化也是文化的存在样态，也有它存在的根据和价值，它的出场本身就是对抗权力的结果。它以自身的存在以及广泛传播证明它同精英文化的分裂，也在"抵抗"中消解着法兰克福学派对它功能的悲观认识；同时它还生产出自身的小众价值观，以示对社会主导秩序的宣战。霍尔运用"统治关系"结构来界定大众文化的出场，用"主导权力与从属权力的张力"来界定大众文化的本质，用"抗衡"和"斗争"界定大众文化的功能，可以说，权力视角被霍尔运用到文化研究中，建构了一个政治学意义上的独特的文化概念。

（2）揭示文化领域的权力生成机制

霍尔不仅以"权力"视角建构起文化概念，而且还具体揭示了文化领域权力的生产、运作机制。在权力的生成中，"统治关系"依旧是内在根据，只不过这种"统治"需要结合文化领域的变化重新解读。在文化领域中，统治关系不是呈现为"资本"对"劳动"的统治，而是表征为社会关系组合中一方对另一方的压迫和另一方对一方的服从。霍尔举例说，在社会学意义上，白与黑；男人与女人；白人青年与黑人青年等就是表征差异的一组概念而已。但是，在资本主义社会这一组组概念却被赋予了特别的含义，用以象征前者对后者的优先性与控制权，二者被赋予了对立的含义。[①] 这一表征隐含了权力的影响，是权力的形式在新的语境下的变化。权力就成为固定某种话语含义、引发社会对立以至冲突的重要根源。霍尔指出，在权力生成中，媒介扮演了中介的角色。表

---

① S. Hall, "New ethnicities", David Morley and Kuan, *Critical Dialogues in Cultural Studies*, London: Routledge，1996: 442–451.

面看，信息资本主义所催生出的新的文化形式是独立的、自治的，它可以自由表达自己的主张，立场是公正的、中立的。但是，在资本主义价值观主导社会秩序的大格局下，媒介的立场必须与资产阶级主导立场保持一致，它必须"代人说话"，表达出貌似中立的观点，以此引导人们无意识地"服从""认同"它们的立场。因而，在文化领域，媒介的观点带有诱导性，它是权力实现的重要依托工具。霍尔还分析指出，文化领域权力斗争的核心是话语权的争夺。与马克思关注经济权力的本质及实现不同，霍尔将关注重心放在了权力斗争的形式上，马克思认为有效的斗争形式就是经济斗争，不仅仅是砸烂机器、不仅仅是要求八小时工作制，最终要将斗争的矛头指向资本主义制度本身。霍尔则将宏大使命微观化了，他认为，文化领域权力争斗已经转变为话语权的争夺。话语权是指主体对事物的界定权、解释权、规划权。霍尔反对后马克思主义将一切都看作话语的主张，但他认为，话语概念的提出是这个时代理论的伟大革命。因为，社会正是按照话语的方式来运作的，话语实践也成为社会实践的新的表现形式，因而，文化领域权力的争夺就表现为谁享有了事物的定义权以及规划权，文化也就成为这样一个主战场，各种话语纷纷登场，但是谁是最终赢家，还取决于参与话语实践的主体力量。"围绕这种话语领导权，必然会有某种社会观点占据上风并赢得信任。这就重新提出了'不同社会利益'的概念以及'斗争场所'的符号概念，使它们成为语言和重大研究工作的考虑对象。"①

可以说，权力视角的运用使霍尔的文化研究具有了一种全新的视

---

① Hall,"The discovery of ideology", in Bennett（eds.）, *Culture, society and Media, Methuen*, 1982: pp.77-78.

阈，文化成为经济学、政治学、社会学、语言学等多学科交叉视阈下的崭新概念，这一点，突破了马克思对权力视角的单一线索论证，不仅对权力进行了新时代条件下的解读，更是使权力从一个宏观概念转变为微观概念，促进了权力视角在更广学术领域中的应用，对于马克思主义建构、丰富权力视角是一个重大发展。

3.意识形态视角

"意识形态"是马克思主义学说最具批判性的视角。在《德意志意识形态》中，马克思将意识形态描述为一个否定性概念，用以指称资产阶级的"虚假意识"。他并不反对资产阶级作为思想旗帜的民主、自由、平等这些价值本身，他关注的是这些原本代表人类精神价值追求的美好字眼如何在资本主义制度下走向了"解构"，或者说走向了这些价值本身的对立面。正是在这一层面上，资产阶级所宣扬的"意识形态"就变成了"虚假意识"。意识形态概念之所以重要，不仅是因为它代表了马克思对资本主义批判的深度，而且在于"意识形态"在马克思视野中具有总体性特征，他以意识形态阐释一个时代的思想观念，因此"意识形态批判本质上就是一种元批判理论，亦即最高层次的批判理论。——而元批判的本质是去意识形态之蔽——真实的人类史和现实生活才会显现出来"。① 可见，马克思的意识形态理论开辟了我们观察、分析社会最重要、最具深度和高度的视角。

正因为如此，马克思的意识形态批判精神与方法为西方马克思主义学者所继承，在思想家们看来，他们所做的就是要保留、延续并发展马

---

① 俞吾金：《回到马克思的批判理论——当代西方马克思主义意识形态理论》，《国外社会科学》2014 年第 1 期。

克思的思想传统，而他们的思想主旨也在于"去意识形态之蔽"，去透视一个真实运行的资本主义制度。

霍尔作为英国马克思主义文化研究的代表人物之一，意识形态成为他对文化的分析最重要的视角。他不仅延续了西方马克思主义关于意识形态研究的社会学传统，而且创新了文化与意识形态相互融合的"扩容"路径。他对文化与意识形态融合的可能性进行了分析。他指出，文化代表群体生活方式，这是人类学视角的定义。但仅仅这一视角下的定义还不能充分说明文化的本质，因为文化政治学视阈下的文化是意义斗争的场域，是意义的图谱（地图）。文化潜在于一个人或群体的思维模式之中，是"无意识"的"情感结构"，因而它发挥作用是潜移默化的，是沉默的"在场"。霍尔认为，想要描述文化的这种"在场"，意识形态是最重要、最具阐释力的视角，在这里，霍尔扬弃了马克思对意识形态的否定性内涵，而是用意识形态的中性概念描述社会文化在人类意识层面的运行及有效性的基础。在此，霍尔表达了文化与意识形态的关系：不能把文化等同于意识形态，但是意识形态是最能说明文化现象的概念，以意识形态为中介，文化才能发挥对于社会整体的功能；一个社会意识形态的结构状况也决定了文化发挥作用的大小。因而，霍尔认为，文化与意识形态的这种互相依赖、互相影响又互相制约的关系使得文化与意识形态的"融合"不再变得不可能，在政治学意义上，文化几乎成了意识形态的代名词。而文化研究要做的，就是要对意识形态视阈做出既符合马克思主义基本精神，又具有时代特征、具有现实说服力的新阐释。

如何实现文化与意识形态的融合呢？霍尔在文化研究中采纳了这样几种路径：其一，总体性"意识形态"的批判路径。霍尔认为，马克思的思想最突出的特征是毫不妥协的批判精神。他的批判之所以有力，在于他对资本主义透彻入理的分析是有说服力的。如果丢掉了马克思这一宝贵的思想传统，就失去了文化研究的"批判性锋芒"，成为令人生厌的纯粹的理论思辨。霍尔以大众文化为分析对象，揭示出马克思在生产过程中发现的"异化"同样存在于文化领域中，大众文化打着"服务大众"的旗号，却完全被资本原则所支配，而真实的大众意识形态却在大众文化中得不到表达，人们看到的是被"修饰过"的"大众意识形态"。文化本来是解放人的力量，是意识形态的真实表达，但在资本原则的支配下，在资本主义权力的干预下，它却只能表达一种声音。正是这种"异化"的文化成为统治人、控制人、改变人的工具。霍尔对于文化领域"异化"的揭示无疑是深刻的，也是对马克思批判精神与方法的继承和延续。其二，基于市民社会分析的意识形态领导权的实现路径。在英国文化研究历史上，阿尔都塞的意识形态理论与葛兰西的文化霸权理论对于霍尔理解、阐释并创新意识形态视角具有极大的推动作用。霍尔并没有全盘接受他们的理论，而是综合他们各自的理论优点，提出"文化领域的政治转向在于争夺市民社会意识形态领导权的主张"。① 他认为，在当代资本主义社会，国家与市民社会的分离是不可争辩的事实，作为统治阶级的资产阶级力图运用意识形态的力量牢牢控制住市民社会，使大众在立场上与统治阶级的要求保持一致。这已经成为资产阶级的"统治技艺"。为了说明这一点，霍尔以"撒切尔主义"的形成为例，对其赢得大众赞同、击败英国工党取得连任的结果做出了意识形态视角的分

---

① ［美］道格拉斯·凯尔纳：《文化马克思主义和现代文化研究》，雷保蕊译，《上海行政学院学报》2006 年第 9 期。

析。因而，文化研究应当服从于、服务于政治学转向的宗旨，应当对于资产阶级夺取市民社会领导权的意识形态策略给予揭露，同时对大众争夺意识形态领导权进行理论启蒙。霍尔为此对大众文化寄予厚望，认为这将成为意识形态斗争最主要的场域，也是关系谁胜谁负的决定性场域。其三，基于边缘群体或少数群体身份政治的话语建构路径。霍尔文化研究的一大特征在于，他对处于社会边缘群体或者少数群体命运的关注。他认为，文化研究既然以大众文化为研究对象，就必须时刻关注这些大众中的"小众"，因为大众是个抽象的概念，它是无数"小众"的集合体。而在文化资源的分配中，这些"小众"被"权力"驱赶到"边缘"位置，他们一直都在"被言说"，利益要求得不到真实的表达。霍尔曾举例说，伯明翰文化研究中心一批女性学者成立了妇女研究小组，她们出版了文集《妇女有话说》，然后她们对霍尔说，"你可以闭嘴了"，尽管这话有些不礼貌，但是霍尔认为，他必须接受这样的"警告"，因为他再也不能"代她们说话"了。① 对于青年亚文化的研究，他也对于被媒体歪曲宣传的"邪恶少年"进行了研究，描述出他们对主导社会秩序的叛逆、不满和对抗。对于种族文化他也给予了同等的重视，揭示历史语境对他们身份建构的深刻影响。作为边缘群体、弱势群体的"小众"，理应得到文化资源的分配权，他们的身份吁求值得文化研究学者重视。

综上所述，霍尔的文化研究带有浓厚的意识形态色彩，意识形态也成为他建构马克思主义文化理论的最重要视角，他不仅使马克思的意识形态批判的精神和方法在文化领域得以延续，而且开创了意识形态与文

---

① S. Hall, "Culture studies and its theoretical legacies", David Morley and Kuan, *Critical Dialoguesin Cultural Studies*, London: Routledge, 1996: 237-260.

化相融合的新路径，有学者将这种路径称为马克思主义文化研究新文化—结构主义的转向，对于我们在新时期理解、运用意识形态视角去分析、阐释文化有着重大启示。

4.阶级视角

阶级性是马克思主义学说最鲜明的特点之一，阶级视角也是马克思主义学说区别于其他理论或学说的鲜明特征。马克思认为，阶级是社会历史发展中的一个重要范畴，所谓阶级，就是指基于他们在社会生产过程中的分工所形成的对立群体：其中一部分人凭借对生产资料的占有而能够无偿占有另一部分人的劳动果实。阶级是一个客观实在，是社会不平等的重要原因。因而，在马克思看来，阶级是一个经济范畴，是经济学视角下的社会分层定义，阶级冲突最终导致阶级矛盾激化，最终引致社会发展制度的变更和政权的交替。马克思的阶级学说突出特征在于：其一，在阶级基础上，突出了社会分工中的经济利益的占有状况的不同；其二，在阶级功能上，突出了它直接推动社会历史发展的动力作用；其三，在阶级关系上，突出了两大群体的对立性，认为这种对立表现在政治结构上就是统治阶级与被统治阶级的形成，表现在利益分配上就是一个阶级对另一个阶级的支配控制权。

遗憾的是，马克思的阶级观在西方资本主义国家被歪曲地阐释，教条主义者对其进行了"阶级还原论"的理论定位，提出阶级是观察、分析一切社会现象的根源所在。因为社会发展是被经济决定的，而阶级又是经济的外在体现，所以，他们提出，在当代资本主义国家，生产资料的私有制决定了阶级之间的矛盾是无法调和的，阶级斗争是无论如何都避免不了的，必然导致资本主义制度的覆亡。而正是这一"必然性结论"的宣示，使马克思主义的阶级观失去了对当代资本主义国家变化的阐释力。

第二次世界大战之后的资本主义国家，大多提出建立福利国家的计划，他们动用各种策略瓦解工人的阶级意识，阶级矛盾有所缓解，现实中似乎见不到马克思时代大规模的暴力冲突了。更有学者顺势提出了阶级趋同论、阶级消失论或中产阶级论，宣告马克思主义的阶级观已经过时了。

当代西方马克思主义理论家面对被曲解的马克思主义阶级观，他们迫切需要承担起恢复、重构面向现实的马克思主义阶级观的重任。他们既没有盲目坚持马克思关于阶级问题的刚性论述，也没有放弃马克思阶级观的基本立场。面对资本主义现实的阶级结构变化，理论家们重新解释阶级观，以激活它对现实的说服力和阐释力，使它再次成为社会现实分析的重要视角。

霍尔坚持了西方马克思主义理论家在阶级观问题的基本立场，他以阶级为重要视角，去观察、评析社会文化现象以及其背后的社会历史发展进程，从而使阶级视角在文化研究中再度成为西方学者的热门选择。

（1）对战后资本主义国家流行的"阶级消失论"进行有力驳斥

针对第二次世界大战后建构于"福利国家"神话基础上的"阶级消失论"和"中产阶级化"思潮，霍尔进行了有力驳斥。1958 年，霍尔在一篇论文《"无阶级感"》中表达了他对"无阶级感"的看法。从表象看，工人阶级似乎真的"消失了"，他们摇身一变，被涌入了"消费大军"成为一名"无阶级感的消费者"，然而，事实是这样吗？霍尔首先分析说，英国阶级社会的统治基础从未动摇过，无论是战争的方式还是和平的方式，都没有改变资本主义阶级社会的本质。直到现在，英国资本主义还是可以被称为统治与被统治的社会，统治关系始终是政治权力的核心。其次，工人阶级真的消失了吗？真的没有"阶级感"了吗？霍尔认为，"消费主义时代工人被改变的是他们的'生活方式'，他们有着向上流动的欲望，但是作为阶级身份表征的利益分配机制却最能说明他们的处境和地位"。① 资本所得远远大于劳动所得的经济学"定律"，已经决定了工人阶级不可能消失在"消费大军"，工人阶级在福利国家神话的破灭中也看到了这一点。

（2）建构阶级视角下的文化研究风格

英国文化研究早期就有着无产阶级的鲜明立场。威廉斯、霍加特、汤普森等第一批文化研究旗手都曾任职于工人阶级成人教育机构，他们为提升工人阶级知识水平做了最基础的工作。他们开创了英国文化马克思主义这一学派，使阶级性这一马克思主义理论传统得以延续并在以后的理论研究中得以应用和拓展。霍尔作为这一学派的重要成员，在文化研究中延续了这一传统。怀着对工人阶级深切的同情，他时刻关注在资本主义统治结构中被边缘化的人群，尤其是对青年亚文化的研究，更是将关注点放在"工人阶级青少年生活方式"上，揭示出工人阶级青年在资本主义社会的现状以及被"收编"的命运。阶级性成为霍尔文化研究的鲜明风格。

（3）整合了阶级的宏观性和微观性视角，拓宽了阶级视角的含义

马克思的阶级视角是基于阶级分析而对社会历史现象做出的阐释，是宏观意义上的政治学分析；而社会学视阈下的阶级视角则着重揭示阶级对个人生活方式的影响，属于微观意义的社会学分析。霍尔对于阶级视角的创新在于，他整合了政治学和社会学视阈下的阶级视角，提出了兼具政治学和社会学维度的阶级理论。在霍尔的文化研究中，阶级既是

---

① Stuart Hall, "Culture and Marxism", Collin Sparks, David Morley and Kuan-Hsing Chen, *Stuart Hall: Critical Dialogues in Cultural Studies*, London: Routledge, 1996: 71-102.

他用以解释社会文化现象的主导线索，又是他用来分析微观场域文化斗争形式和动力的理论基础。在《编码，解码》一文中，霍尔就论述了电视话语中存在的阶级斗争形式。编码者和解码者的阶级立场不同决定了他们的观点、看法的不同。围绕如何解读编码者（生产者）的意图，他们的分歧产生并发展到对立，形成一种"抵抗"态度——霍尔用"回到马克思"形容他在传媒研究中的重大发现，文化就是"利益"的汇集，它本身就是围绕阶级利益而斗争的场域。同时，霍尔还借用后马克思主义的话语理论，提出"符号的阶级性"的论断，认为"话语与阶级存在必然的一致性"，① 话语斗争围绕着群体感、身份、认同等目标的实现，这些都代表着阶级利益更加细微化的利益诉求，因而，话语不是去阶级化的，而是阶级斗争的新的表征。

可见，霍尔引用并创新了马克思文化观的以上视角，这些视角不仅构成文化理论在现时代的理论观测点，而且形成一个整体性、立体化、全方位的阐释视角，这符合现当代文化愈来愈复杂的现实，也有助于我们能够以马克思主义的观点深入研究、透视文化的发生与发展，增强马克思主义文化理论的阐释力。

三、重构马克思主义文化理论研究的新范式

第二次世界大战之后的资本主义时代，已经发生了很大的变化。文化从以前的从属地位中逐渐获得了独立性，与经济、政治既相互分离又

---

① 王斌：《斯图亚特·霍尔的马克思主义语言哲学及其文化研究》，《文艺理论与批判》2012 年第 2 期。

高度融合，不仅体现出其对社会整合的强大功能，更是成为推动社会转型的重要力量。这些时代特征的变化，迫切要求马克思主义文化理论有所创新，而在理论创新中，文化理解范式的完善、补充和发展则成为核心和关键。因为，正确的方法论原则是建构、推动理论向前发展的重要前提。因而，学术界对于丰富和发展马克思主义文化理解范式呼声甚高。尤其是，马克思当时创立历史唯物主义理论时，正是以往被封建主义束缚而现在被资本主义推动的生产力高度发展时期，马克思看到的是经济力量对社会发展的刚性推动，看到的是一个由生产力解放而形成的新的社会发展图式。因而，马克思、恩格斯虽然从没有把自己的学说表述为经济决定论，但是经济视角或者说基于生产力概念的生产视角成为马克思主义占主导地位的视角，它是如此重要，以至于遮蔽了被"经济"掩盖的其他论题。因而，在马克思创立的马克思主义理论中，文化理论的薄弱也就可以理解了。我们不能苛求前人的完美，但是这一点也确实构成马克思主义理论的时代局限。马克思主义文化理论的发展迫切需要突出原来没有得以充分阐释的文化维度，使文化成为分析当代社会现实的重要理论视角。

西方马克思主义率先提出了这一命题。在他们看来，马克思主义就是历史唯物主义，他们要做的，就是继续探索当代社会历史进程，对其外貌进行辩证化描述和阐释。他们一直保留着马克思历史唯物主义的"实践旨趣"，在密切关注当代资本主义国家变化的基础上，重建马克思主义的阐释体系。他们有的发出"回到马克思"的感慨，有的提出"与马克思同行"的时代命题，以恢复、补充和完善历史唯物主义分析范式为理论生长点，突出马克思主义的时代性，他们的可贵探索确实推动了马克思主义理论的创新。

霍尔就是从这些理论家中脱颖而出的文化研究学者，他的文化研究也促进了历史唯物主义理论与英国文化研究的有机结合，尤其是促进了文化研究中历史唯物主义分析范式的创新，主要体现在以下几个方面：

1. 对文化维度下社会历史现实的型构与特征进行了分析

首先，文化是理解、分析当代社会变化的重要视角。马克思创设了历史唯物主义的经济视角，社会历史的发展显现的是经济规律的客观性及强制性。从这一视角出发，马克思将社会历史过程描绘为一个"自然历史过程"，社会历史发展呈现出有规律的线性发展轨迹。霍尔并不反对经济视角的历史发展解读方式，但是，他认为，社会历史进程的多样性、复杂性显现的绝不仅仅是经济的力量，还有政治、文化等其他因素的作用。恩格斯晚年也曾提出过"合力论"，他对旧唯物主义的纯粹经济解读进行了批判，对历史唯物主义的阐释方法提出了中肯的建议。历史唯物主义的阐释必须面向当今时代变化，这种变化在经济、政治、文化等领域都是有所体现的，因而，针对历史唯物主义文化维度的不足，必须以文化为视角，加强对文化的研究，对于当今时代变化做出合理的分析与论证。

其次，文化成为当代资本主义变化的重要原因。霍尔指出，第二次世界大战之后资本主义世界呈现的一系列新变化，都可以从文化上得到解释。以往历史唯物主义分析范式在于为社会发展找到一枚万能的经济钥匙，并认为这是破除一切神秘主义的途径。但是，第二次世界大战之后的资本主义世界呈现出的特征，无论是消费资本主义还是技术资本主义，都既是一个经济概念，又是一个文化概念。因为这种变化的突出表现在于人们生活方式的变化，在现实中，工人阶级原有的生活方式被打破了，消费成为他们日常生活中谈论的话题以及改善生活状况的推动力，这时阶级感退居其次了，他们向上层流动的欲望远远超过砸碎机器、捣毁资本主义制度的宏大使命感。霍尔认为，威廉斯将文化表述为生活方式建构了文化向通俗化转变的通道，通俗文化是消费资本主义的重要时代表征，但同时也应辩证地看到，当代资本主义的变化突出表现是文化的变化即生活方式的变化。即便是资本主义统治方法有所改变、资本主义阶级矛盾有所缓和等现象，也有深刻的文化内涵，可以从文化的解读上做出解释。而"未来社会主义革命的可能性和策略问题也必须重视文化领域的领导权问题"。① 文化不仅仅是表征，也成为阐释当代资本主义变化的重要概念。

最后，文化的差异表征了社会历史的复杂性、多样性。在社会历史观上，霍尔反对对其进行公式化的简单描述，认为社会历史的复杂性、多样性才是历史的真实面貌，这一点在文化研究中得到了呈现。在霍尔的研究中，文化始终是历史的呈现和外观，历史作为一种"在场"型构了文化所特有的立场、观点和方法，而文化之间的差异也正是社会历史复杂性的外在表征。"差异"是第二次世界大战后所谓"后现代"文化的典型特征，"差异"具体体现在文化主体的不同上。20 世纪 80 年代末 90 年代初，族裔文化研究成为理论界的重要议题。霍尔没有完全采用后殖民主义的文化研究范式去阐释族裔文化的实质，而是从三种"在场"（美洲在场、欧洲在场和非洲在场）的分析出发，揭示历史与文化之间的紧密关联，族裔文化成为三种"在场"的交叉点，互相排斥又紧密结合，构成族裔文化特有的复杂特征，这里成为权力的角逐场，族裔

---

① S. Hall, "Culture studies and its theoretical legacies", David Morley and Kuan, *Critical Dialogues in Cultural Studies*, London: Routledge, 1996: 237–260.

散居的人们想在此处安身立命、找到生存的支撑点，但他们又痛苦地发现"非洲在场"是那么挥之不去，成为他们身份的烙印，使他们渴望得到的新的身份成为一种虚幻的追求。族裔文化是矛盾的、无法言说的，它以这种无声的方式言说着一部历史。霍尔的分析是深刻的，他从具体的文化形态入手生动地揭示了社会历史的复杂性、多样性，为历史唯物主义从文化维度上阐释社会历史提供了重要启示。

2. 创新了历史唯物主义的叙事方式

资本主义上升时期，社会结构单一，同时阶级矛盾尖锐。马克思创立历史唯物主义无疑会受到这种客观因素的制约，因而，我们看到，历史唯物主义呈现给我们的是一幅关于人类历史整体的画卷，关注总体变化、进行规律分析就成为历史唯物主义的重要特征。但是随着当代资本主义作为一种社会形态逐渐走向成熟，它的社会结构也逐渐向精细化发展，宏观的历史唯物主义叙事方式迫切需要创新。有学者对20世纪后半叶哲学社会科学的研究范式变化做了这样的概括，"最大变化或者创新就在于对上述宏观理论范式和现代性所代表的宏大叙事的批判和解构，从而使一种以微观视阈和微观权力为关注对象，拒斥宏大叙事，保护多样性和差异的微观理论范式开始走向自觉"。①

用这样的评论来形容霍尔是再恰当不过了。在分析了第二次世界大战后英国资本主义新变化之后，霍尔以大众文化为观察点，将关注重心放在了具体的、日常生活方式的研究上，建构了文化研究一个又一个具体的场域，从战后工人阶级文化到青年亚文化、从媒介文化到族裔文

---

① 衣俊卿、胡长栓：《马克思主义文化理论研究》，北京师范大学出版社2012年版，第328页。

化，都倾注了他的心血；同时，他借鉴马克思主义各种思想资源，把一些新概念引入研究，实现了历史唯物主义的话语创新。可见，霍尔并没有像其他西方学者那样完全走入微观场域却抛弃了宏观分析，而是始终保留并坚持了历史唯物主义宏观分析的方法，在历史唯物主义的方法论总框架下探讨文化具体场域下的日常生活世界问题，在微观场域具体揭示了社会历史的丰富内涵，形成"微观视阈和宏观视阈相结合、社会诸领域内在融合的社会历史分析风格"。①

3. 抵制旧唯物主义对文化的"反映论"式理解

在西方马克思主义思想家看来，"文化"在马克思恩格斯的文献中没有太多描述，是一个"需要拓展"的概念；而在第二国际马克思主义那里，文化又被当作"经济基础"的直观、机械反映，作为"被决定的因素"存在于上层建筑层面。这样的文化观与资本主义社会历史现实是不相符的，因为，西方思想家看到的是，文化作为社会发展的能动力量愈来愈显出它的存在力，并且，它与经济、政治的高度融合以及它对社会存在的渗透已经不能再机械照搬"经济基础—上层建筑"被固化的"二分"模式了。文化研究首先要冲破被教条主义固化了的基础——建筑的分析框架，使文化成为一个"自主"的概念，才能够实现马克思主义文化理论的创新。

抵制旧唯物主义对文化的"反映论"式理解，首先需要对"基础—建筑"的分析框架进行科学阐释。霍尔在反复解读马克思的著作中，获得深刻认识。他认为，"基础与建筑"在马克思看来仅仅是个比喻而已，

---

① 衣俊卿、胡长栓：《马克思主义文化理论研究》，北京师范大学出版社 2012 年版，第 328 页。

而教条主义马克思主义却把它作为公式看待，夸大了它的定位作用。文化已经不能仅仅被限制在上层建筑的范围内，在现实中它是作为贯通经济基础与上层建筑的桥梁和中介而发挥作用。文化必须恢复它的整体性，才能够呈现出社会历史的复杂变化。

其次，霍尔在研究中尤其重视文化的实践性这一曾经被忽略的特质。在霍尔看来，文化的实践性表现在文化在社会历史进程中的创造性，作为社会历史的重要维度，文化的发展能够产生出多样化的主体和意识形态。这也是推动甚至改变社会历史进程的重要力量。文化绝不仅仅是社会历史进程的"反映者"，它通过转化为改变世界的物质力量，发挥它积极的能动作用。

总之，文化不仅是马克思主义理论家关注的场域，也成为资产阶级关注的场域，这一场域如此重要，以至于统治阶级也在靠近它并试图掌控它。这一发现启发了霍尔，也使他勇于开拓并坚守了文化政治这一理论指向。因而，霍尔的研究范式探索主要表现在：建构文化研究的马克思主义分析框架，突出阶级、权力、意识形态等政治学视角，突破经济决定论对文化概念的束缚，建构文化分析的基础——上层建筑总体辩证体系，使文化由此获得对社会生活的解释力、规划力和解放力。霍尔的探索对历史唯物主义分析范式的创新是一大贡献。

四、重建马克思主义在文化领域的影响力

霍尔主政的文化研究十几年，英国文化研究达到鼎盛时期，1964年，英国文化研究中心（CCCS）刚刚成立不久，就开始招收文化专业的研究生，CCCS聘请文化学者系统讲授文化专业课程。这些来自欧美

国家和第三世界的学生日后成为文化研究走向国际化的重要推动者。尤其是进入 90 年代，全球化成为时代的重要表征。全球化作为一股强劲的力量推动文化成为国际中心议题。文化研究不仅成为各国学者关注的话题，同时也成为政府施政的新关注点。有学者评议说，文化研究能够走向国际化，霍尔作为文化研究的旗手功不可没。尤其是，作为一名马克思主义理论家，他确实在推动文化研究国际化的同时重建了马克思主义在文化领域的当代影响力。

1. 西方马克思主义重建"马克思主义影响力"的探索及影响

西方马克思主义是产生于第一次世界大战前后西方国家的马克思主义思潮和流派，他们有着共同的理论指向：一是与马克思之后第二国际、第三国际所代表的"正统马克思主义"在哲学立场上进行决裂；二是基于西方国家战后呈现的社会历史变化，提出他们所理解的时代化马克思主义。因而，从一开始，他们就主张要重新解读、阐释马克思主义，彻底告别教条主义的假马克思主义立场。为此，他们立足于对西方资本主义国家的分析，提出一些新观点、新方法，重新阐释马克思主义基本理论，为人们理解西方现代社会提供了新的视野。卢卡奇较早提出"历史的辩证法"观点，认为历史不是与人无关的纯粹自然过程，"历史的辩证法是主体与客体辩证运动的过程，人是参与历史辩证运动的决定性力量"，[①] 循着人的主体性这一思路，葛兰西较早分析了西方无产阶级革命失败的原因，他认为革命之所以失败，在于资本主义国家已经在意识形态上牢牢控制"市民社会"，无产阶级革命的策略必须从打碎资产

---

① ［匈］卢卡奇：《历史与阶级意识》，杜章智、燕宏远译，商务印书馆 1992 年版，第 284 页。

阶级统治机器的暴力革命转向摧毁市民社会统治基础的"文化领导权"。法兰克福学派延续了马克思主义的批判传统，指出资本主义已经成为压制人的主体性、遏制人的自由个性的制度和意识形态，必须通过发起美学革命，呼唤和培育人的审美个性，这是社会主义革命之前必须要做的文化启蒙。自此，文化和意识形态就成为西方马克思主义重建马克思主义影响力的开拓性视角，被之后的理论家广为借鉴。他们普遍认为，社会主义革命的希望在于人的主体性的重建。

2. 重建文化研究与马克思主义相结合的具体方法

霍尔在文化领域的建树可以说坚持了西方马克思主义"重建马克思主义"的理论指向，他的"重建"探索具体体现在以下几个方面：

(1) 对文化"正统马克思主义传统"进行彻底批判，论证马克思主义的科学性

霍尔认为，在文化研究领域，同样存在一个"正统马克思主义"的教条式理论框架。它以"经济决定论"为理论前提，将文化看作经济基础的直接派生物和反映物。而建立在这一基础之上的正统马克思主义文化理论，失去了对现实的解释力。因为，当代资本主义国家，文化对于社会发展的积极性、能动性以及本身作为实践的独立个体特征，已经成为显性的事实。文化理论的发展、创新必须将不科学的马克思主义转变为科学的马克思主义。在霍尔眼中，科学性代表的是理论与现实的对接。霍尔对外自称是"不作保证的马克思主义"，以示与"传统"马克思主义固化立场的告别；他的"告别"是对教条主义马克思主义立场的告别。他坚定地认为，马克思主义需要面对社会历史出现的新特征进行理论更新，检验马克思主义阐释力的标准应当在于社会历史现实中，应当结合当时的历史条件去理解马克思，结合现在新的社会变化去发展马

克思主义。

（2）对马克思"异化"理论进行当代资本主义语境的拓展研究，增强马克思主义在西方思想界的认同

马克思的异化思想是马克思批判精神的重要体现，他从生产过程的分析入手，揭示出物对人的统治，由此论证了资本主义的不合理性。西方马克思主义理论家承袭了马克思的批判精神并将其拓展到经济、政治等领域，霍尔则是在文化领域延续并深入研究了异化的新表征，提出了文化异化的表现，即：本来是解放人的社会力量的文化却成为资本主义的统治工具和权力压迫工具，这种压迫表现在阶级阶层的划分中；表现在种族问题的扩大中；表现在女权问题的突出中；表现在核武器的使用中。异化几乎无处不在，新的压迫由隐性力量逐渐变为显性力量。哪里有压迫，哪里就有反抗。新社会运动的爆发就是大众对抗这种新的压迫的反映和例证。霍尔的分析直面当代资本主义现实，他对马克思思想资源的引用以及论证再次使人们对马克思主义表示认同，马克思主义成为文化分析的重要理论武器。"马克思主义过时论"的说法被认为是头脑简单和无知，后来的学者倡导要"回到马克思"，马克思主义的阶级视角、生产视角、意识形态视角重新受到重视，并推动了马克思主义文化研究从英国走向世界，在国际理论界发挥影响力。英国文化马克思主义理论家每年有大批专著、论文被译介至中国及其他世界各国。这一现象，再次佐证了马克思主义在文化领域内得以认同的事实。

（3）直面当代资本主义社会变化，建构马克思主义文化分析新框架，增强马克思主义的理论阐释力

20 世纪 50 年代，资本主义进入第二次世界大战之后的调整时期，各国生产力开始恢复和发展，阶级矛盾相对缓和，似乎进入一个"安宁

祥和"的时代，高唱自由主义赞歌的西方思想家宣称"一个无阶级时代已经来临"，马克思主义应当退出历史舞台了。霍尔等文化研究理论家从中看到这种严峻的挑战，他们并没有退却，没有加入当时的"告别马克思"的风潮，而是提出马克思主义现实化（时代化）的命题，提出建构文化领域马克思主义新框架的主张，即结合当代资本主义现实变化，赋予阶级、生产等传统概念新含义，创设一批新概念，开拓新的理论视阈，以历史唯物主义新的方法重新解释马克思主义。霍尔认为，这种"重建"不仅不会使马克思主义的主体精神丧失，反而因为它的时代化、现实化变得有说服力。这才是马克思主义真精神的发扬。与其在书斋坐而论道，不如让它走出书斋。霍尔为此特别强调文化实践的重要性，主张将文化作为中介，架起理论与现实沟通的桥梁。这样的马克思主义告别了公式，变成了"接地气"、有血有肉的生动的马克思主义，马克思主义才会有话语权和说服力。

五、批判西方思想界对马克思主义文化理论的误读

马克思主义理论在资本主义世界遭遇挑战这一现象在第一次世界大战后已经初露端倪，在第二次世界大战后的 50 年代已经成为显性的事实，而且似乎已经成为一种在思想界占主导地位的思潮。在马克思主义思想的发源地，理论家们并没有看到马克思所预测的无产阶级革命高潮的来临，他们看到的是相反的一面——无产阶级革命进入一种低潮期。这时的马克思主义理论家被称为早期西方马克思主义理论家，以卢卡奇、葛兰西、柯尔施等思想家为代表，他们对于马克思主义理论的热情没有消退，在思想上还有坚定的信仰。他们试图通过深入发掘马克思

思想资源，来对无产阶级革命低潮期的原因做出阐释，以及在此基础上对无产阶级革命策略进行调整，在整个思想脉络上，他们基于对资本主义变化现实的分析，对马克思主义理论的革命学说做出了适时的调整。应当说，这对于马克思主义理论体系的丰富和发展、对于提升马克思主义的话语阐释力是非常有价值的事情。而在第一代西方马克思主义理论家之后的马克思主义理论的发展，则呈现出多元化的发展方向，尤其是第二次世界大战之后随着"消费资本主义"时代的来临，理论家们看到的是工人阶级日益被整合进资本主义统治秩序的现实，他们的阶级意识淡薄了，甚至消失了；他们日益关注的是消费层次的提升而不是拿起武器去砸碎工厂里的机器；他们工作愈发努力，因为在流动的社会分层中他们看到了向上的机会。资本主义统治的本质已经被"福利社会"所表征了。同时，在马克思主义理论变为实践的苏联社会主义国家，也发生着令西方思想家震惊的事情。苏联对社会主义阵营弱小国家的大国沙文主义控制和专制主义统治，使人们对现实版"社会主义模式"失望，这促使了马克思主义理论家的反思。这时候的西方马克思主义研究尽管都打出"重建马克思主义"的旗帜，但对马克思主义基本理论的态度却开始发生分化：一部分人认为"重建马克思主义"就是重新建构一个不同于以往马克思主义的"新马克思主义"，这种建构必须以彻底解构"马克思主义"为理论前提；另一部分人持相反态度，他们坚持马克思主义的基本立场、观点、方法，在对当代资本主义分析的基础上"矫正"了马克思的个别结论，同时，丰富了历史唯物主义的分析视角，增强了马克思主义的影响力。可以说，西方思想界围绕"重建马克思主义"，一直存在着不同观点的交锋和碰撞，霍尔文化理论的建构意义也就在这种观点的交锋和碰撞中显现出来。

作为西方马克思主义理论家的霍尔，在文化研究领域坚持了马克思主义的立场、观点和方法，他致力于澄清西方理论家对马克思主义文化理论的误读，批判文化理论的"去马克思主义"思潮，恢复、论证马克思主义的科学性，重建了马克思主义在文化领域的影响力。

1.批判并抵制文化研究"彻底解构马克思主义"的思潮

"解构马克思主义"由一部分自称为"后马克思主义"的学派理论家提出，他们认为，在与资本主义自由主义的对峙中，马克思主义占了下风，因为资本主义的历史实践证明它已经"过时了"，它的理论体系已经不能够对资本主义现实做出说明，丧失了"解释力"。而马克思主义要保持生命力，必须拿出"壮士断骨"的勇气，彻底解构由旧概念、旧范畴组成的理论体系，以新概念、新术语建构起新马克思主义理论体系。表现在文化研究领域，他们放弃了阶级斗争的观点，代之以新社会运动和认同政治；放弃了无产阶级革命策略，代之以激进民主和议会中争夺文化领导权；放弃了工人阶级的革命主体性，代之以社会权力主体的多样化培育。

霍尔并没有完全否认"解构马克思主义"思潮，而是承认在某种意义上它的产生有一定的合理性，是马克思主义理论家对资本主义现实变化所做出的理论回应。霍尔反对的是"解构马克思主义"思潮对马克思主义立场、观点和方法的放弃，放弃马克思主义立场使这一思潮走入"死胡同"，走向极端。霍尔认为，"马克思主义仍然是理解文化、阐释文化最有力的理论工具。"① 马克思主义关于社会存在与社会意识、经济

① Stuart Hall. The problem of ideology.Marxism without guarantees [J], London: *Journal of Communication Inquiry* (1986), 10(2): pp.19–23.

基础与上层建筑的辩证关系仍然构成文化研究的基本命题，它为我们提供了文化研究的基本分析框架，直到今日关于文化研究的重要论争都是以是否承认这一框架为分化的标准和界限。应当说现时代马克思的个别结论确实需要调整和矫正，但是马克思主义的本真精神永远具有生命力。

霍尔在文化研究领域对"解构马克思主义思潮"的批判与抵制表现在：首先，批判了"解构马克思主义思潮"的发生学基础。理论界之所以产生解构马克思主义的理论冲动，原因在于他们对西方资本主义社会现实的变化做出了这样一个判断：资本主义社会已经完成了由生产社会向消费社会的转型，马克思基于对以生产为核心的资本主义的分析应当让位于以消费为核心的当代资本主义的分析，传统的革命政治已经瓦解，转向微观主体争取自身权利的社会运动。霍尔认为，"解构马克思主义"思潮所依据的社会历史判断是不准确的、片面的，马克思主义的观点是生产与消费处于同一结构之中，消费社会的形成是资本主义生产方式变革的结果，完全脱离生产去研究消费社会并以此作为文化研究的理论前提的做法是违背马克思主义基本精神的，也不符合、不能阐释资本主义变化的现实。因而，文化研究的"解构马克思主义"思潮在理论上是肤浅、无深度的。

其次，批判并抵制"解构马克思主义"的文化革命策略。按照"解构马克思主义"的理论进路，文化研究的使命在于寻找并培育能够代替工人阶级的革命主体，在他们看来，革命主体已经完全"碎片化"了，阶级整体分裂为完全不相联系的具有独立诉求的个体，这些个体时时都在"抵抗"、处处都在通过"抵抗"消解统治阶级的意图，而文化研究的使命就在于创设由文化革命到政治激进民主的过渡策略，使激进左派政党通过议会斗争争得多数个体的赞同，以取得对抗资本主义统治的胜利。霍尔对此并没有全盘否定，而是具体分析了文化领域的"抵抗"存在意义以及局限性。早在 1973 年，在《编码，解码》一文中，霍尔就提出了媒介领域三种基于不同立场的解码策略，"对抗式阅读"为文化研究提供了"抵抗"的可能性和现实性。① 然而，霍尔认为，文化研究学者不能只是看到"抵抗"，而对话语的生产者意图缺少充分的关注。其实，无论是媒介领域还是青年亚文化领域，都始终存在着控制与反控制的斗争，这是文化研究应当揭示的被现象掩盖着的本质。霍尔批评"解构马克思主义"思潮的革命策略是"到处都是抵抗"，"抵抗"也就不存在了。相比激进民主的政治策略，霍尔倒是显得保守了，他认为革命的时机不成熟，文化研究学者应当深入日常生活实践去做最原初意义上的思想启蒙，唤起人们的阶级意识和对抗意识。文化能够解放人，但不能片面夸大它的功能。总之，霍尔认为，马克思主义关于文化内涵、本质与功能的定位仍然是理解、阐释文化最具说服力的理论，它规定了文化研究的使命和方向，各种"去马克思主义"思潮偏离了马克思主义的基本立场、观点和方法，是文化研究应当坚决抵制的。

2. 批判并澄清文化研究对历史唯物主义分析范式的误读

西方理论界对于文化研究的方法论建构极为重视，一方面，他们受到西方自然科学的实证研究法的深刻影响，认为，没有正确的研究方法就不会得出科学的研究结论；另一方面，随着社会学理论的逐渐兴盛，社会学的田野研究方法日益受到文化研究学者的青睐。从威廉斯对文化

---

① 吴茜：《斯图亚特·霍尔〈编码/解码〉理论体现的结构主义方法论》，《新世界》2013 年第 6 期。

内涵的新界定就能看出社会学、人类学这些新兴学科带给文化研究学者的众多启发。从文化研究方法来讲，呈现出越来越重视微观分析的趋势，与此相应，文化研究越来越关注微观话题。

应当说，这是文化研究对于时代变化的必然回应，有其合理性。但是，文化研究的宏观分析却越来越淡化了。表现在现实中，人们大多就文化谈文化，就艺术谈艺术，而不是从社会整体结构的变迁谈文化的形态变更，更不去论及文化未来发展方向和趋势这些宏观命题。

文化研究微观化的原因，在于西方理论界对文化研究的历史唯物主义分析范式的误读。他们将历史唯物主义分析范式等同于传统的经济、政治分析，他们认为，这样的分析范式应当予以抛弃，因为，资本主义深刻的内在矛盾"是以文化的形式表征的，应当实现分析范式的革命，从经济政治分析转向文化分析"，[①] 以揭示资本主义运行中内在的文化矛盾，从文化上提出未来社会的变革方案。

霍尔对于西方理论界对历史唯物主义分析范式的误读做出了积极的回应，在一定程度上澄清了人们对历史唯物主义的误读。他指出，首先，历史唯物主义分析范式是宏观视角和微观视角的有机结合。霍尔在文化研究中创建了文化分析的多重视角，阶级、种族、性别成为他推动文化研究进程的重要领域。在对文化现象的分析中，他不仅关注一个又一个的个案，同时又能够将这一现象置于社会结构以及社会发展历史进程中去考究，因此，文化研究的议题总是呈现出这样的特征：每一种文化现象就像聚光镜，从对它的剖析看到了社会发展的整体性征。例如，

---

① ［英］乔治·拉雷恩：《马克思主义与意识形态：马克思主义意识形态论研究》，张秀琴译，北京师范大学出版集团 2013 年版，第 119—131 页。

霍尔在剖析资本主义学校教育制度时，看到了资本主义统治结构的霸权功能；在剖析撒切尔主义时看到了意识形态在资本主义建构话语权时的作用；在剖析"文化帝国主义"以及"全域主义"思潮时看到了资本主义统治霸权的建构过程中始终存在的控制与反控制的斗争。霍尔着眼于微观文化现象，但他没有拘泥于微观，而是表现出一种宏观的视野，在历时分析和共时分析中将历史唯物主义分析范式运用到文化分析中。霍尔以自己的身体力行宣示着历史唯物主义分析范式的有效性，引领人们对这一科学范式的正确理解。

其次，不能以对资本主义的文化分析取代对资本主义的经济、政治分析。霍尔认为，发生在资本主义运行过程中的矛盾以文化的形式表征，这一判断有一定的道理。但是文化视角并不单纯就等同于文化分析，文化视角应当是体现了经济、政治、社会运行的整体性视角，它不是孤立地就文化谈文化，而应当是就文化谈社会。文化议题来自于对社会运行中的经济问题、政治问题的回应，文化与经济、政治高度融合在一起，以至于文化视角越来越有经济的、政治的意味。但文化毕竟与政治、经济有着学科的界限，霍尔强调，社会运行的根本推动力在于经济变革，文化是伴随其中、渗透其中的，单纯文化的分析不能够对资本主义运行矛盾做出揭示，而历史唯物主义分析范式也不等同于单纯的经济分析。总之，霍尔从理论与实践两个层面论证了历史唯物主义分析范式在当代文化研究中的重要指导价值，再一次回应了人们对历史唯物主义分析范式的怀疑与抵制。

3. 批判并回应"文化研究就是文化决定论"的理论误读

第二次世界大战之后的国外马克思主义思潮为了摆脱第二国际马克思主义"机械决定论"的束缚，他们从资本主义发展变化的现实出发，提出要对第二国际马克思主义进行"修正"。首先，他们将矛头对准"经济决定论"，提出要用"文化决定论"代替"经济决定论"，才能够使马克思主义恢复影响力。这样的思路对国外文化研究造成了一定影响，使他们形成一种思维定式，那就是：只有坚持文化决定论的基本立场，才能够将文化的重要性凸显出来，才能释放被经济所遮蔽的文化的潜在力量，以推动社会变革的发生。

霍尔对此做出了回应，他认为，"文化决定论"把文化提高到与经济同等重要的地位上来，实在有点矫枉过正了。文化研究既要告别"经济决定论"，又不能走向"文化决定论"，文化研究就是要在这种张力中不断前行。

首先，文化是社会变革的内在根据，但社会变革是经济、政治、文化诸要素"合力"的结果。西方理论界揭示了文化在资本主义社会的呈现方式，他们认为，文化不仅以资本主义新的社会发展表征的特点存在，更重要的是，它已经成为资本主义得以发展的内在根据，作为一种内驱力，它使资本主义进入一个更高级的发展阶段。文化的决定性特征越来越显露出来。霍尔则对这一说法表示出质疑，他的观点是：马克思所揭示的社会存在与社会意识的辩证运动仍然是阐释资本主义新变化的最具说服力的理论。同时，恩格斯提出的历史发展"合力论"又对社会发展的复杂性、多样性做出了解释。历史唯物主义视角下的社会发展不是简单地呈现为线性过程，而是越来越呈现立体化趋势，而支撑立体化格局的是不同发展阶段的不同视角。资本主义的现状不是证明了文化决定论的合理性，它凸显的是文化视角的重要性。

其次，文化在一定"历史情境"下决定历史事件发展进程，忽略"历史情境"的制约性必然走向文化决定论。霍尔在20世纪70年代末对阿尔都塞的"结构马克思主义"做了较早的译介，并对阿尔都塞的"矛盾与多元决定"理论做了深刻反思。他一方面认同"多元决定"对于打破"经济决定论"、实现马克思主义的"祛魅"、增强历史唯物主义阐释力中的重要价值；另一方面，他又对"多元决定"表示质疑：何为"多元决定"？"决定"在何种情况下才能发生，"决定"背后体现的只是一种随机性和偶然性吗？这样的论点岂不是把历史唯物主义引向神秘主义吗？由此，霍尔提出了自己的论点："决定"是一定历史情境下的"决定"，经济、政治、文化的"相互决定"是在某种特定历史条件下发生的，但事物发展的最终方向和性质归根到底体现的是经济因素。① 这一论点在霍尔分析撒切尔主义这一文化现象时得到详尽的阐释，有学者批评霍尔将撒切尔主义定位为文化现象就是"文化决定论"，霍尔驳斥说，他始终强调经济的首要作用和重要性，撒切尔主义是在一定历史情境之下的文化分析，不会导致文化决定论。而有些学者正是忽略了这一历史情境的制约，才走入了"文化决定论"的理论极端。

最后，文化对社会发展进程发生影响不是直接起作用，而是通过与经济、政治的"接合"发挥作用，因而文化研究的使命在于找寻文化对经济、政治的介入策略。在理论谱系上，霍尔和他的同事、学生们的文化研究被纳入"文化政治学"的系别中，因为，他们的理论有一个共同的特质，那就是对于文化，只有在与政治的"接合"中才能实现自己的潜能。霍尔等人把文化看作介入政治的策略，他鼓励同人走出书斋，融入"大众"中，在对他们具体文化样态的考察中思考社会主义政治实现

---

① S. Hall, "the meaning of new times", David Morley and Kuan, *Critical Dialogues in Cultural Studies*, London: Routledge, 1996: 222–236.

的路径。可以说，霍尔对"大众"寄予了厚望，他发现，大众并不是想象中"去阶级化"的大众，而是阶级阶层化之后在意识上逐渐觉醒的新群体，他们对于自身生存境遇非常关心，虽然没有工人阶级强烈的阶级意识，但是在资本主义分配格局中的"无权地位"使他们客观上站在与资本主义"当权者"对立的位置，"大众"是一个集合体，可能由于民族、种族的利益或者性别的利益等，大众的斗争形式多样，既表现为全球化进程中民族国家捍卫民族尊严、维护民族独立的斗争，又表现为资本主义国家内部由种种社会矛盾激化而成的社会冲突。总之，霍尔指出，他的文化政治学不是"文化决定论"，马克思主义文化研究的使命在于找寻社会主义的现实实现策略和主体力量，片面夸大文化功能的"文化决定论"只会使文化研究走入迷茫的死胡同，不仅在理论上缺乏说服力，实践上也陷入空想主义。

第二节　霍尔马克思主义文化理论探索的局限性

霍尔一生理论建树丰富，人们对这位文化研究大师充满敬仰之情，但围绕他学术观点、学术身份和学术地位的争议一直不断。他的文化理论是否具有创新性？他的文化革命的思路是否具有空想的性质？他的文化理论是逐渐偏离马克思还是靠近马克思的？这些关于霍尔文化理论的思考，启发我们关注霍尔文化研究中的不足之处。纵观霍尔的文化研究历程，可以看出他的思想也有一定的局限性。作为西方马克思主义文化理论的重要代表成果，霍尔的文化理论探索有重要的价值和意义，但也有西方马克思主义理论家族的共同缺陷和自我不足。对此，国内外学者进行了研究并做了总结。

国外学者对于霍尔的文化理论的局限性主要有如下观点。媒介政治经济学批判学派的代表人物 Peter Golding 和 Graham Murdock 批评霍尔为代表的伯明翰学派过分重视意识形态批判而忽略了媒介生产的政治经济学维度,从而不能全面地分析媒介的生产机制。① 柯林·斯巴克斯批评霍尔在引入后马克思主义理论方法之后偏离了马克思曾经开创的道路。② 贾妮思·佩克对霍尔文化理论的创新性提出质疑,她认为霍尔的文化研究在范式上既没有抛弃以往又没有什么超越,缺乏创新性。③

国内学者也对霍尔的文化理论局限性提出如下看法。胡大平对文化马克思主义理论家族的文化政治观提出三个质疑:一是当前文化理论以性别、性、环境等名义发出的抗议是否能够成为政治实践?二是文化研究提出的把边缘的沉默的被压迫者带到历史前台的政治要求与策略是否能够走出象牙塔?三是文化理论是否有有效的实施策略?④ 董新春指出文化马克思主义学派最大的理论缺陷是过于强调文化批判而扔掉了马克思至关重要的经济批判武器,导致它对于日益扩张的新自由主义思潮束

---

① 彼得·戈尔丁、格雷厄姆·默多克:《文化、传播和政治经济学》,载詹姆斯·库兰等编:《大众媒介与社会》,杨击译,华夏出版社 2006 年版,第 66 页。

② Stuart Hall, "Culture and Marxism", Collin Sparks, David Morley and Kuan-Hsing Chen, *Stuart Hall: Critical Dialoguesin Cultural Studies*, London: Routledge, 1996: 66.

③ 贾妮思·佩克、斯图亚特·霍尔:《文化研究以及悬而未决的文化与非文化的关系问题》,引自张亮、李媛媛编:《理解斯图亚特·霍尔》,原载 *Culture critique*, No. 48(2001),北京师范大学出版社 2016 年版,第 53 页。

④ 胡大平:《马克思主义能否通过文化理论走向日常生活?》,《南京大学学报》(哲学·人文科学·社会科学版) 2006 年第 5 期。

手无策，失去话语权。① 赵国新也指出，"90 年代以后，文化研究的马克思主义色彩迅速淡化，社会批判锋芒锐减，文化研究的学院化色彩越来越浓厚，抗争行为更多成为自我标榜的仪式，成为纯粹的学术谋生手段。"② 以上评论代表了国内学者对文化马克思主义理论家族缺陷的共识性认识，对于我们分析评价霍尔的文化理论探索有重要启示。作为文化马克思主义理论家族的代表性人物，受到主客观条件的种种限制，霍尔没有能够超越他所处的时代带给他的种种局限性认识。他的马克思主义文化理论探索是艰难的，有明显的不足之处。

一、霍尔马克思主义文化理论探索的思想资源的系统性建构不足

马克思主义在英国的低潮时期，霍尔呼吁"重读马克思"，极力主张马克思主义者应结合时代变化对马克思进行客观、全面地解读。这一倡导无疑是有积极意义的，但受到当时整个西方马克思主义理论思潮的影响，霍尔也是将解读重点放在了早期马克思著作上，着重分析考察了马克思早期的批判思想，而对马克思晚年关于资本主义基本矛盾、发展趋势及社会发展规律的分析少有关注。这就在一定程度上影响了对马克思思想的整体评价，这种割裂式的研究势必导致霍尔对马克思思想的解读带有一定的片面性。在文化研究中，马克思的异化理论、意识形态批

---

①　董新春：《当代西方左翼"文化马克思主义"研究现状与趋势》，《国外社会科学》2016 年第 5 期。

②　黄卓越、朱菲：《"英国文化研究与中国"研讨会纪要》，《外国文学》2006 年第 6 期。

判理论受到霍尔的青睐，马克思的政治经济学研究方法更是被应用于文化现象的分析中。但是只有基于对马克思思想整体进行深入研究，才能够建立起对马克思思想的科学分析框架，马克思的思想的时代价值才能够显现出来。

遗憾的是，霍尔并没有做到这一点。马克思的思想为霍尔的文化研究奠定了理论基础，也是他的文化理论的初始点，但是，20 世纪 80 年代之后，霍尔的文化理论逐渐转向其他理论资源。尽管他并没有放弃对马克思政治理想的追求，但是也没有一以贯之地坚持到文化研究中去。

同时，霍尔对"斯大林主义"的全盘否定也显露出他有些偏激的马克思主义立场。"斯大林主义"是斯大林时期苏联马克思主义的简称，作为马克思主义的一种理论形态，它提出了一系列在苏联如何建设社会主义、实现共产主义的观点与看法。在"斯大林主义"的指导下，苏联在短期内完成了战后恢复国民经济的任务，并奠定了苏联工业化建设的基础。但随着斯大林个人专断愈演愈烈，民主集中制受到破坏，在社会主义建设规划问题以及处理社会主义国家之间的矛盾问题上，斯大林都执行了错误的政治路线。"斯大林主义"转而成为专制主义、大国沙文主义的代名词。当时的霍尔正值青年时期，他像所有激进的年轻人一样，对斯大林的专断统治进行猛烈抨击，由对斯大林的否定发展到对"斯大林主义"的否定。霍尔对"斯大林主义"的批判对于矫正人们对马克思主义的错误认识是有益的，但是他的全盘否定也反映出他对马克思主义认识的偏颇之处。斯大林固然在苏联社会主义建设时期有重大错误，但他恢复和发展遭受重创的苏联经济的思想体系是具有积极意义的。霍尔对马克思的思想研究是不全面的，对于"斯大林主义"的研究也是片面的和偏激的。由于当时的英国并没有取得马克思思想研究的系统成果，对"斯大林主义"的猛烈抨击，使一些年轻的英国共产党员放弃了对马克思主义的信仰，在迷茫中选择了其他的思潮。退党风潮的发生沉重打击了英国共产党，从此步履维艰。霍尔对马克思主义的阐释重破轻立，纠错但不立正，不利于马克思主义真理性的传播，削弱了马克思主义作为文化研究理论基础的支撑力。

霍尔的文化理论研究有三次重要的转向，建构起文化研究的意识形态分析范式、文化领导权分析范式和话语分析范式。研究范式的多样化是霍尔文化研究与时俱进的表现，也是他保持开放式研究、吸收、借鉴多种理论资源的必然结果。但由于他对阿尔都塞、葛兰西以及拉克劳、墨菲等人的理论缺乏深刻全面的分析，因而，造成霍尔对这些理论资源的借鉴更像是某些核心概念的"挪用"，将其嫁接到文化理论中，再形成一些新概念，似乎就完成了范式的转向和理论的创新。也正因为这一点，霍尔形容自己为"一只忙碌的喜鹊，东抓一把，西抓一把，然后填满自己的窝"，这种说法固然偏激，但也反映出霍尔在对理论资源的借鉴上有局限性。

霍尔对三大理论资源的借鉴不仅缺乏系统的分析，没有基于这些理论资源建构起文化研究清晰的理论框架，同时对理论资源的局限性缺少批判式的研究态度。例如，霍尔注意到阿尔都塞意识形态理论的借鉴价值，却没有对阿尔都塞远离马克思的思想缺陷做出判断。意识形态在阿尔都塞这里成为中性化概念，用以指一种思想体系。但在马克思那里，意识形态是资产阶级用以蒙蔽劳动人民的思想体系，而马克思主义的思想家应当揭开这层"意识形态之蔽"，还原资本主义统治之真相。马克思是从政治学意义上定位的意识形态，阿尔都塞是从社会学意义上定位了意识形态，这是分析意识形态的两重视角，但阿尔都塞的意识形态定义没有兼顾马克思政治学视角下的定义，这是一大缺陷。但霍尔全盘照收了阿尔都塞的意识形态的社会学概念，对阿尔都塞的意识形态理论缺少反思，应用的结果就是，突出了社会学视角的文化研究，弱化了文化研究的政治维度。

霍尔对后马克思主义的话语理论也缺少批判性分析。后马克思主义的话语观解构了马克思主义的"本质论"，否认了马克思主义的实践性，它把马克思主义只是定位为一种纯粹思辨性的理论话语。虽然他不认可拉克劳关于一切皆为"话语""话语是社会"的本质的观点，但他对"话语"这一核心概念表现出高度的兴趣，提出"社会像话语一样运作"的观点。运用话语理论他提出"接合"这一概念，用以指事物之间给予一定历史情境的偶然联系。例如，在某一时刻 A 影响了 B，那么，两者就是一种特定情境下的接合。霍尔对话语理论的应用使文化研究与话语革命联系在一起，文化研究被定位在话语层面，失去了主体性和依托，也丧失了马克思文化理论的批判性和革命性。

综上可以看出，霍尔的文化理论是以马克思主义理论资源作为支撑的，但是他对马克思主义理论资源之间的关系缺少深刻系统、整合式分析，过于重视文化理论范式的转向，而忽视了文化理论研究的基础。由于他对马克思思想的分析不全面，解读马克思思想时重方法、轻理论；重早期成果、轻中晚期成果，对马克思思想要义的理解不够深刻，他的文化理论对马克思思想的发扬是有限度的，没有形成文化理论的马克思主义坚实基础。加之他对其他马克思主义理论资源缺少批判性分析，最终使他的文化理论充满许多难以理解的概念，缺乏系统化的理论框架，也使国内外学者纷纷怀疑他的文化理论究竟是创新还是挪用。

二、霍尔马克思主义文化理论探索的政治维度不鲜明

霍尔将自己的文化研究定位为文化政治学，理论主题是文化与政治。但在考察、分析他在不同阶段的文化议题时，感觉他的关注点始终是在文化领域，而对"文化之于政治"的关系缺少充分的论证，使人们在文化研究中看不到文化与政治的关联。

霍尔的文化理论从一开始是有政治性的。道格拉斯·凯尔纳指出，这一政治性是与"抵抗"二字联系在一起的。① 无论是对青年亚文化、媒介文化的分析，还是对撒切尔主义的批判，霍尔都是站在社会底层民众的立场，去分析统治文化的策略，揭示统治者对民众进行意识形态收编和控制的本质。他同时也致力于发掘民众的抵抗力量，青年亚文化、民众对精英主义的颠覆式阅读等都蕴藏着抵抗的潜能。在资本主义社会，文化是各种意识形态的交锋之地，是统治阶级意图建构领导权的阵地，霍尔提出"大众文化是构建社会主义的可能场域"的重要观点，这是他对马克思主义文化政治学的一大理论贡献。

但是，相比于文化理论研究取得的成就，我们发现，政治维度在霍尔的文化理论中逐渐失去了本色。首先是文化研究使命感日益弱化。马克思主义的文化政治观是基于马克思的宏大叙事所提出的文化与政治有机结合，推动制度形态更替促进人类解放的观点。霍尔的文化理论主题是文化政治，但是他的文化研究议题却是小众化的，他始终关注的是西方被统治阶级边缘化的少数人文化。资本主义社会无产阶级确实有被碎

---

① 道格拉斯·凯尔纳：《文化马克思主义和文化研究》，张秀琴译，《学术研究》2011 年第 11 期。

片化的趋势，但是马克思主义理论家需要做的，恰恰是找到对抗这一碎片化，恢复这一阶级整体性的方案和策略。这应当是马克思主义文化政治理论承担的使命。但霍尔的"抵抗理论"显然没有和这一宏大使命合拍。他的"抵抗研究"如同他对少数群体的关注一样，是孤立和零散的，彼此之间缺少理论呼应，因而也难以在现实中看到哪一种抵抗成为可能。20世纪80年代之前的霍尔还憧憬着抵抗的革命图景，经过无望的等待之后他的文化理论逐渐开始关注一些社会公众议题，弱化了政治维度的文化理论也就逐渐走进了书斋，成为"书桌上的学问"。正如有学者在谈到英国文化研究的局限时指出的那样，"文化研究原本站在底层民众和弱势群体的立场，发出他们被压抑和遮蔽的声音。但遍及英国、法国、德国、美国、澳大利亚，乃至当下的中国，文化研究仍局限于少数的文化专家，更多的是文化精英的一种'游戏'"。[①] 用这句话来形容霍尔文化理论的政治维度弱化后的场景是不为过的。

三、霍尔马克思主义文化理论探索缺乏清晰思路与严密逻辑

霍尔的文化理论是建基于马克思文化思想的基础上的。他对教条主义马克思主义的抨击使他总是想远离一种"高高在上的理论"，他要成为一名"有机知识分子"，在大众生活实践中分析具体的社会现象，增强研究的问题意识。可以看到，霍尔一生著述众多，研究领域广泛，议题丰富，但他的研究缺乏连贯性，对同一问题缺少持续性关注，因而学者很难用清晰的逻辑体系来概括他的理论。这也许与霍尔反对"理论化"

---

① 范玉刚：《文化研究的局限和发展前景》，《中共中央党校学报》2009年第6期。

的倾向有关，但是完全否定理论建构的重要性似乎也使他走向了一个极端，理论呈现碎片化、情境化，整体性不足。完全为理论而理论是不可取的，但强调理论对现实的指导和建构、矫正作用总不为过。

依托马克思主义思想资源进行文化理论探索要解决的核心问题是：如何对待马克思主义？马克思主义与文化理论如何实现有效结合？文化研究学者单世联先生指出，"在文化理论中，马克思的两个主题仍然有着重大、基础的意义。其一，经济因素作为文化发展的决定性因素的观点。简单的决定论不足以解释文化的多样性，经济基础只是解释文化的一种视角，但不能代替其他视角。其二，意识形态理论。它是考察文化起源和效果的理论"。[①]霍尔的文化理论探索应当是对马克思文化思想、文化精神的发扬，马克思思想的重大原则也应当成为霍尔文化理论始终贯彻的原则。就好比是一棵大树的成长，马克思文化思想是树的枝干，霍尔的文化理论是树叶、花朵和果实，这才成为一棵完整的树。霍尔的文化理论探索之所以没有培育成一棵大树，留给我们的只是花朵和果实，是与他文化理论探索中对马克思思想的发扬不足有关的。

霍尔的文化理论探索分为三个阶段：20世纪五六十年代是初始时期，这一阶段，马克思的阶级理论、意识形态理论、实践理论以及历史唯物主义分析方法等被应用到工人阶级文化、青年亚文化、媒介文化的研究中，形成马克思主义文化理论探索的早期成果；20世纪八九十年代马克思的传统分析视角被赋予了多重含义，马克思主义的分析视角被反

---

① 单世联：《在批判理论与意识形态之间——马克思主义文化理论的发展逻辑》，《上海交通大学学报》（哲学社会科学版）2012年第2期。

思和重构，综合其他理论资源，建构起一个多元、复杂的马克思主义概念体系，身份政治、族群文化、认同政治、多元主义等新的文化议题成为霍尔文化理论探索的主要内容；90年代之后，霍尔作为公共知识分子活跃于文化理论界，一些社会公众议题如教育、社区文化、伦理思想等成为霍尔的关注对象。通过分析霍尔文化理论探索的历程，可以看出，霍尔的文化议题广泛，涉及大众文化生活的诸多领域，可以说，霍尔的确是一位多产的理论家。但是，如此丰富的精神食粮呈现给我们，却品尝不出一种可以说得出的味道。原因在于，霍尔的研究议题缺乏一个统领、整合起来的一个主题、一个中心，没有一以贯之的主线，文化理论就不能够系统建构。理论的零散化削弱了霍尔思想的影响力。霍尔对此并不在意，他认为，这就是他要建构的非教条主义的、与时俱进的文化理论，但是他的文化理论在解构了马克思的宏大叙事之后完全走向了微观化，就如同没有主干支撑的枝叶，终究是发挥不了大树的功能的。

霍尔就是这样一位在人们争议中致力于文化研究的理论家。他的理论有局限性，他的观点甚至有一些反叛的味道，但是这些不能遮挡他作为文化研究大师对于文化研究作出的重大贡献。他为重建马克思主义在文化领域的影响力使他无愧于英国文化马克思主义理论家这一称谓。在此，引用著名学者陈学明的一段话作为评价，"即使他们大多是在书斋里钻研学问的学者、教授，即使他们写下的著作晦涩、难懂，但是，从他们所关注的一些理论话题看，他们实际上也没有回避现实的挑战，在他们深奥难懂的思想中负载着大量关于急剧变化着的资本主义世界的信息，跳动着这个特定时代的脉搏，也倾注了他们对社会主义和马克思主义的深刻关注。可以说，他们实际上是在书斋里，用他们特定的语言和方式反映着他们生活的那个时代"。①

综合以上分析，可以看出，斯图亚特·霍尔是一位马克思主义理论家，他在文化领域的建树不仅推动了文化研究从英国走向世界，在一定程度上助推了 21 世纪理论研究的"文化热"，同时，作为一位马克思主义理论家，他以文化为突破口，通过对文化理论进行面向资本主义当代变化的新阐释，恢复和重建了马克思主义在文化领域的当代影响力。他对马克思主义文化理论的贡献主要在于：（1）致力于文化研究中马克思主义的"祛魅"，重树马克思主义在文化研究的权威性。霍尔勇于面对马克思主义在文化研究中被边缘化的地位，他没有做强词夺理式的强势辩护，而是通过对马克思主义种种误读的辨析使人们再次认同马克思主义的真理性。这是一件非常艰苦、困难的工作，但霍尔始终坚持与各种马克思主义思潮、各种非马克思主义思潮的对话，一方面吸取各种理论资源、丰富和拓展马克思主义文化理论；另一方面，抛弃教条主义对马克思主义文化理论的各种束缚，面向资本主义新变化及时调整文化分析的马克思主义框架，使马克思主义在文化研究中成为人们认可认同的权威性指导理论。（2）坚持以历史唯物主义分析范式指导文化研究，并在文化这一微观场域实现了历史唯物主义方法论体系的创新。相比于人们对马克思主义文化理论本身的认同度，西方理论界似乎对马克思的历史唯物主义方法论体系情有独钟。他们认为，重建历史唯物主义分析范式，是马克思主义得以复兴的关键。在西方相继出现了分析马克思主义、历史—地理唯物主义等众多思潮。霍尔则是坚定举起"文化马克思

---

① 陈学明：《西方马克思主义研究在当今中国之意义》，《思想理论教育》2016 年第 3 期。

主义"的大旗，他致力于推动文化研究具体方法论的创新，一方面，建构起生产、阶级、权力、意识形态等历史唯物主义文化分析的新视角，倡导文化的宏观分析和微观分析相结合、历时分析和共时分析相结合、静态分析和动态分析相结合，使文化研究从宏大叙事走入日常生活，又从日常生活走向宏大叙事；另一方面，推动文化研究形成历史唯物主义新的思考范式，重视实践品格和开放性特征。霍尔在文化研究中始终强调的是理论与现实的对接，他反对将文化研究理论化，认为那是将文化锁在书斋的危险做法；而文化研究是要接近现实的，为此，他借鉴文化人类学、社会学等实证调查的做法，将其引进到文化研究中，形成"民族志研究"等体现英国文化研究特色的具体方法；同时，他又十分强调理论的情境化研究，反对将外来理论照抄照搬到英国文化研究中；当然，他也否认英国文化研究成果的普适性。有学者向霍尔请教关于文化的有关问题时，他也特别提醒对方破除对理论普适性的迷信，建议从本国的问题出发去开发、建构理论。可以看出，霍尔的文化研究具有极强的问题意识，这是他对历史唯物主义方法论原则的一种深度理解和具体应用。

霍尔一生理论建树丰富，人们对这位文化研究大师充满敬仰之情，但围绕对他学术地位的争议也一直不断。他的思想也有一定的局限性，表现在：其一，对马克思主义的认识有失偏颇。马克思主义在英国的低潮时期，霍尔呼吁"重读马克思"，极力主张马克思主义者应结合时代变化对马克思进行客观、全面地解读。但受到当时整个西方马克思主义理论思潮的影响，霍尔也是将解读重点放在了早期马克思著作上，着重分析考察马克思早期的批判思想，而对马克思晚年对资本主义的发展趋势的分析少有关注。这就在一定程度上了影响对马克思思想的整体评价，这种避重就轻式的研究势必导致霍尔对马克思思想的解读有失全面深刻。同时，霍尔对"斯大林主义"的全盘否定也显露出他有些偏激的马克思主义立场。这种认识的偏颇对霍尔建构英国本土化文化马克思主义形成了很大的制约。其二，文化研究主题不鲜明。霍尔将自己的文化研究定位为文化政治学，理论主题是文化与政治。但在考察、分析他在不同阶段的文化议题时，感觉他的关注点始终是在文化领域，而对"文化之于政治"的关系缺少充分的论证，使人们在文化研究中看不到文化与政治的关联。我们看到了"抵抗"二字，也对"大众文化是构建社会主义的可能场域"表示认同，但是没有发现抵抗何以可能的路径。这样的结论似乎无法映衬霍尔声称的文化政治的研究使命。其三，文化理论缺乏清晰思路，逻辑性欠缺。霍尔一生著述众多，研究领域广泛，议题丰富，但他的研究缺乏连贯性，对同一问题缺少持续性关注，因而学者很难用清晰的逻辑体系来概括他的理论。这也许与霍尔反对"理论化"的倾向有关，但是完全否定理论似乎也走向了一个极端，完全为理论而理论是不可取的，但强调理论对现实的指导和建构、矫正作用总不为过。霍尔的文化理论在强调情境性的同时弱化了理论性的建构。

霍尔就是这样一位在人们争议中致力于文化研究的理论家。他的理论有局限性，他的观点甚至有一些反叛的味道，但是这些不能遮挡他作为文化研究大师对于文化研究作出的重大贡献。他为重建马克思主义在文化领域的影响力使他无愧于英国文化马克思主义理论家这一称谓。

第六章　霍尔文化理论的当代启示

在我国文化强国战略实施的关键期，借鉴有价值的思想资源，一是可以为我们如何看待全球化的时代境遇提供"他者"的视角，有利于我们把握全球化的发展规律，制定更加主动的文化政策；二是面对文化强国这一崭新课题，需要深入分析文化的现代化路径，从中汲取经验教训，避免陷入资本陷阱。他山之石，可以攻玉。至少从这两点看，霍尔的文化理论对于我国的文化强国战略是有一定借鉴价值的。

第一节　马克思主义文化理论在全球化时代的创新点

21 世纪是一个全球化全面展开的时代，"人类生活于一个呈现出强烈的全球化趋势的世界格局之中"，"全球化目前已成为发达国家和发展中国家共同关注的一个关系到全人类发展和每一个民族生存的热门话题，也是所有国家和民族都不可逃避的现实生存境遇问题"。① 在全球化时代，每一个国家、民族都主动或被动地卷入其中，如何认识全球化

---

① 衣俊卿、胡长栓：《马克思主义文化理论研究》，北京师范大学出版社 2012 年版，第 310 页。

这一潮流和趋势的走向以及如何应对全球化时代的重大命题，成为每个国家、民族迫切需要认真考虑的问题。

一、"全球化"时代的文化表征

1."文化全球化"趋势的显现

马克思和恩格斯早在《共产党宣言》中就预测到经济全球化趋势所带来的影响，"过去的那种地方的和民族的自给自足和闭关自守状态，被各民族的各方面的互相往来和各方面的互相依赖所代替了。物质的生产是如此，精神的生产也是如此。各民族的精神产品成了公共财产。民族的片面性和局限性日益成为不可能，于是由许多民族的和地方的文学形成了一种世界的文学。"① 最初意义上的全球化发端于经济的全球化，由跨国公司助推，商品、资本和技术等逐渐实现了跨越国界的全球流动。各民族国家自觉或不自觉地参与了全球化进程，资本、技术的流动为民族国家提供了前所未有的发展机会，但也带来来自各个方面的挑战。是否能够应对全球化、是否能够趋利避害成为考验执政党执政能力的重要标准。因而，各国参与全球化，逐渐由被动转为主动、由不自觉转为自觉，民族国家成为全球化进程的重要参与和推动主体，全球化进程越来越体现出民族国家的元素。有学者曾预言，民族国家驱动的全球化推动了全球化新趋势的出现，"文化全球化"将成为全球化在21世纪新的时代表征。这一趋势表现在，第一，21世纪的全球化文化内涵越来越丰富，商品、资本、技术都成为重要载体，推动了世界各国人们

---

① 《马克思恩格斯文集》第2卷，人民出版社2009年版，第35页。

的相互了解，促使他们形成共同的价值观，他们对生活的看法越来越相似，越来越认同共同的生活方式。第二，全球化进程成为民族国家的竞技场，是参与主体的思想交流交锋的地方。全球化的主体性、主观性越来越强，民族国家对于全球化的自觉意识成为全球化未来发展趋势的重要影响因素。

2. 软实力成为世界各国竞争力的重要组成部分

在全球化进程中，文化开始扮演愈来愈重要的角色，它与经济、政治融合，成为一种软实力，提升着一个国家在全球化进程中的竞争力。20世纪90的代初，美国学者约瑟夫·奈较早提出软实力的概念，他说，"我想要探讨美国是不是真的要没落了。于是我就开始调查美国的军力、经济，我发现其实这样分析还不够，少了一样东西，就是如何让其他人对世界的看法跟美国一样，美国缺乏这个能力。我后来就把这个能力取了一个名字叫做'软实力'。"① 软实力之所以以"软"定位，是因为它主要来自于政治文化制度以及价值观等柔性社会元素所产生的吸引力。与硬实力相比，软实力由于来自制度、文化等长期积累产生的持续影响力，因而，它对人的影响是潜移默化的，对人的思想控制牢固、有力。正是在这一意义上，软实力通常被称为文化软实力。"软实力"逐渐得到民族国家的认同，并随之成为对外政策的着力点。文化产业受到重视，承载着各国意识形态和价值观的文化产品在全球范围自由流动，文化不仅成为全球化向纵深发展的驱动力，更成为衡量各国综合国力的重要标准。

---

① 黄滢：《软实力之父约瑟夫·奈接受专访：中国领导人是讲故事高手》《环物人物》2013年第24期。

3.文化安全和意识形态安全成为全球化时代世界各国的公共议题

每个民族国家都有自己的文化根基，但在文化全球化时代，这一根基面临被动摇的危险。人们在接受、认同新的现代性价值的同时，也意味着与传统价值的割裂。文化全球化促使人们形成新的观念、新的生活方式、新的思维方式，人们在"丢掉过去""告别传统"之后经受着一种新的煎熬，一种迷失感油然而生。我是谁？我应当成为谁？我应当去往何处？失去了方向感，放弃了原有的信仰，又想重新建立一个新的自我，建构一个"世界公民"的身份。关于"身份"的焦虑成为文化全球化下人们的时代病。人们的焦灼感不可否认会销蚀民族国家主导意识形态的认同基础，而社会成员的共同理想和追求一旦遭到瓦解，有时甚至会引致制度性颠覆。因而，文化安全和意识形态安全成为全球化时代世界各国的公共议题。

二、全球化时代马克思主义文化理论发展的重大命题

1.厘清文化全球化的发展逻辑，为民族国家增强"文化自觉"提供理论指导

如何看待文化全球化这一时代命题？学术界充满争议的声音，也形成了相互对立的社会思潮。兴起于20世纪90年代的后殖民主义思潮认为，文化全球化本质就是西方霸权主义的文化殖民，是"西方中心主义"在文化上的体现。西方国家以经济全球化打开了发展中国家的大门，其真实目的在于推行与他们一致的价值观，使落后国家的人们在接受他们商品的同时认同他们的生活方式及价值观，以此稳固西

方国家在世界秩序中的霸主地位。因而，发展中国家对文化全球化应当去"抵制"，而不是去"迎合"，否则，民族国家会成为新的文化殖民体系的受害者。

与此观点相对立，一部分学者认为，后殖民主义思潮太过偏激了。文化全球化是经济全球化发展到一定阶段必然出现的一种趋势，是不同民族、不同国家在交往中出现的生活方式及价值观的趋同化趋势，是人类文明发展必经的一个阶段，排斥文化全球化必然将自己置于全人类共同文明价值之外，只会将自己置于更加落后的境地。因而，对于文化全球化趋势，要顺应而不是抵制。应当顺应全球化潮流接受文化全球化的基本价值，而不能固守传统，拒绝革新。

世界范围内关于文化全球化的争论其实来自对文化全球化逻辑的不同理解。马克思主义文化理论的创新就是要面对新问题建构新理路。厘清文化全球化的发展逻辑，看清文化全球化的发展趋向，在众多争议声中保持理性的头脑，为我国参与全球化进程提供文化指导，这显然是马克思主义文化理论在文化全球化时代的重要创新基点。

2. 建构文化现代化的发展路径，为民族国家软实力的提升提供决策依据

现代化是人类文明永恒的价值取向。纵观世界各国的文明发展历程，都经过了从物质层面现代化、制度层面现代化再到观念层面或者文化层面现代化的转变历程。有学者提出，这一路径不是按照直线的逻辑平铺直叙展开的，这一路径是否会实现既取决于经济现代化的程度，又受制于制度现代化、观念现代化对经济现代化的反向力、制约力。美国学者亨廷顿在对比韩国和加纳时就指出，在20世纪60年代，两国的经济水平、经济构成、出口、接受援助等方面都十

分相似。但是，到了 20 世纪 90 年代，韩国成了一个工业巨人，经济名列第 14 位，生活水平大幅度提升，民主体制方面也取得重要进展，而加纳却没有这样的变化，它的人均国民生产总值仅相当于韩国的 1/14。[①] 为什么会出现如此的差别？"无疑，这当中有多种因素，然而，在我看来，文化应是一重要原因。韩国人重视节俭、投资、勤奋、教育、组织和纪律。加纳人的价值观则有所不同。简而言之，文化在起作用。"[②]

西方学者对文化作用的强调对于我们如何看待社会发展和文化的内在关联具有一定的价值，虽然他们对发达国家文化模式的极力赞美有失片面，但是，他们对文化功能与作用的强调，也使我们更加深刻地认识到，文化现代化是人类文明发展不能忽视的路径，它不仅仅是一个国家软实力的重要体现，更应当存在于社会发展的驱动机制中。建构文化现代化的路径，为民族国家软实力的提升提供决策指导，是马克思主义文化理论的另一创新基点。

3. 承担起社会发展的引领使命，增强马克思主义话语权

全球化时代的国家实力不仅是一个国家的经济实力和军事实力，而且还有政治、文化等因素的综合实力，这一特征在文化全球化时代尤为凸显。文化全球化为国际范围内各种思想观点的自由流动创设了制度条件，尤其是网络信息技术的发展和现代传播平台的建设，更加推动了各种思潮的交流和交锋。90 年代苏联解体、东欧剧变发生后，西方国家

---

① 衣俊卿、胡长栓：《马克思主义文化理论研究》，北京师范大学出版社 2012 年版，第 308 页。

② [美] 塞缪尔·亨廷顿、劳伦斯·哈里森：《文化的重要作用》，北京文化出版社 2002 年版，第 1—2 页。

的学者喊出了"意识形态终结论"和"马克思主义过时论",他们借此机会抛出"普世价值论",意欲依靠西方主导的"普世价值"实现全球范围内的思想"趋同化",马克思主义在社会思想领域遇到大的挑战。但是,研究马克思主义的热潮并未因此减退。在我国,以马克思主义为指导的"中国特色社会主义道路"研究取得丰硕成果,并越来越有国际影响力。在西方,一批马克思主义学者始终坚守着一块阵地,他们"重新去解读马克思的重要著作,并在解读中逐渐发现马克思为什么是对的",① 以至于美国马克思主义文化研究学者詹姆逊如此评论:上世纪苏联的解体不是证明马克思主义过时了,而是验证了马克思主义的真理性。苏联解体并不是因为他们的社会主义旗帜举错了,而是因为他们实施的政策违背了马克思主义的基本原则。② 尤其是 2008 年西方金融危机的爆发,更引发了新一轮的"马克思主义热","马克思主义的'复兴'成为当代西方思想界的热点之一,人们开始重新认识、解读、评说马克思主义,重新认识它的当代价值。"③ 因而,马克思主义对于当代社会发展的价值研究,现在还是一个有待继续探索的领域。在众多社会思潮争鸣的今天,马克思主义必须直面挑战,面对时代问题予以回应,建构全球化时代的马克思主义话语权,这是马克思主义文化理论创新的重要任务。

---

① 甄红菊:《马克思主义话语权理论内涵与实现路径探析——基于意识形态视角》,《中国特色社会主义研究》2015 年第 2 期。

② 俞可平:《全球化时代的马克思主义》,中央编译出版社 1998 年版,第 179 页。

③ 甄红菊:《马克思主义话语权理论内涵与实现路径探析——基于意识形态视角》,《中国特色社会主义研究》2015 年第 2 期。

第二节　文化多样性与马克思主义意识形态的话语权

一、全球化时代"文化多样性"的历史境遇

1.人类社会由物质时代向精神时代的转型

马克思曾经指出，社会首先要解决人的吃、穿、住、行、用等生存资料问题，才能够存在下来。因而，物质资料的生产是人类社会生存和发展的基础。而一旦物质资料的生产发展到一定程度，人们就会产生对精神资料的需求。因为人不同于动物界并超越于动物界的地方在于人是精神性存在。发端于西方国家的工业革命所引起的技术进步极大地提高了经济增长速度，改变了人们的生存状况，使人们控制自然、利用自然为人类服务的能力空前增强，生产力的发展达到前所未有的高度。但是，生产力的极大发展是否给人们带来了幸福感？这成为思想家关注的时代问题。对于人们生存方式是否合理的焦虑也充分显示出这一时代所蕴含的"文化危机"，对于生活方式的思考预示着文化对社会发展的重大影响开始显现。如果说这一阶段文化层面的思考是初步的，那么，随着全球化在经济、政治、文化领域的全面展开，人们对文化的思考进入一个自觉的阶段：如何通过文化的作用机制建构一种人类合理的生存方式，并以此作为社会存在和发展的基础和方向，这成为当代社会发展的新命题。尤其是，全球化所推动的信息化时代的来临，所引起的最大变化还是体现在人们生存方式的变化上，标志着一种新的文化形态的形成。社会经济发展的文化元素及价值内涵急剧增大，"理念、价值、形象、想象、追求、希望等——体现人生存方式的文化

要素，开始从传统经济活动的外在附属物转变为内在的组成部分，甚至是出发点和主动力。在这种背景下，文化和经济、政治、社会生活的传统的界限或外在性开始消失或模糊，呈现一体化的趋势"。① 文化由人的生存方式开始转变为社会的存在方式，文化开始成为社会整合的内在动力，这充分显现出文化在当今时代已经成为影响、改变社会的外显性力量。

2. 文化大众化、边缘化、分散化、生活化的趋势

金惠敏先生曾指出，"文化之定义在当代一个显著的变化是：它逐渐脱离文本而走向社会；脱离精神而走向生活；脱离精英而走向大众；脱离中心而走向边缘"。② 这一精辟论述总结了全球化时代的文化转向。随着市场经济的发展，社会利益主体开始多元化，文化研究应当追随这些利益主体的生活，形成特有的主体性研究场域。逐渐壮大的大众阶层以及他们的日常生活成为文化研究的重点对象，不仅如此，大众阶层也参与到文化研究中来，他们以不同于精英文化、高雅艺术的风格出场，创设出具有通俗风格和喜闻乐见的艺术形式，并逐渐被大众阶层接纳。文化研究的主体多样化带动了议题的多样化、分散化，文化研究不再只是聚焦于大时代、大事件、大人物，而是逐渐走向微观，关注处于边缘地位的小人物、小事件。文化越来越深入日常生活，与此相适应，文化研究也愈来愈重视微观理论范式的建立，立足于日常生活经验，反映微

---

① 衣俊卿、胡长栓：《马克思主义文化理论研究》，北京师范大学出版社 2012 年版，第 16 页。

② 金惠敏先生对文化定义的研究具有高度的概括性，他突出了文化的生活化、大众化、经验化以及边缘化等特征和趋势，得到诸多学者认同。参见金惠敏：《消费者全球化与资本主义的文化》，商务印书馆 2014 年版，第 2 页。金惠敏：《文化理论究竟研究什么?》，《文艺争鸣》2013 年第 5 期。

观主体的生活方式，形成时代化、个体化的文化理念。文化无处不在，渗透于社会生活的方方面面，而来自日常生活的文化也成为当代社会文化结构中最基础的层面。文化主体的多样化、文化议题的多样化、文化形态的多样化、文化权力中心的多样化，成为当代社会文化发展的重要表征。

二、"他者"出场对全球文化多样性的正向促进

霍尔自 20 世纪 90 年代开始关注到全球化的发展态势，他特别钟爱"他者"这一概念，并以此视角，对全球化的发展进程进行了深刻分析，形成独具特色的全球文化观，并为我们理解文化全球化的多样化趋势提供了重要启示。

1. 全球化不会消灭"他者"，反而是以"他者"的存在为前提

"他者"是什么？如何对待"他者"这一客观存在？霍尔将"他者"阐释为不同于自我的存在，他形象地说，人一出生，就生活于"他者"的环境中，父母作为"他者"是孩子成长的必要条件。"他者"与"自我"其实是互为前提、相互依存的。离开了他者也就失去了自我。遵循这样的理解逻辑，全球化就不应当是消灭"他者"的"帝国主义行动"，这是全球化运动的应然之义，违背了这一应然之义的全球化必然是不正义的全球化。

2. 全球化会导致流动、差异，但又会形成新的同质化——"文化间性"

"差异"在霍尔看来是一个特别的词汇，"差异"本来指称类之间的不同，但在人类学意义上，差异却成为文化符号秩序的根据。差异成为

人们按照自己制定的标准建构分类系统从而给事物指派不同位置的行为，差异由一个语义概念演变成为一种话语权的建构过程。通过这一视角去看待当前的全球化发展，可以看出全球化被人们称为"西方中心主义"是不无道理的。全球化其实是一个定型化的过程。各民族国家在参与的过程中，被一种西方的文化标准定义、区分为先进与落后、正义与邪恶，处于发端处和中心的西方国家由于提出文明、进步、正义等"普世价值"而自命为全球文化秩序的维护者、文明标准的制定者和文化理论的阐释者、文化趋势的引领者。各民族国家被裹挟其中。全球化在这一角度看就是定型化，是西方国家推行文化领导权并为自己进行"合法性"辩护的行动，意在凸显西方文化权力和建构全球文化秩序。因而，全球化中的差异并不必然会导致全球多样性的趋势。

3. 全球化运动本质上是控制与反控制的斗争，需要"他者"的逆向出场

霍尔特别强调，凸显差异的全球化并不必然导致文化多样性的形成，反而映衬的是西方文明领导权的合法性。但霍尔并不像后殖民主义思想家那样悲观，他看到的是全球化运动中充满抵抗性的力量开始兴起并日益发展起来。全球化进程本质是一场旷日持久的控制与反控制的斗争，被西方国家"他者"化了的边缘民族国家需要发起一种运动，通过制定西方主导的全球化的逆向策略来凸显"他者"文化的价值。霍尔将此举动称为"争夺'中心化'了的表征体系"。首先，民族国家需要颠覆各种被定型化的模式，建构一种新的文化标准，并促使人们理解和接受，这一文化认同能否实现取决于文化标准的正义性——霍尔将这种新标准称为"文化间性"，即全球化的参与者都是主体，应当通过主体之间文化的互相借鉴和融合实现全球文化的共同发展，这是一个双向甚至

是多向的运动，主体价值得以体现，形成新的文化同质化——高度融合、但又"和而不同"的文化态势。其次，树立作为"他者"的积极形象，建构起自身在文化交流中的话语体系，并批判性地介入西方话语体系，关注其发展的矛盾和冲突，并主动对西方话语做出回应。总之，全球化中处于"他者"地位的民族国家是干预、甚至改变"不正义"文化秩序的主体力量，对于全球化趋势，不应当回避，那是悲观主义的立场，而应当通过策略性介入，引领全球化朝着正义的方向发展。

三、文化多样性境遇主导意识形态话语权的实现

霍尔的全球文化观为我们思考文化多样性的历史境遇以及如何应对文化全球化趋势提供了可贵的启示。

1.文化全球化时代加强本国"自主"意识形态建设的必要性

来自西方思想界的霍尔以独到的观点论证了全球化在本质上是一场控制与反控制、抵制与反抵制的辩证运动，有助于我们澄清思想认识，坚定巩固和强化本国主导意识形态的决心和信心。文化全球化之初，就有学者指出，如同经济全球化凸显经济的一体化趋势，文化全球化也会凸显文化的一体化趋势，任何民族国家都应顺应这一趋势，甚至有学者提出文化要"去国家化、去意识形态化"的建议。霍尔的看法则与以上观点相左，他认为，越是全球化的时代，越应重视加强民族国家意识形态的建设。他曾说，每一个人都生活于被压缩后的全球化时空内，而本国意识形态则是维系这个压缩空间的支柱，没有了"支柱"这个空间也即消失了，又到哪里去重建家园呢？全球化不是让人们失去家园，而是让这个家园变得更加适宜人居。因而，民族国家

的意识形态"自主性"不是妨害全球化的因素，反而因守护文化的多样性从而推动全球化正义价值的实现。不可否认，现实的全球化进程中民族国家与处于中心地位的发达国家始终在进行着经济、政治、文化方面的博弈，这种博弈其实也是展示民族国家个体价值的过程，如果所有的个体价值都不显现了，那么，只有一种"颜色"的全球化符合人类文明的发展趋势吗？民族国家的主导意识形态是塑造世界文明多样性的重要力量，因而，全球化时代，建构"自主"的意识形态更为重要。

2.文化多样性背景下更应凸显全球化的主体维度

我们对文化全球化报以什么态度？是迎合还是拒斥？霍尔揭示出文化全球化的必然性，认为这一趋势是任何国家回避不了的，逃避只能导致民族国家自我的衰落。马克思曾预见到资本驱动的经济全球化趋势，而文化全球化是经济全球化发展到一定阶段而出现的文化特征。民族国家应当积极应对这一趋势，通过自身的作为凸显全球化的主体维度。同时，在国际交往中倡导超越于资本文明的新的文化标准，每一个主体都应受到尊重，新的文化标准是主体之间立场和观点协商之后的结果，应当体现一种文化融合之后的"文化间性"，因而，凸显全球化主体维度、推动文化多样性应当成为我们应对文化全球化的基本立场。

3.展现民族自身文化价值，赢得国际认同

文化全球化使欧美文化得以进一步在全球范围内推开，他们通过打造各种传播平台，宣传欧美文明和"普世价值"，占据话语的制高点，成为世界话语中心。话语就是权力，在话语权的全球较量中，民族国家由于传播意识差、传播能力低等技术和文化因素，在话语权较量中明显处于劣势。因而，民族国家在文化全球化的过程中，应当重视传播手段、传播内容、传播方法的应用，使传播平台不仅发出发达国家的声音，同时也传递发展中国家的声音。正如霍尔提议的那样，作为全球化中的"他者"不能总是"被言说"的，我们应当主动"言说自己"，阐释自身文化价值，为赢得国际认同创造条件。

4.提升民族国家文化软实力，争取意识形态话语权

在全球化的力量博弈中，影响和决定全球化发展方向的是各国的综合国力。传统的经济实力、军事实力固然重要，但是文化实力在全球化时代日益成为制约国家实力的软肋。如霍尔所说，资本主义正是由于夺得了市民社会的胜利，才使它的统治得以稳固下来。资产阶级也把这一意识形态战略应用到全球化时代，通过自身的文化影响力，争取民族国家的大众赞同，目的是建构毫无抵抗之意的大众队伍。因而，应当从加强民族国家意识形态话语权入手增强本国文化影响力，争取国际交往中的意识形态话语权。

第三节　文化创新在当代经济社会发展中的重要作用

一、文化的"自主性"特征与文化生产规律再认识

"文化"在霍尔笔下是一个极富能动性的概念，霍尔对此非常重视，把文化能动性的揭示看作他的文化理论的基石。霍尔认为，西方马克思主义理论一个最显著的成就就在于将"文化"从经济基础与上层建筑的二分模式中解放出来，赋予其自足性含义。这种成就集中体现在三点共识上：一是在哲学意义上，文化被视为一种"在场"，它是历史性、境遇性的社会存在；二是在人类学、社会学意义上，它指称人类共同的生

活方式；三是在政治学意义上，它又代表一种斗争方式，所有的价值观和意识形态都在这里"粉墨登场"，成为"言说者"，论证、维护自身的文化权威地位，企图建立起对他者的文化领导权。

霍尔对于文化能动性的论证有助于我们深化对文化生产规律的认识。

1. 文化是有着自身独特发展规律的自主性概念

文化能动性首先表现在它是一个具有自身发展规律的概念。霍尔在多个场合论述过他反对经济决定论的立场，文化不是直接受经济发展规律决定，不是说经济状况直接决定着这一国家或地区的文化状况，有些国家并不是如此直线式发展的。我们经常看到的是经济发展与文化发展的不同步，在文化发展中经济是最重要的因素但不是唯一的决定因素。文化受到很多横向因素的制约，这些因素共同起作用决定着文化的发展。文化产生的历史情境性、文化发展的历史延续性以及文化主体的多样性都是文化有自身独特规律的证明。

2. 文化是大众社会的权力中心，也是维系资产阶级统治稳定性的重要"平衡器"

文化是一种生活方式，它潜移默化于人的内心，是大众精神领域最基础的方面。相比于起宏观作用的生产方式，生活方式是受生产方式决定和制约的更微观、更具直接影响力的方面。尤其是"随着大众社会的到来、大众阶层逐渐壮大，反映大众生活方式的通俗文化兴起并日益成为文化的主流。通俗文化成为人们理解社会、表现社会、阐释社会的文化形式，成为文化权力的生产中心"。① 正是在这一意义上，霍尔将大

---

① S. Hall, "the meaning of new times", David Morley and Kuan, *Critical Dialogues in Cultural Studies*, London: Routledge, 1996: 222–236.

众文化看作抵抗资本主义主导意识形态最具可能的场域，因为，资产阶级主导意识形态正是在这里被解读、被阐释，资产阶级的意图有时被重新协商，有时甚至被颠覆。资产阶级也日益认识到大众文化的极端重要性，通过各种努力建构自身形象，企图改善与大众的关系，在文化与意识形态领域争取大众社会的文化领导权。霍尔曾举出撒切尔主义的例子说明这一观点，足见文化成为影响社会政治经济发展的关键因素。

3. 文化在推动社会转型、整合社会秩序方面成为重要力量

霍尔看来，当代社会文化的因素凸显，不仅表现在它本身已经成为定义社会转型、推动社会转型的重要力量，同时更有整合社会秩序的独特作用。马克思以生产方式为基础，揭示了依次发展的社会形态之间的区别。霍尔则提出，同一社会形态内部的发展在当代几乎体现在文化的发展上。以文化定位社会特征成为主流，例如，资本主义的现代社会与后现代社会；福特主义社会与后福特主义社会的区分等，都显现出文化的重要影响。后现代主义已经成为一种意识形态，它作为人们对现代社会生产方式、生活方式的反思产物，以思潮的形式表现出来。消费主义也是如此。这些思潮定义了社会转型，推动甚至试图改写资本主义的发展方向。

文化在社会整合方面的功能同样是强大的。首先，文化因素成为当代社会冲突的重要诱因之一，因为文化的隔阂造成的文化歧视、文化差别政策导致每年多次的文化冲突，甚至演变为武装冲突；其次，由文化因素导致的文化矛盾、文化冲突应以文化的形式去面对和解决，大家心平气和地坐到谈判桌前，以相互尊重、共同协商、达成共识为目标。霍尔曾将文化冲突比喻为"身份"之战，"位置"之战，解决文化冲突应

当重新分配文化权力，因而，文化是整合国家之间冲突的重要力量。

4. 文化的生产功能影响和制约着大众社会的政治认同

早在 1980 年，霍尔在《编码，解码》一文中，就将文化的发展看成一个自循环系统，他认为，作为信息编码者的一方其实就是文化过程的生产者，而处于接受一方的受众或解码者则是文化产品的消费者。文化的流通过程就是生产者把文化商品通过传播过程输送到市场接受消费者（受众）的检阅并由其来评判好与坏的过程。正是在对传播过程的分析中，霍尔辩证地看到，一方面，作为消费者的受众并不是被动的受众，他们的阶级立场不同，相应地会产生不同的甚至相互对抗的解读方式，这形成了传播效果的极大制约。可见，受众对传播过程发挥极大的影响，是绝对不能忽视的因素。但霍尔也同时看到，另一方面，作为生产者的一方，向传播过程输送何种文化产品体现了文化生产者的素质和能力，即他们的能力和水平制约了受众的理解范围和水平，这是分析文化传播同样不能忽视的因素。

可见，霍尔对文化能动性的论证也揭示出文化作为社会生产形式的独特性。这种独特性在于，文化从本质上是文化产品和意识形态的生产过程，"这一生产过程如同社会再生产一样，由生产、分配、交换、消费四环节组成。应当从生产与消费的辩证统一中揭示文化生产的规律"，① 既应尊重文化消费对文化生产的促进作用，又应重视文化生产对文化消费的制约、促进和引领。霍尔对受众视角的强调突出了消费对生产的影响，但他也同时强调生产对消费的引领和促进。消费如何促进生

---

① S. Hall, "New ethnicities", David Morley and Kuan, *Critical Dialogues in Cultural Studies*, London: Routledge, 1996: 442–451.

产？生产又如何引领消费？这是发挥文化生产规律作用机制急需解决的两大问题。

二、中国特色的文化创新是我国文化强国战略的重要实现条件

文化建设越来越成为我国政府非常重视的问题，经历过"文化大革命"过度夸大文化及思想功能以及改革开放"一手硬、一手软"、忽视精神文明建设的教训后，我国推动文化建设的态度更加明确、原则更加坚定，道路设计越来越理性。尤其是 2011 年 10 月十七届六中全会提出建设社会主义文化强国的战略目标，充分彰显了政府推动文化建设的决心和信心，成为推动今后一段时期文化建设的主要动力。借鉴国内外文化研究理论，为我国文化建设提供可贵的思考和启示，成为我国文化研究的理论诉求，从这一角度评判，霍尔的文化理论是可资借鉴的。

1. 文化创新应当遵循文化的能动发展规律

人类社会发展到今天，我们已发现，文化生产早已和经济、社会活动融合在一起，文化成为关键词，它渗透到经济社会活动的深层，影响和制约着经济社会活动的质量。霍尔的文化理论使我们更加重视对文化生产的研究。因为，文化生产的状况如何，直接影响和制约一个社会的精神和思想水平。作为文化生产的一方向社会输送文化产品的质量和范围，也规定了作为受众的消费者接受文化产品的质量和范围。这是文化生产者的时代担当，也是一个社会发展能够具有文化含量的关键影响因素。

同时，文化生产理论有助于提高人们理解国家大政方针的自觉程度。文化生产者首先是"发现者"，面对鲜活的日常生活实践，他们发现一个又一个鲜活的创业故事、创业人物，然后把素材艺术化、形象化

地呈现在消费者面前；文化生产者又是问题的"反思者"，面对大众社会众多社会阶层的诉求，他们通过文学的手段带给人们思考，倡导人们用理性方式去理解社会；最后，文化生产者又是社会不良倾向的"纠偏者"，他们以嬉笑怒骂的形式彻底揭露社会中"恶"的一面，警醒处于醉梦中的人。因而，文化生产如果有素质和能力担当起这一传播社会正能量的使命，必将促进受众建立科学、理性、乐观的思维方式，建构正确的世界观、价值观、人生观，更加有助于人们提高理解国家大政方针的能力和执行方针政策的自觉性。

文化的发展、创新其实就是激发文化的"能动性"，文化工作者应当离大众最近，文化创新既是为大众的创新，也是以大众为主体的创新。文化创新对经济社会的贡献不仅体现在培育经济社会发展的成熟主体上，更在于它为经济社会发展创设出激励创新、又勇于担当的时代氛围，同时，文化创新本身也是经济社会发展的内在组成部分，因而，文化创新对经济社会的发展至关重要。

2. 文化强国战略的实施有赖于文化创新路径的选择

文化强国战略的实施，应当从我国现阶段面临的问题出发，制定符合我国实际的文化发展战略。但同时，文化发展战略的顶层设计也应具有"世界眼光"，分析世界发达国家文化发展过程中的经验与教训。这对于思考、设计中国特色社会主义的文化发展路径也是非常必要的。在这一意义上，霍尔对于资本主义文化现代性的揭示是具有启示意义的。

霍尔认为，马克思最早揭示出资本和现代性之间的必然联系，全球化进程中现代化是由资本驱动实现的资本主义生产方式的奠基过程，在资本主义市场经济中产生的"自由、平等、多元"等基本价值和生产方式一起成为西方的现代性标识。而"文化现代化也是这一过程中的其中一环，是以文化和资本的'联姻'为驱动力，推动了资本主义文化的发展。资本主义文化保持了和资本利益的一致性，成为资本主义制度合法化的辩护者"。[①] 当文化失去了对现存资本主义制度的否定性和反思性，它也就丢失了它的"自主性"。霍尔将其称为文化现代化的陷阱，那么，如何避免走入这种陷阱呢？在对马克思著作的解读中，霍尔提出了独到的见解，他说，文化现代化的矛盾不是依靠终止现代化进程来克服，而是如马克思所说，应当通过现代化的深入开展，通过内容和形式的创新来解决这一矛盾。

霍尔对资本主义文化"现代性"形成路径及其后果的揭示使我们认识到，在吸取资本主义文化发展中有益的人类文明成果的同时，也必须吸取他们文化走向"异化"的教训，创新中国特色社会主义的文化发展路径。霍尔在分析资本主义大众文化时谈到，文化本来是人实现自我解放的重要标志，是人获得精神自由的重要途径，但在第二次世界大战之后的资本主义社会，它却被等同于"消费主义"的意识形态，成为将工人阶级安排进资本主义统治秩序中的工具。文化之所以被"工具化"，是因为文化在资本主义市场法则下是服从于经济的衍生品，自始至终是围绕"资本—利润"这一生产原则的，资本主义文化现代性的形成其实就是文化被纳入资本主义生产体系之中并逐渐融为一体的过程。只不过，文化生产出的是思想和价值观这些无形的商品。资本主义文化的发展向世界提供了丰富多彩的"商品"，为人类文明的发展作出了贡献，但是它改变不了被异化、工具化的趋向。这些可贵的思考为我国文

---

① Stuart Hall，"Marx's Notes on Method: A Reading of the 1857，Introduction"，*Working Papers in Cultural Studies*, 6, 1974: 11-24.

化强国战略的顶层设计提供了重要启示，即：文化发展战略的制定应当首先厘清文化与经济、文化与政治、文化与社会的关系，既看到文化与经济、政治、社会相融合的一面，又要看到彼此之间的差异，尊重文化的自身发展规律，从激发文化的创新、培育文化的时代担当和使命入手，培育文化介入经济、文化介入政治的最佳接合点。文化虽然作为与经济、政治不同的领域和视角，有着"自主性"内涵，但是，它与经济、政治有着共同的诉求，那就是对真、善、美这些正义原则的建构以及力图改变不合理现实的追求。如霍尔所说，文化本身承载着改变现实的政治使命，中国特色社会主义文化承载着为社会主义政治服务、为人民服务的使命，而只有通过制度设计架构起文化介入现实的桥梁，文化才有可能真正成为强国之路径。

第四节　文化在推动人的自由、全面发展中的动力作用

一、经济政治文化的协同发展是人自由全面发展的重要条件

马克思在分析资本和现代性的关系时，曾将人的片面发展作为现代性的最直接消极后果来看待。霍尔重新解读了马克思的这一论点，他认为马克思对现代性的预测分析目前已被资本主义在全球发展的现实所证实。他指出，马克思并没有因此排斥现代性，反而提出现代化的全面展开的历史使命，也就是说，现代化的矛盾要在现代化的全面铺开中逐渐得到解决。霍尔理解的"全面铺开"在横向意义上就是经济、政治、文化等诸领域现代化的依次递进、逐渐开展的格局。马克思指出这一未竟的事

业首先需要社会主义对资本主义的制度"接力"才能够完成，而霍尔则进一步指出，只有在器物现代化、制度现代化和文化现代化的协同发展之后，才会有人的全面自由发展的可能。作为一名文化研究理论家，霍尔关注文化对人的全面自由发展的促进作用，并概括为以下几点：

1. 文化是对抗异化的重要手段

在研读马克思的著作期间，霍尔提及最多的就是"异化"概念，他认为这一概念生动揭示了资本主义制度的不合理性，一直到现在这一概念都没有过时。异化在当代资本主义社会不仅没有改观，反而随着现代性的展开全面渗透进经济、政治、文化生活当中，而身在其中的人们却浑然不觉，把被异化的生活方式当作自己生活的常态。霍尔举例说，"消费主义就是这样一种意识形态，本来消费是为了满足人们的生产生活需要，能够使人产生身心的愉悦感，但是消费一旦上升为'主义'层面，就完全失去了消费的应有之义"，① 人们为了消费而消费，消费成了人们生活的主宰，并形成了消费主义主导的紧张型生活方式。霍尔认为，正如马克思揭示的那样，资本主义的内在矛盾是异化产生的根源，而异化又导致了人的片面、不自由的现实。如何对抗这种异化力量对人的统治呢？霍尔认为文化赋予了人们这种对抗的力量。在对大众文化的研究中，霍尔发现，大众并不是消极受众，他们的阶级性被消解了，被碎片化为诸多的社会分层，但是他们的抵抗性并没有被消解，他们的颠覆式阅读形成一种"软抵抗"，消解资本主义主导意识形态的意图。文化成为大众表达诉求的工具，也成为一种自我权力中心，使大众在创造、阅读、接受大众文化作品时也对大众的价值诉求形成认同。因而，

---

① James Procter, **Stuart Hall**, Routledge, 2003: 13–20.

霍尔对大众文化寄予厚望，认为这是呼吁人的尊严和价值，启蒙人的抵抗潜能的有力工具。

2. 文化使人的自由个性得以启蒙

同样是在大众文化样态的研究中，霍尔也发现，文化使在资本主义统治秩序下被边缘化、妖魔化的某些青年群体的社会诉求得以表达。20世纪60年代，青年亚文化成为霍尔文化理论的重点话题。在当时的英国，存在这样一个青年群体，他们聚集在某一角落，穿着奇装异服，留着奇特发型，说着嘲弄的话语，整日无所事事。英国媒体将其描述为"不良青年"，认为他们是正常社会秩序的扰乱者，呼吁全体国民远离、抵制或者管制这批青年。而霍尔则对媒体说法表示质疑，他认为这是青年人的一种"斗争方式"，他们通过创造不同于父辈的"亚文化"，宣示自己的"独立"社会身份，奇装异服在他们看来是一种表达自由个性的"风格"，也是对抗原有秩序对他们的角色安排的一种"仪式"。霍尔同情地说，他们其实什么都改变不了，亚文化只是他们试图建构自由个性的努力，但是在资本主义制度下他们注定是失败者。

因而，在现有的资本主义制度体系内单纯的文化革新解决不了人类发展的根本问题，经济、政治、文化的发展必须是协同配合的。文化在资本主义生产体系和制度体系内最终摆脱不了被"收编"的命运。即便如此，霍尔对文化促进作用的深刻分析还是给我们如何看待现代化这一协同系统提供了可贵的思考。

二、文化发展是人自由全面发展的关键

实现人的自由全面发展是马克思致力追求的价值目标。马克思指

出，更高的生产力水平，将创造出比资本主义更高级的社会形式，这个社会形式的"基本原则"是"每一个个人的全面而自由的发展"，"在共产主义社会里，任何人都没有特殊的活动范围，而是都可以在任何部门内发展，社会调节着整个生产，因而使我有可能随自己的兴趣今天干这事，明天干那事，上午打猎，下午捕鱼，傍晚从事畜牧，晚饭后从事批判，这样就不会使我老是一个猎人、渔夫、牧人或批判者"。① 对于这个思想原则，恩格斯在晚年又明确地重申过，"恩格斯在逝世前一年，在应邀为《新世纪》选择一个题词作为社会主义新纪元区别于旧社会的基本思想时，他说，这就是《共产党宣言》中表述的那句话，因为除此之外，再也找不出合适的了。"② 可见，马克思恩格斯是把每个人自由而全面发展当作新的社会形式超越于旧的社会形态的标志性原则提出的，是社会主义价值目标的总体现。

霍尔的理论有助于我们更加深入地理解并进一步思考文化与人的自由全面发展这一价值原则的内在关联。马克思在《德意志意识形态》中曾经指出，个人自由全面的发展有赖于经济前提、团结一致以及集体生活方式的建立，③ 马克思这段话蕴含着社会主义价值目标的实现必备的三个条件：经济的发展、对这一价值目标的认同、共识以及由此形成的共同生活方式。霍尔关于文化作用的论述以及他对文化的解放潜能、认同功能的强调无疑和马克思对于文化作用的分析是一致的。马克思更多强调的是经济前提，而霍尔则着重强调了文化前提。霍尔带给我们的思考是：

---

① 《马克思恩格斯选集》第 1 卷，人民出版社 1995 年版，第 85 页。
② 宋惠昌：《"君子不器"与人的自由全面发展》，《学习时报》2015 年 6 月 15 日。
③ 《马克思恩格斯选集》第 1 卷，人民出版社 1995 年版，第 85—87 页。

1. 文化是"人的自由全面发展"价值目标得以实现的重要前提

人的自由全面发展仰赖于经济的发展，这构成人的发展最重要物质基础，但是，经济的发展并不必然导向一个人能够自由全面发展的社会。霍尔对资本主义文化现代性的剖析就警示正处于现代化全面展开的我们，如何正确处理好经济发展和人的发展的关系，而把两者沟通起来的桥梁就是文化的发展。文化发展从某种意义上看，就是文化走向大众化的过程，文化产品不再是被少数人垄断制造的作品，而真正成为大众创造、大众消费的产品。大众文化是"斗争的场域"，各式各样价值观等都会在此登场，充满着各种思想观点的交流交锋，社会主义主导意识形态要能够建构起大众社会的领导权，引领大众文化的自觉、自由发展，人的自由、全面发展的文化前提才得以确立。

2. 文化是"人的自由全面发展"价值原则得以认同的关键场域

党的十八大正式提出了"三个倡导"的社会主义核心价值观，明确了以国家发展、社会发展促进个人发展的价值观实现路径。在大众中培育、践行社会主义核心价值观成为中国特色社会主义文化建设的着力点。培育、践行的前提是认同的确立。霍尔在文化研究中揭示出，文化认同就是人的主体性的张扬和确认，是在事物发展中确立起"人的尺度"的行为。人的自由全面发展是社会主义核心价值观形成、确立的基本原则，只有对价值观的确立依据有了认同，才可能对价值观本身形成认同。如何看待文化建设和价值观建设的关系？霍尔指出，文化至关重要，因为它不仅是一种生活方式，更是一种斗争方式。文化为价值观的实现提供了一个场域，在此处价值观得以确认和实现。价值观也是文化建设的灵魂和思想基调，没有价值追求和价值引领的文化建设最终就如迷途的帆船不能靠岸。因而，文化建设作为价值观场域应当有它的开放性和包容性，价值观问题的认同总是在矛盾和冲突中实现，各种思想较量、博弈之后总会达成共识，这样的共识达成过程是一个自觉自愿的过程，文化建设也就有了思想基调和前进方向。因而，霍尔认为，人的自由全面发展，既应坚持文化的开放与包容，又应坚守斗争的方向与原则。处理好二者关系，才能为人的自由全面发展提供基本的制度保障。

3. 文化创新是人的自由个性得以发挥的重要表征

自由是人的最高价值追求，那么，人的自由应当如何体现，如何实现？马克思指出，人的自由就是人终于成为自己与社会结合的主人，成为自然界的主人，从而成为自身的主人，① 对马克思来说，自由意味着摆脱"个人同自己和同别人的普遍异化"，实现"个人关系和个人能力的普遍性和全面性"。自由就是人的主体地位的实现，霍尔所提出的文化间性、主体间性等概念昭示出文化的主体性维度，这是人的自由个性得以建立的路径。党的十六届六中全会提出文化大发展、大繁荣的文化战略，意在形成文化创新的激励机制，鼓励文化领域的大众创新、万众创新，在文化生产中一方面人们的文化需求得以满足，另一方面人们作为生产者和消费者的角色统一，体现了文化生产的主体维度和自由个性。

综上所述，霍尔的文化理论对于我国文化强国战略的实施是有重要启发价值的。霍尔以文化为视角，对英国的资本主义现代性进行了"诊断"和分析，切中要害，发人深省。首先，加深了我们对文化强国战略实施必要性、迫切性的认识。21世纪是全球化在经济、政治、文化层面全面展开的时代，经济方面，已形成以市场经济制度为动力系统的全

---

① 《马克思恩格斯全集》第 42 卷，人民出版社 1979 年版，第 443 页。

球经济体系；政治方面，对于民主、自由的追求和对于人权的保障成为各国政治制度改革的主旋律；文化方面，各种思想、价值观粉墨登场，在国际文化舞台交流交融交锋，价值观不仅成为各种思想的集中表达，更是成为外交活动场合的一张通行证和有效的名片。霍尔的全球文化观向我们揭示出文化全球化时代的本质与冲突，显现出这一时代的若干重大命题：文化全球化时代并不必然是一个文化多样化的时代，在一个控制与反控制的历史区间内，全球化运动是否会造就多样化社会取决于民族国家反控制能力的强弱，这不仅仅是一个维护民族国家文化安全的问题，在更深层意义上，它受制于民族国家的文化生产能力以及由此形成的主导意识形态话语权。霍尔的文化分析中肯、到位，对于我们从全球化的视角思考我国文化强国战略实施的必要性和紧迫性具有重要意义。

其次，霍尔对文化功能的分析有助于我们识别、判断文化发展路径的优与劣，从而建构起科学的方法论原则。文化的能动性、独立性、主体性是霍尔文化理论关注的重点，围绕对于文化功能的揭示，霍尔建构起他的文化政治学理论框架。文化强国战略的实施需要科学的文化理论指导，而理论的建构必须立足于本国问题的发现和解决，同时借鉴国外思想资源，做到有取有舍。理论研究的目的在于推动改变现实的实践，理论要结合现实、服务现实并能够改变现实，这也正是霍尔所说的文化政治学的要旨。同时，文化强国战略的实施其实就是文化能动性、文化主体性的发扬，文化强国战略的实施重点在于培育文化创新的动力，形成大众创业、万众创新、全民参与的社会氛围；在于通过顶层制度设计，发挥文化的解放潜能和认同功能，使社会主义主导意识形态能够引领一个成熟的大众社会，逐渐形成大众的文化自觉和文化自信、文化自强。这是提升我国文化软实力的根本所在。

实现中华民族伟大复兴的中国梦，走中国特色的文化强国之路，必须警惕资本主义的现代性陷阱。资本主义文化现代性的发展路径走的是一条依托资本、和资本相结合、以资本为推动力的发展路子，文化成为资本的衍生品和附属物，丧失了自身的能动性，逐渐失去它的反思、批判、矫正现实的能力，而在这种文化境遇下生活的人们，对沉湎于被异化的状态而浑然不知。在这一过程中，不仅形成了资本主义文化霸权，文化的欧洲读解、美国读解成为文化的最权威解释；同时，发轫于美国的大众文化成为全球化时代新的文化统治形式，它以商品为华丽包装，打开了世界各国的大门，一切对它的反思和抵抗都被它的市场化策略收编。全球化造就同质化的市场化社会，并堵塞着其他发展道路的可能性。

霍尔对资本主义现代性的批判和反思带给我们的思考是深刻的。中国特色的文化强国路径的选择问题上，我们要大胆借鉴资本主义现代化发展的先进经验，正视文化与经济、政治融合的现实，制定合乎世界文明潮流的文化促进政策，这一点毫无异议。但是我们更要警醒，文化强国之路的选择必须绕过"资本陷阱"，文化发展离不开资本的支撑，但是文化必须保持自身在资本之外的独立性和自主性、能动性，否则，一旦跌入资本陷阱，中国特色社会主义文化便被资本主义文化"同质化"了，一切在资本主义社会出现的"文化病"也都会传递到中国，形成新的"社会病"，成为文化强国战略跨不过的一道坎。因而，正确选择中国特色社会主义的文化强国之路，理性对待别国经验和教训，是文化强国战略顶层设计时需要认真考虑的大事。这是提升我国文化软实力、建设中国特色社会主义文化强国的关键选择。

结　语

　　霍尔的文化理论是一幅战后英国资本主义新变化的意义地图。情境性是霍尔文化研究最主要的特征，是他的理论实践性、开放性、跨学科性、批判性的支撑点。面对战后资本主义新变化，霍尔敏锐地感觉到马克思主义的危机感，而这种危机的消除必须要正视马克思之后资本主义的诸多新变化。他致力于从文化维度揭示并阐释变化，他看到50年代消费资本主义时代大众文化的兴起，关注60年代政治经济危机承受者的亚文化，并在七八十年代阐释了社会转折时期的"撒切尔主义"，并将新型的媒介研究纳入文化理论的版图。90年代之后致力于全球化时代文化路向的思考。

　　霍尔这幅意义地图取得了一系列理论突破。首先是在文化内涵上的突破。由于时代条件的限制，马克思对于文化只是建构了分析的理论前提，他为后人留下一幅还未展开的画卷。这为霍尔的理论建构提供了巨大的空间。他将文化界定为基于个体经验的整体生活方式和生存结构、各种思想意识的斗争空间和各种权力的实现场域。其次，结合资本主义历史语境的不断变化，霍尔推陈出新，不断变化文化议题。从50年代的通俗文化（流行文化）、60年代的亚文化、七八十年代的媒介文化到90年代的族群文化、全球文化，虽然文化议题不断调整，但都贯彻了马克思主义的思想原则，丰富和拓展了文化政治学的理论，从文化视角增进了人们对当代世界政治、经济的理解。

霍尔提高了马克思主义在文化研究领域的影响力。霍尔的马克思主义观体现在他对文化理论的建构中。首先，马克思主义构成霍尔文化研究最主要的思想资源。马克思恩格斯的社会历史观作为霍尔文化研究的理论基础，为霍尔提供了文化研究的基本遵循。为了增强马克思主义的阐释力，霍尔相继批判借鉴了阿尔都塞的结构主义马克思主义、葛兰西的马克思主义文化权力说以及后马克思主义的话语理论，在文化研究中，形成了一种综合了的马克思主义理论立场，形成独具特色的文化马克思主义理论。其次，在历史唯物主义方法论指导下，霍尔运用马克思主义的总体辩证思维分析文化现象，结合文化研究议题形成了历史场域分析法、民族志实证研究法、个案剖析法、历时分析和共时分析的结构阅读法和历史追溯法、从抽象到具体的归纳演绎法等，创新了历史唯物主义在文化研究中的运用。再次，霍尔对马克思主义的探索性发展表现在：他不仅创新了文化研究的权力、意识形态、阶级、历史等整合后的立体化视角，将马克思主义文化理论从教条主义的分析框架中解脱出来，而且通过回击西方理论界对马克思主义文化理论的误读、歪曲和攻击，重建了马克思主义在文化领域的影响力。最后，霍尔文化研究所建构起的新视角、所采用的新方法是历史唯物主义方法论原则在文化问题上的具体化、微观化，甚至有学者说，文化研究重新激活了历史唯物主义的当代生命力。因而，霍尔的文化研究阐释方式从根本上是历史唯物主义的阐释方式，那些具有后现代主义倾向性的新概念恰恰反映了霍尔在话语使用和思维转换上的创新，因为，面对新的时空变化，历史唯物主义的分析必须具有强大的开放性和包容性才能够实现自身的与时俱进。

马克思主义理论取向与历史唯物主义研究方法是霍尔文化理论的鲜明特色。霍尔的文化理论有无创新之处？是否如某些西方理论家评价的"不停地挪用、不停地改变"，缺乏自己的独创性？本书认为，霍尔的文化理论是具有创新价值的理论。这种创新最主要的体现在他建构了马克思主义政治学视角下的文化分析框架。在对文化内涵的理解上，他认为仅将文化描述为一种生活方式还不能概括现代社会文化的存在状态，文化已经成为一种斗争方式，是各种意识形态建构自己的立场、扩展自己的疆域并实现自身价值诉求的场域和实现方式。霍尔格外强调应当在文化斗争的辩证法中理解文化，看到这里充斥着各种思想、观点的博弈与斗争，本质上是一个控制与反控制的场域。

霍尔不只是在书斋中对文化的存在样态与本质做理论探讨，更是强调文化理论的实践品格。在他看来，文化研究不是在象牙塔中做学问，而应当介入现实，建构改变现实的桥梁，因而，作为"有机知识分子"的学者应当投入到文化实践中，充分发掘它的解放潜能，去启蒙处于资本主义异化统治下的大众，依托大众为主体的新社会运动去"抵抗"资本主义主导意识形态的控制和压迫。霍尔曾多次表示出对大众文化的重视，他认为，这是社会主义价值观最有可能形成的场域。在这一意义上，霍尔的文化理论就是马克思主义文化政治学的展开，虽然有人批评他陷入文化乌托邦的幻想中，但有谁能够否认文化正在日渐成为权力中心的事实和趋势呢？

霍尔的文化理论对我国文化强国战略具有重要启示。霍尔的文化理论是否是我们可资借鉴的理论？本书认为，中西方都处于现代化的进程之中，全球化是所有民族国家都不可回避的时代境遇。只看到发展境遇的差异，不看到现代化的共同规律，不是马克思主义的基本立场。霍尔基于第二次世界大战后资本主义的发展进程，以文化为视角，对其进行分析、批判和反思，对于正在现代化之路上的我们还是有一定的启发价值的。陆杨先生是较早介绍英国文化研究的学者，他曾指出，"中国当前一方面是文化产业全速发展，另一方面是理论建树明显滞后了——对于大众文化自身内在机制的研究，还是显得相当贫乏。"[①] 霍尔的文化理论至少可以为我们提供看世界的一种"他者"眼光，"有所取舍式的借鉴"对于我国文化理论的开放式发展能够提供内容以及方法方面的可贵思考。党的十六届六中全会提出文化强国的战略目标，将文化作为经济社会发展的重要推动力。如何理解并释放这种推动力，它和经济、政治等其他社会推动力有何共性，又有何差异？我们要走一条什么样的文化发展之路？这是关涉到文化强国战略实施效果的重大理论和实践问题。霍尔对资本主义文化现代化之路的批判和反思以及对文化作用功能的透彻分析为我们思考这些重大理论和实践问题、推动文化创新具有一定的现实意义。

特别要说明的是，本书所依据的原始材料还不丰厚，一方面是译介过来的作品少，另一方面是研究者数量少，而且内容有同质化倾向。这造成本书的研究视野单一，仅仅就目前掌握的资料把霍尔文化研究概括为几个方面，这肯定是不够的，或者说，这些方面可能仅仅是冰山一角，霍尔文化研究的全景还没有能够展示出来。在今后的研究中，会逐渐获取、积累相关的文献资料，继续丰富、完善文化研究理论。本书仅仅将霍尔文化研究范式简单概括为历史唯物主义的分析视角和几种历史唯物主义的研究方法，感觉还是没有能够充分体现霍尔的研究思路。霍

---

① 陆杨等：《大众文化研究在中国》，《天津社会科学》2003 年第 6 期。

尔从西方当代语境出发，构建他的文化理论，尤其是他的文化研究跨越近半个世纪，因而他的分析话语经常借鉴各种马克思主义思想资源，然后在话语转换后整合进历史唯物主义的分析框架中，这是一个创新的转换，也是激发历史唯物主义方法论活力的必要措施，但是，本书在此处投入笔墨不足，今后需要在阅读文献时继续充实该部分的内容。同时，本书对文化研究的当代价值进行了理论论证，阐明了自己的观点，但是，对当代性的分析基本还是停留在理论层面，对于理论与现实的结合论述不够；同时，当代价值的阐释也基本是宏观层面的，缺乏微观视角，因而力度不够；对文化研究精髓的挖掘和概括以及如何实现中国语境下的转换也阐释不足。这些不足之处，需要在今后继续投入时间和精力去深入研究。

参考文献

（一）英文部分

（1）Stuart Hall. "The problem of ideology.Marxism without guarantees" [J]. London: *Journal of Communication Inquiry* (1986), 10(2).

（2）Louis Dupre. Marx's Social Critique of Culture[M]. New Haven: Yale University Press, 1983.

（3）Lawrence Grossberg, Cary Nelson and Paula A. Treichler(ed.). *Cultural Studies*[M]. New York: Routledge, 1992.

（4）Lawrence Grossberg, "History, Politics and Postmodernism:Stuart Hall and Cultural Studies", *Journal of Communication Inquiry*, 10(1986).

（5）Cary Nelson and Lawrence Grossberg(ed.). *Marxism and the Interpretation of Culture*[M]. Urbana and Chicago: University of Illinois Press, 1988.

（6）Stuart Hall: *Critical dialogues in culture studies :David Morley and Kuan-Hsing Chen*, Routledge, 1996.

（7）James Procter, *Stuart Hall,* Routledge, 2003.

（8）*21 Century. Special Issue for International Sociology*, 18(3), 2003.

（9）Stuart Hall, "The Whites of Their Eyes: Racist Ideologies and the Media", George Bridges and Rosalind Brunt, Silver Linings: *Some Strategies for the Eighties*, London: Lawrence and Wishart, 1981.

（10）Stuart Hall, "Marx's Notes on Method: A Reading of the 1857 Introduction", *Working Papers in Cultural Studies*, 6, 1974.

（11）David Morley and Kuan-Hsing Chen, *Stuart Hall: Critical Dialogues in Cultural Studies*, London: Routledge, 1996.

（12）Stuart Hall, *New Left Reviewed, Western Marxism-A Critical Reader*, Verso, London. 1978.

（13）Willlam Connolly. *Identity /Difference: Democratic Negotiations of Political Paradox*. Ithaca: Cornell University Press, 1991.

（14）Richard Rorty. *Contingency, Irony, Solidarity*[M]. New York: Cambridge University Press, 1989.

（15）Stuart Hall. *The Emergence of Cultural Studies and the Crisis of the Humanities*. 1990.

（16）Cornel West. *The American Evasion of Philosophy:A Genealogy of Pragmatism*. Madison: University of Wisconsin Press, 1989.

（17）David Scott. Politics, *Contingency, Strategy: An Interview with Stuart Hall*. Small Axe, 1997.

（18）Stuart Hall. *Old and New Identities, Old and New Ethnicities //Culture, Globalization and the World System*. London: Macmillan, 1991.

（19）Michel Foucault, Gilles Deleeuze. *Intellectuals and Power //Language, Counter-Memory. Practice:Selected Essays and Interviews*. Ithaca: Cornell University Press, 1977.

（20）Stuart Hall. *New Ethnicities //Black Film, British Cinema*. ICA Documents, 1988.

（21）Stuart Hall. *Chris Ofi li in Paradise: Dreaming in Afro //Venice Biennale Catalogue*: volume 1, 50th. London: Victoria Miro Gallery, 2003.

（22）Romand Coles. *Rethinking Generosity: Critical Theory and the Politics of Caritas*. Ithaca: Cornell University Press, 1997.

（23）Stuart Hall. *Introduction: Who Needs Identity*? //Questions of Cultural Identity. London: Sage, 1996.

（二）中文部分

1.译著、专著及编著

（1）《马克思恩格斯选集》，人民出版社 1995 年版。

（2）斯图亚特·霍尔、保罗·盖伊编著：《文化身份问题研究》，庞璃译，河南大学出版社 2010 年版。

（3）武桂杰著：《霍尔与文化研究》，中央编译出版社 2008 年版。

（4）李凤丹著：《英国文化马克思主义研究》，江西人民出版社 2010 年版。

（5）张亮编：《英国新左派思想家》，江苏人民出版社 2010 年版。

（6）迈克尔·肯尼著：《英国第一代新左派》，李永新、陈剑译，江苏人民出版社 2010 年版。

（7）保罗·鲍曼著：《后马克思主义与文化研究》，黄小武译，江苏人民出版社 2010 年版。

（8）斯图亚特·西姆著：《后马克思主义思想史》，吕增奎、陈红译，江苏人民出版社 2010 年版。

（9）罗钢、刘象愚主编：《文化研究》，中国社会科学出版社 2000 年版。

（10）陶东风编：《文化研究精粹读本》，中国人民大学出版社 2010 年版。

（11）张华编：《伯明翰学派领军人物述评》，山东大学出版社 2008 年版。

（12）雷蒙·威廉斯著：《文化与社会》，高晓玲译，吉林出版集团有限公司 2011 年版。

（13）斯图亚特·霍尔：《"意识形态"的再发现》，载奥利弗·博伊德、克里斯·纽博尔德编《媒介研究的进路》，新华出版社 2004 年版。

（14）格雷·透纳：《英国文化研究导论》，亚太图书出版社 1998 年版。

（15）金慧敏：《积极受众论》，中国社会出版社 2010 年版。

（16）孔明安：《当代国外马克思主义新思潮研究》，中央编译出版社 2012 年版。

（17）钱中文：《中国中外文艺理论研究》，中国社会科学出版社 2013 年版。

（18）上海市社会科学界联合会编：《马克思主义与文化新自觉》，上海人民出版社 2012 年版。

（19）王杰：《马克思主义美学研究》，中央编译出版社 2013 年版。

（20）［英］安吉拉·麦克罗比著：《文化研究的用途》，北京大学出版社 2007 年版。

（21）［美］李湛忞（Lee B.）著：《全球化时代的文化分析》，凤凰出版传媒集团译林出版社 2008 年版。

（22）金慧敏：《消费他者》，商务印书馆 2014 年版。

（23）［美］托比·米勒编：《文化研究指南》，南京大学出版社 2009 年版。

（24）张一兵：《当代国外马克思主义哲学思潮》（上、中、下卷），江苏人民出版社 2012 年版。

（25）郑祥福：《文化批判与后现代马克思主义》，中国社会科学出版社 2008 年版。

（26）许庆朴：《马克思主义中国化新译》，中国社会科学出版社 2015 年版。

（27）［英］特里·伊戈尔顿：《马克思为什么是对的》，新星出版社 2011 年版。

（28）［美］杰姆逊：《后现代主义与文化理论》，北京大学出版社 1997 年版。

（29）黄继锋：《马克思主义基本原理在当代西方》，中国人民大学出版社 2013 年版。

（30）刘俊奇：《当代资本主义的发展与危机》，中国社会科学出版社 2014 年版。

（31）宋朝龙：《马克思主义在当代的范式转型》，中国出版集团世界图书出版公司 2013 年版。

（32）乔瑞金：《英国的新马克思主义》，人民出版社 2013 年版。

（33）［英］斯图亚特·西姆：《后马克思主义思想史》，凤凰出版传媒集团江苏人民出版社 2011 年版。

（34）［法］亨利·列斐伏尔：《马克思的社会学》，北京师范大学出版社 2013 年版。

（35）［英］肖恩·霍默：《走近大思想家——弗雷德里克·詹姆森》，上海人民出版社 2004 年版。

（36）[英] 乔治·拉雷恩：《马克思主义与意识形态：马克思主义意识形态论研究》，北京师范大学出版社 2013 年版。

（37）[英] 安吉拉·麦克罗比：《女性主义与青年文化》，河南大学出版社 2011 年版。

（38）孙民：《政治哲学视阈中的意识形态领导权》，人民出版社 2012 年版。

（39）[美] 赫伯特·马尔库塞：《苏联的马克思主义》，中国人民大学出版社 2012 年版。

（40）[荷] 马歇尔·范·林登：《西方马克思主义与苏联》，江苏人民出版社 2012 年版。

（41）安迪·班尼特：《亚文化之后：对于当代青年文化的批判研究》，中国青年出版社 2012 年版。

（42）俞吾金主编：《当代国外马克思主义评论》，人民出版社 2013 年版。

（43）[意] 安东尼奥·葛兰西：《葛兰西文选》，人民出版社 2008 年版。

（44）段忠桥：《当代国外社会思潮》，中国人民大学出版社 2001 年版。

2．期刊论文

（1）欧阳谦：《开掘历史唯物主义的文化维度》，《求是学刊》，2010 年第 1 期。

（2）[英] 克莱尔·亚历山大：《斯图亚特·霍尔和"种族"》，李媛媛译，《求是学刊》2014 年第 11 期。

（3）张亮：《马克思主义理论——文化批判理论笔谈》，《河海大学学报》2012 年第 12 期。

（4）李林红、杨兰：《文化活动是物质生产形式》，《广西社会科学》2012 年第 10 期。

（5）张秀琴：《英语世界对马克思意识形态理论的解读方式》，《中国社会科学》2012 年第 6 期。

（6）江玉琴：《论英国伯明翰学派种族文化研究的本土意识与文化建构》，《南昌大学学报》2012 年第 3 期。

（7）陈立旭：《法兰克福学派与英国文化研究对于中国大众文化的启示》，

《浙江社会科学》2010 年第 10 期。

（8）邹威华：《国外斯图亚特·霍尔思想研究透视》，《电子科技大学学报》2010 年第 10 期。

（9）邹威华：《论斯图亚特·霍尔对文化研究的贡献》，《西南民族大学学报》2009 年第 1 期。

（10）张亮：《英国马克思主义的历史、道路与历史成就》，《马克思主义研究》2012 年第 7 期。

（11）吴友军、郑东晓：《论葛兰西文化霸权理论的局限性》，《当代世界与社会主义》2010 年第 4 期。

（12）欧阳谦：《葛兰西主义与文化政治学》，《广东社会科学》2012 年第 3 期。

（13）张秀琴：《马克思意识形态概念的文化大众主义解释——以斯图亚特·霍尔为例》，《南京社会科学》2012 年第 2 期。

（14）胡疆峰、陆道夫：《抵抗 风格 收编——英国伯明翰学派亚文化关键词解读》，《南京社会科学》2006 年第 4 期。

（15）董新春：《历史规律与自由选择关系的嬗变——兼论西方当代左翼的缺失》，《江苏行政学院学报》2014 年第 6 期。

（16）张亮：《马克思主义理论传统在英国的兴起》，《国外理论动态》2006 年第 7 期。

（17）李春茂：《英国文化起源与发展道路略论》，《人民论坛学术前沿》2010 年第 9 期。

（18）张秀琴：《当代英美马克思主义研究的三个向度：文化、历史与经济》，《中国社会科学报》2012 年第 2 期。

（19）朱彦明：《西方左翼的学术化征程及其危机》，《中国社会科学报》2015 年 6 月 24 日。

（20）张亮：《从文化马克思主义到结构主义的马克思主义——英国马克思主义发展历程》，《文史哲》2010 年第 1 期。

（21）威廉斯、傅德根：《马克思主义文化理论中的经济基础与上层建筑》，《马克思主义美学研究》1999 年。

（22）陈静：《从文化主义到话题转向——霍尔与英国文化研究转型》，《马克思主义美学研究》2009 年第 2 期

（23）陆扬：《文化研究的范式连接》，《马克思主义美学研究》2011 年第 1 期。

（24）欧阳谦：《大众文化与政治实践——法兰克福学派与伯明翰学派之比较》，《马克思主义与现实》2010 年第 4 期。

（25）李丹凤：《英国文化马克思主义的本质和研究主题》，《现代哲学》2009 年第 5 期。

（26）陆扬、谢兆树：《文化研究的马克思主义范式转换》，《文艺理论研究》2011 年第 4 期。

（27）柴焰：《文化中心主义的马克思主义批判》，《山东社会科学》2008 年第 5 期。

（28）王新生、齐艳红：《重建历史唯物主义的方法论尝试》，《社会科学辑刊》2010 年第 5 期。

（29）王晓升：《经济基础决定上层建筑的普适性辨析》，《教学与研究》2010 年第 10 期。

（30）付文忠：《后马克思主义的批判性解读》，《马克思主义研究》2004 年第 2 期。

（31）沈朝华：《后马克思主义意识形态研究》，《贵州大学学报》2010 年第 5 期。

（32）彭冰冰：《话语政治中的意识形态批判》，《甘肃理论学刊》2010 年第 4 期。

（33）毛崇杰：《文化研究与后马克思主义》，《江苏行政学院学报》2011 年第 4 期。

（34）卢春雷：《后马克思主义语境下新社会运动及本质》，《南昌大学学报》2011 年第 4 期。

（35）朱彦明：《话语实践与激进政治：从福柯到后马克思主义》，《云南大学学报》2012 年第 2 期。

（36）章辉：《文化马克思主义视域中的斯图亚特·霍尔》，《江海学刊》2014 年第 5 期。

（37）徐德林：《霍尔："不作保证"的马克思主义者》，《文学与文化》2014 年第 2 期。

（38）[美] 戴维·斯科特：《斯图亚特·霍尔的伦理学》，《黑龙江社会科学》2014 年第 6 期。

（39）陈力丹、林羽丰：《继承与创新：研读霍尔的〈编码，解码〉》，《新闻与传播》2014 年第 8 期。

后 记

　　《斯图亚特·霍尔的文化理论研究》是在我的博士论文基础上修改完成的。2012 年 9 月，我有幸考入山东大学马克思主义学院，师从付文忠教授，主修国外马克思主义研究专业。导师在第一时间向我提供了文献资料让我阅读，在那时，我认识了这位名叫斯图亚特·霍尔的思想家。随着研究的深入，我对霍尔的文化理论产生了浓厚的兴趣。四个寒暑交替，我边读边写，终于将自己四年的研究心得汇成一篇博士论文，而今经过修改完善形成著作。

　　值此著作完成之际，我最想表达的是感恩之心。这本著作虽由我写成，但导师提供了莫大帮助，一直在身后默默地支持我的研究。回想当年怀着忐忑之心选择了国外马克思主义研究专业，是导师的耐心鼓励和细致引领，使我克服了各种困难，走进了国外马克思主义研究领域，逐渐感受到了学术探索所带来的成就感和快乐。在博士论文撰写期间，导师对我论文的要求非常严格，每一章导师都认真审读，我的论文凝聚了老师对学生的关爱。老师既是我的学术引路人，又是我的人生导师，每一次在困境中走出，都离不开老师的解疑释惑、鼓励支持，再次郑重地向老师表示感谢！

　　山东大学的学习时光终生难忘。感谢周向军教授的悉心关怀和热心帮助，一直鼓励我的研究，使我在增长学识的同时也避免了许多弯路。感谢王韶兴院长的严谨、求实，学院的学风是激励我们勤奋耕耘、不思懈怠的最大动力。感谢徐艳玲教授、方雷教授、徐国亮教授、马佰莲教授、陈家付教授、张士海教授、刘雅静教授在论文修改过程中提出的建设性建议，使我受益颇多，矫正了以往的一些不科学认识。感谢夏巍老师自开题到答辩一直对我的热情帮助和鼓励，使我在亦师亦友的沟通、交流中取得进步。感谢马克思主义学院各位老师的谆谆教诲，厚厚的课堂笔记记载着我在山大的美好学习时光，这是我一生应当珍惜的宝贵精神财富。感谢同门的师姐师妹相互帮助，感谢同班同学的鼓励与支持，大家携手相扶走过的这段时光是我们友谊的见证。感谢我家人的陪伴与奉献，他们为我完成著作提供了有力的支持。

我的著作能够得以出版，还要感谢人民出版社赵圣涛编辑给予的高度信任与大力支持。我还得到我所在的山东中医药大学马克思主义学院领导、同事、学生的关心和帮助，他们为我完成、出版著作做了许多工作。本书还参考、借鉴了国内外诸多研究斯图亚特·霍尔文化理论的专家学者所提供的宝贵资料和研究成果，本书的部分相关内容曾以单篇论文的形式发表于《教学与研究》《中国特色社会主义研究》《马克思主义美学研究》《上海文化》等杂志，在此一并表示感谢！由于受到本人学识水平和研究经历的限制，著作中的若干观点不够成熟，对于霍尔的认识不够深刻，对于霍尔思想的整体把握不够全面。这些不足之处会激励我在学术之旅继续砥砺前行，为马克思主义文化理论研究贡献一份有价值的成果。

甄红菊

2018 年 6 月 6 日于济南

责任编辑：赵圣涛
责任校对：吕　飞
封面设计：王欢欢

图书在版编目（CIP）数据

斯图亚特·霍尔的文化理论研究 / 甄红菊 著 . —北京：人民出版社，2018.8
ISBN 978 - 7 - 01 - 019683 - 1

I.①斯…　II.①甄…　III.①斯图亚特·霍尔 - 文化理论 - 理论研究　IV.① G0

中国版本图书馆 CIP 数据核字（2018）第 190327 号

斯图亚特·霍尔的文化理论研究
SITUYATE HUOER DE WENHUA LILUN YANJIU

甄红菊　著

人民出版社 出版发行
（100706　北京市东城区隆福寺街 99 号）

北京汇林印务有限公司印刷　新华书店经销

2018 年 8 月第 1 版　2018 年 8 月北京第 1 次印刷
开本：710 毫米 ×1000 毫米 1/16　印张：17.25
字数：285 千字

ISBN 978 - 7 - 01 - 019683 - 1　定价：59.00 元

邮购地址 100706　北京市东城区隆福寺街 99 号
人民东方图书销售中心　电话（010）65250042　65289539